KW

Bernard Vincent

1492: »Das Jahr der Wunder«

Spanien 1492: Die Vertreibung der Juden und Mauren und die Einführung der Grammatik

Aus dem Französischen
von Una Pfau

Verlag Klaus Wagenbach Berlin

Die Originalausgabe erschien 1991 unter dem Titel
1492 – »*L'Année admirable*« bei Aubier, Paris

Verlag Klaus Wagenbach, Ahornstraße 4, 1000 Berlin 30
Umschlaggestaltung Rainer Groothuis
Gesamtherstellung Wagner, Nördlingen
Gesetzt aus der Korpus Century

ISBN 3 8031 3566 4

Inhalt

Einleitung 7

Die Ereignisse

Die Übergabe von Granada 13
Die Vertreibung der Juden 28
Die Reise des Kolumbus 48
Die Grammatik des Nebrija 68

Warum Spanien?

Träume und Wirklichkeiten Spaniens 75
Die Errichtung des Staates 87
Isabella, Ferdinand und ihre Umgebung 95

Eine dreifache Diaspora

Die Auswanderung der Moslems 105
Die Auswanderung der Juden 116
Die Auswanderung der Christen 129

Die Vereinigung der Welt 141

Die mikrobische Vereinigung 143
Die Vereinigung über die Nahrung 152
Gold und Silber 159

Gedächtnisfeiern

1892, von Madrid nach Chicago 167
1492 und die Ikonographie 174
Die Feste der Mauren und der Christen 179

Schlußbemerkung 185
Anmerkungen 189

Einleitung

AM 10. APRIL 1981 wurde in Spanien durch einen Erlaß eine nationale Kommission zur feierlichen Begehung des Fünfhundertjahrestages der Entdeckung Amerikas gegründet. Am 12. Oktober 1982 folgte Italien mit der Einrichtung eines Nationalkomitees für die Fünfhundertjahresfeiern der Entdeckung Amerikas. Und eilends wurden andere ähnliche Instanzen eingerichtet, namentlich in den Ländern des amerikanischen Kontinents, so daß an der internationalen Versammlung, die 1984 in Santo Domingo stattfand, die Repräsentanten von zwanzig nationalen Kommissionen teilnahmen, von den Bahamas bis Chile, von Jamaika bis Argentinien, abgesehen von Spanien. Am 23. September 1986 debattierte die Generalversammlung der Organisation der Vereinten Nationen darüber, wie man die Fünfhundertjahrfeier abhalten solle. Seitdem haben sich überall die Gedenkinitiativen und die Zusammenkünfte vervielfacht und heftige Polemiken hervorgerufen.

Der Titel selbst, unter dem die Komitees der Kommissionen agierten, ist kritisiert worden. Alle oder beinahe alle sprechen von Entdeckung. Es haben sich aber Stimmen erhoben, um auf die eurozentristische und kolonialistische Ideologie, die in dem Gebrauch des Ausdrucks mitschwang, hinzuweisen. Sie erinnern daran, daß nicht nur 1492 nichts entdeckt worden war, da der amerikanische Kontinent bewohnt war, sondern daß sich dort auch blühende Kulturen (Nahua, Maya, Inka ...) entwickelt hatten. Das Wort Begegnung wäre angebrachter. Die Befürworter des ersten Vorschlags haben in die Waagschale geworfen, daß keine Begegnung, sondern ein Zusammenstoß stattgefunden habe und daß der Begriff »Entdeckung« von der Geschichte auferlegt worden sei. Schließlich haben viele offizielle Organe, angefangen mit den Vereinten Nationen, beschlossen, den Ausdruck *Begegnung* festzuhalten, sei es, um den Begriff *Entdeckung* zu ersetzen, sei es, um ihn damit zu verknüpfen.

Es gibt eine dritte Strömung, die allen vorhergehenden Positionen feindlich ist. 1492 hätte demnach weder eine Entdeckung noch Begegnung, sondern eine *Invasion* stattgefunden. Für den Weltrat der eingeborenen Völker, den gewichtigsten Vertreter dieser Meinung, schikken wir uns an, in festlicher Weise an die Trauer der indianischen Völker zu erinnern. Deshalb hat im August 1990 die Generalversammlung dieses Rates gewünscht, 1992 solle zum »Weltjahr der Würde und Rechte der Eingeborenen« erklärt werden.

Wie wir sehen, eine facettenreiche und leidenschaftliche Debatte. Die Europäer täten gut daran, intensiver an ihr teilzunehmen, denn sie lädt ein zu einem besseren Verständnis unserer Vergangenheit und unserer Gegenwart. Sie zeigt auf wunderbare Weise, bis zu welchem Punkt jedes Gedenken partiell, parteiisch, zweideutig sein kann. Und dennoch, trotz ihrer unleugbaren Qualität läßt uns die Kontroverse Gefahr laufen, daß wir einen bedeutenden Teil des Erbes von 1492 verdunkeln.

Aus welchen Ereignissen bestand dieses »wunderbare Jahr«, um einen Ausdruck aufzugreifen, der berühmt wurde? Eines der Themen dieses Buches besteht genau darin, an sie alle zu erinnern und zu versuchen, zwischen ihnen ein Gleichgewicht zu erhalten, das *a priori* nicht offensichtlich ist. Schuld daran ist Christoph Kolumbus. Das Risiko ist groß, daß man 1492 allein auf die Tat des Genuesers beschränkt. Den Menschen vom Ende des zwanzigsten Jahrhunderts, die sich kaum zu fassen wissen, wenn heute ein Segelboot den Atlantik überquert, stünde es schlecht an, die Heldentat des berühmten Vorläufers nicht zu würdigen. Und die Vereinigung zweier Kontinente, die sie realisiert, die Vervielfachung des Austauschs und der Entlehnungen, die sie mit sich gebracht hat, machen eines der großen Daten der Universalgeschichte daraus. Die Tragweite der Reise ist unermeßlich, und ich werde versuchen, einige Beweise dafür zu erbringen. Aber das Gewicht und der Reichtum der westlichen Welt einerseits, die unleugbare Anziehungskraft andererseits einer so komplexen und in vielen Aspekten geheimnisvollen Persönlichkeit können uns glauben lassen, daß 1492 im 12. Oktober enthalten ist, dem Datum, an dem Kolumbus auf der Insel San Salvador, einer der Bahamas, landete.

Das Adjektiv *wunderbar* wird ebenfalls auf die Eroberung Granadas durch Isabella von Kastilien und Ferdinand von Aragonien am 2. Januar 1492 und auf die Austreibung der Juden aus Spanien angewandt, die dieselben Herrscher am 31. März beschlossen. Das erste der beiden Ereignisse ist wenig bekannt. Dennoch bezeichnet es das Verschwinden des letzten moslemischen Staates aus Spanien. Nun, wir wissen, welchen Glanz die Zivilisation von al-Andalus, dem Namen, der die Gesamtheit der spanischen Gebiete unter der moslemischen Herrschaft bezeichnet, das ganze Mittelalter hindurch verbreitete. Und für die Moslems ist »Andalusien« ein mythisches Land, das verlorene Paradies. Jeden 2. Januar versammeln sich die Mitglieder der islamischen Gemeinde von Granada am Fuß der Alhambra, um ihren Schmerz herauszuschreien. Der 2. Januar ist auch eine wichtige Episode in den Beziehungen zwischen Islam und Christentum. Die Art selbst, wie er eingestuft wird, zeigt, bis zu welchem Punkt das Ereignis mit Sinn beladen ist. Man sollte den Ausdruck Wiedereroberung von Granada vermeiden, der oft benutzt wird, aber nichts besagt. Ich habe das Wort *Einnahme* benützt, das dem spanischen Begriff *toma* entspricht. Aber vielleicht wäre es besser, auf das Wort *Übergabe (entrega)* zurückzugreifen, das den Tatsachen entspricht.

Die Austreibung der Juden ist kaum besser bekannt. Bei dieser Gelegenheit folgte Spanien mit einem gewissen zeitlichen Abstand dem Beispiel der anderen Länder Westeuropas, dem von England am Ende des dreizehnten Jahrhunderts, dem von Frankreich am Ende des vierzehnten Jahrhunderts. Dennoch hat die spanische Angleichung die Betroffenen zeitlich in Bedrängnis gebracht, denn sie hatten nur einige Monate, um sich zwischen Exil und Taufe zu entscheiden. Eine Minorität wählte die zweite Lösung, die dem Anschein zum Trotz alles andere als bequem war, da die Inquisition seit 1480 die konvertierten Juden häretischer Praktiken verdächtigte und sie verfolgte. Die meisten, hundertfünfzigtausend ungefähr, zogen es vor, in nichts nachzugeben und also den Weg des Exils einzuschlagen. Die Gemeinde, die Sefarad so lange beherbergt hatte, verstreute sich in alle Welt. Das Spanien der drei Religionen hatte aufgehört zu existieren.

Wir wollen zu den drei voraufgehenden Ereignissen das Erscheinen der kastilischen Grammatik von Nebrija hinzufügen, das systematisch vernachlässigt wird. Das Werk stellt dennoch die erste in Europa veröffentlichte Grammatik in lebender, gesprochener Sprache dar. Die Reise des Kolumbus, die die Eroberung und Ausbeutung der Neuen Welt ankündigte, bot der Expansion der europäischen Sprachen ungeheure Möglichkeiten. Der Humanist Nebrija war zu seinen Lebzeiten sehr geschätzt wegen seiner Arbeiten in lateinischer Sprache. Die kastilische Grammatik fand damals nicht das geringste Echo. Mit ihr wurde dennoch ein erster Schritt gemacht, der zum Triumph der lebendigen Sprache über das Lateinische führt. Und es wurde ein Werkzeug geschmiedet, das beträchtlich zur Herrschaft der Europäer beitragen wird.

Die zeitliche Übereinstimmung zwischen den vier Ereignissen ist vollkommen. Ungefähr zehn Monate trennt das erste, die Einnahme von Granada, vom letzten, der Ankunft des Kolumbus auf den karibischen Inseln. Die Vorstellung der Grammatik von Nebrija bei Isabella, Königin von Kastilien, in Gegenwart des Erzbischofs von Granada, Hernando de Talavera, ist nicht später als auf den Monat Mai zu datieren. Und wenn wir uns an die Versicherung der Unterstützung halten, die Christoph Kolumbus endlich von Isabella und Ferdinand erhielt, finden die vier herausragenden Ereignisse von 1492 innerhalb weniger als fünf Monaten statt, denn die *capitulaciones* (Verträge), die die beiden Teile verbinden, sind zwischen dem 17. und dem 30. April unterzeichnet worden. Ist diese unwahrscheinliche Häufung dem Zufall oder logischer Verkettung zu verdanken? Ich werde versuchen, auf den folgenden Seiten zu zeigen, wie eng die Bande zwischen dem einen Ereignis und den anderen sind, wie sie sich vervollständigen, wie sehr die Reise des Kolumbus von der Lösung der anderen Fragen, die sich zu Beginn von 1492 den spanischen Herrschern stellen, abhing.

Einheit der Zeit, aber auch Einheit des Ortes. Kolumbus oder die Seinen haben sich an die Höfe von England, Frankreich, Portugal oder Spanien gewandt. Ich werde in Erinnerung rufen, warum ausgerechnet letzterer das Projekt gebilligt hat. Um eine jahrzehntelange militärische Anstrengung zu beenden, um sich zehntausender aktiver, geschickter und tätiger Untertanen zu berauben, ohne daß die Wirtschaft zu sehr darunter gelitten hätte, eine kostspielige Expedition mit unsicherem Ausgang auf die Beine zu stellen, dazu bedurfte es eines Landes in vollem Aufschwung, eines Staates mit soliden Grundlagen, einer bis zur Absurdität unerschütterlichen Überzeugung. Das Spanien von Isabella und Ferdinand vereinte diese Bedingungen. Deshalb war für den Zeitraum von fünf Monaten ein Stück Land von Granada bis Santa Fé in Andalusien der Nabel der Welt. Dort hat sich plötzlich Spanien den mittelmeerischen Einflüssen verschlossen und sich den atlantischen geöffnet. Der ganze Erdball ist in diese Bewegung hineingezogen worden, und das verdient einiges Nachdenken und nähere Untersuchung.

»Das Jahr der Wunder«

Die Ereignisse

Die Übergabe von Granada

ZUMINDEST ZWEI GROSSE STÄDTE tragen den Namen Santa Fé: die eine ist die Hauptstadt von Neumexiko, einem der südlichen Staaten der USA, die andere, an den Ufern des Salado del Norte gegenüber Paraná gelegen, ist eine der wichtigsten Städte von Argentinien. Aber wer weiß, daß sie ihre Benennung einem anderen Santa Fé verdanken, einer bescheidenen andalusischen Stadt, die aber ein ungeheures materielles und symbolisches Erbe aufweist? Mit ein wenig Aufmerksamkeit wird der Reisende, der von Malaga nach Granada oder vom Flughafen von Granada zu dieser Stadt fährt, ungefähr zehn Kilometer von der Stadt der Alhambra beim Eintritt in einen kleinen Stadtkern, um den die Landstraße herumführt, ein Schild lesen, das anzeigt: *Santa Fé, cuña de la hispanidad, Santa Fé, Wiege des Spaniertums*. Diese seltsame Erwähnung bezieht sich auf das Abkommen, das am 17. April 1492 zwischen Isabella und Ferdinand, den spanischen Regierungsoberhäuptern, und Christoph Kolumbus geschlossen wurde. Der damals verwendete Text definierte die Bedingungen der Expedition des Kolumbus und der Nutzung der zu entdeckenden Gebiete.

Santa Fé ist viel mehr als der Ort eines Ereignisses mit damals ungeahnten Konsequenzen. Santa Fé, Heiliger Glaube, der Name selbst schon ist Proklamation und Herausforderung. Die Stadt ist vollständig geplant, ihre Gründung wurde aller Wahrscheinlichkeit nach mitten im Jahr 1491 von Isabella und Ferdinand beschlossen. In der Mitte der Ebene errichtet, droht und trotzt sie Granada, der Hauptstadt eines kleinen moslemischen Staates. Von dieser sagte der Chronist Pietro Martire de Anghiera, sie war »eine Stadt von steinernen Mauertürmen von einer außergewöhnlichen Festigkeit umgeben«, und fügte hinzu, daß sie nach der Aussage der Kaufleute, die dort wohnten, nicht »erobert werden konnte, weder mit Gewalt noch durch die Geschicklichkeit der Soldaten, noch durch irgendeine Maschine«. So »mußte man ihr nach und nach die Glieder abschneiden, die ihr blieben, und als die Flügel gebrochen waren, den Rest der Federn ausreißen, damit sie, wenn sie sich machtlos und von der Not getrieben sähe, sich aus freiem Entschluß zu Füßen der Regenten niederwerfe«.[1]

1491 sind Isabella und Ferdinand in einen Krieg verwickelt, der bereits mehr als zehn Jahre dauert. In der Tat hatte im Dezember 1481 eine moslemische Expedition die Grenze überschritten, ungefähr zweihundert Kilometer im Westen von Granada in Richtung auf das Schloß von Zahara. Die Angreifer hatten eine Menge Christen getötet und mehr als hundert Personen in Gefangenschaft geführt. Eine nichtige Angelegenheit im Grunde genommen. Zweifellos bedeutete sie den Bruch eines Waffenstillstands, der 1478 zwischen Granada und Kastilien unterzeichnet worden war. Aber seit Mitte des dreizehnten Jahrhunderts, einer Epoche, in der die moslemische Herrschaft in Spanien auf ein Königreich von dreißigtausend Quadratkilometern im Südosten der iberischen Halbinsel beschränkt war, hatte es auf der einen und der anderen Seite der Grenze fortwährend Scharmützel gegeben. Die Angriffe auf Festungen und die Überfälle, im Verlauf derer Ritter und Infanteristen die Ernten zerstörten und beträchtliche Beute machten, waren nicht zu zählen. Manchmal hatten sich die Christen, zum Beispiel 1431, bis in die Umgebung von Granada vorgewagt, sich dort aber nie lange aufgehalten.[2]

Dieses Mal war die Antwort der Christen heftiger. Im Februar 1482 marschierten sie auf die Stadt Alhama, eine bedeutende Etappe auf der Strecke von Granada nach Malaga. Sie bemächtigten sich des Ortes und machten dreitausend Gefangene. Der Gegenangriff des moslemischen Herrschers Abu al-Hasan scheiterte. Das Unternehmen von Ferdinand und Isabella war von nun an klar. Sich im Gebiet ihres Rivalen festsetzend, beabsichtigten sie, es völlig unter ihre Kontrolle zu bringen. Die Umstände waren ihnen günstig. Seit 1469 verheiratet, waren Isabella und Ferdinand lange durch den Bürgerkrieg in Kastilien in Beschlag genommen. Seit 1474 Königin, war Isabella erst fünf Jahre später anerkannt worden, gerade in dem Augenblick, in dem ihr Gatte auf den Thron von Aragón gelangte. Sie konnten also all ihre Kräfte einer besonders ehrgeizigen Unternehmung widmen: die moslemische Herrschaft in Spanien zu beenden. Die nasridische Familie, die in Granada an der Macht war, war durch dynastische Streitigkeiten zerrissen. So wurde Emir Abu al-Hasan nach der Niederlage von Alhama zugunsten seines Sohnes verdrängt, den die Geschichte unter dem Namen von Boabdil festgehalten hat.

Der Krieg dauerte dennoch zehn Jahre. Die Christen spielten in bewundernswerter Weise ihre Gegner gegeneinander aus, zum Beispiel, indem sie sofort Boabdil befreiten, der 1483 gefangen worden war. Aber die Moslems leisteten deshalb nicht weniger entschieden Widerstand. Die Härte der Belagerungen, wichtigere Zäsuren der Konfrontation zeugen davon. Die Einwohner von Malaga hielten trotz der Quälereien durch die Feinde, der Entbehrungen und des Typhus von 1487 dreieinhalb Monate durch. Die Sieger machten die ganze Bevölkerung, mehr als zehntausend Menschen, zu Sklaven. In Baza, im Nord-Osten des Königreichs, dauerte 1489 die Belagerung sechs Monate. Gut organisiert und reichlich mit Vorräten versehen, räumten die Belagerten dennoch Anfang Dezember den Platz, um dem Schicksal der Verteidiger von Malaga zu entgehen. Der Schraubstock preßte sich in drei Schüben zusammen. Von 1482 bis 1484 waren die Operationen auf den Nordwesten des Königreichs von Granada begrenzt. Es ging hauptsächlich um die Kontrolle von Alhama. Von 1485 bis 1487 verstärkte sich der Druck der Christen, da Ferdinand von Aragonien häufig an der Spitze der Truppen stand. Nacheinander fielen die Festung von Ronda, dann die von Malaga; die Moslems verloren das westliche Drittel ihres Territoriums. Von 1488 bis 1491 war der Rhythmus weniger intensiv, denn die beiden Lager waren durch die Belagerung von Malaga erschöpft. Die Übergabe von Baza zog dennoch für die Moslems den Verlust des westlichen Teils des Königreichs nach sich. 1490 fielen die Truppen von Boabdil über die christlichen Stellungen her. Damals griffen Ferdinand und Isabella, darauf bedacht, schnell Schluß damit zu machen, die Hauptstadt an. Sie stellten eine riesige Armee zusammen, die nach der Aussage der Chronisten zwischen sechzig- und achtzigtausend Mann umfaßte, und schlugen im April 1491 ihr Lager in der Ebene von Granada auf.

Santa Fé war zuerst ein riesengroßer Lagerplatz, geschützt vor den Überschwemmungen des Genil, des Zuflusses des Guadalquivir, und den kühnen Ausfällen der Bewohner von Granada. Aber, darauf bedacht, ihre entschiedene Haltung zu beweisen, beschlossen die Regenten, das Lager in eine Stadt zu verwandeln. Der große Brand der unzureichend geschützten Lagereinrichtungen im Juli gab die Veranlassung dazu, daß die Arbeiten beschleunigt wurden. Nach der Aussage von Pietro Martire war eine Menge von Arbeitern, Steinbrucharbeitern, Maurern, Zimmerleuten, ununterbrochen, beschäftigt. Die Arbeiten wurden zum Abschluß gebracht, aber wahrscheinlich wurde die neue Stadt nicht vor dem Frühling 1492 vollendet. Der Chronist verfaßte einen Vierzeiler, der in Marmor eingraviert und am Westtor angebracht wurde:

REX FERNANDUS REGINA ELISABET, URBEM
QUAM CERNIS, MINIMA CONSTITUERE DIE
ADVERSUS FIDES ERECTA EST, UT CONTERAT OSTES
HIT CENSET DICE, NOMINE SANTA FIDES.[3]

Am ersten Januar 1492 richteten Ferdinand und Isabella mehr als einmal ihre Blicke auf Granada. Seit acht Monaten bildete der rote Hügel der Alhambra ihren Horizont. Aber in diesem neuen Jahr hatte sich das ununterbrochene Warten in eine heitere Zuversicht verwandelt. Die Stadt, von der sie so sehr geträumt hatten, war im Begriff, sich ihnen zu ergeben. Vermutlich waren sie sich schon seit einiger Zeit ihrer Überlegenheit sicher, warum sonst hätte Meister Rodrigo Alemán schon 1489 die Episoden eines Krieges, der noch nicht beendet war, in das Holz des Kirchengestühls der Kathedrale von Toledo geschnitzt?[4]

Die Perioden der Niedergeschlagenheit und des Zorns waren vergessen, seit ein Vertrag zwischen den Gegnern unterzeichnet worden war. In der Tat hatten sich am 25. November 1491 Boabdil, Ferdinand und Isabella auf einen Text geeinigt, der die Bedingungen der Übergabe der Hauptstadt des moslemischen Staates aufzählte.[5] Der Text ist in vielerlei Hinsicht von entscheidender Bedeutung, wir werden darauf zurückkommen. Im Augenblick wollen wir uns damit begnügen, seine hauptsächlichen Dispositionen in Erinnerung zu rufen. Die Oberhoheit der Christen über die Stadt von Granada sollte in einer Frist von sechzig Tagen wirksam werden und auf ihrem Gebiet, im wesentlichen der strategischen Zone der Alpujarras, dem südlichen Abhang der Sierra Nevada, in einer Frist von neunzig Tagen. Die Lieferung von fünfhundert moslemischen Geiseln sollte die Einhaltung des Zeitablaufs garantieren. Dagegen erhielten die Bewohner von Granada wichtige Zusicherungen: Sicherheit der Personen und Güter und sogar Anerkennung des Eigentums der während des Krieges gemachten Beute; Freiheit der Religionsausübung (die zum Islam übergetretenen Christen und die moslemischen Kinder von Christinnen sollten nicht bedroht sein); freie Verfügung über Moscheen, Minarette, Kultgegenstände; Erhaltung der moslemischen Metzgereien und Märkte, der Verwaltungsorgane, des Steuersystems, Steuerfreiheit während drei

Jahren für die Städter, Freiheit des Einzelhandels mit Nordafrika; Untersuchung der Streitigkeiten zwischen Moslems und Christen durch eine gemischte Rechtsprechung; keine unterscheidende Kennzeichnung; Erlaubnis, nach Verkauf der Güter nach Nordafrika auszuwandern; Befreiung von allen Gefangenen in einem Zeitraum von fünf Monaten für die, die sich in Andalusien, von acht Monaten für die, die sich in Kastilien befanden; schließlich die Möglichkeit, Waffen und Pferde zu behalten. Diese letzte Maßnahme hatte starke symbolische Bedeutung, denn es hieß von Seiten Ferdinands und Isabellas, daß sie ihre künftigen Untertanen nicht als Besiegte betrachteten. Insgesamt ein großzügiger Text mit Gunstbezeugungen, die den Notabeln zugestanden wurden und an erster Stelle dem Emir Boabdil, dem in seiner Eigenschaft als Erbe ein gewaltiger Herrschaftsbereich versprochen wurde, der das gesamte Gebiet der Alpujarras umfaßte, und außerdem eine großzügige finanzielle Schenkung.[6]

Die Ereignisse spielten sich vor Ablauf der vorgesehenen Fristen ab. Am 30. Dezember 1491 beauftragten die Regenten Juan de Robles, Alkalde (Bürgermeister mit Gerichtsbefugnis) der andalusischen Stadt Jerez, fünfhundert Bürger von Granada aufzunehmen, die Garanten der Kapitulationen (Verträge). Diese trafen am 1. Januar in Santa Fé ein. Boabdil, besorgt wegen der Wirkungen dieses Vorgangs auf seine Untertanen, bat die Könige von Kastilien, die Operationen zu beschleunigen. In der Nacht erreichten die Truppen unter dem Kommando von Gutierre de Cardenas, dem Oberbefehlshaber von Léon und von Anfang an Vertrauensmann von Isabella, Granada auf einem abgelegenen Pfad und umzingelten bei Morgengrauen die Alhambra.

Alle Hauptpersonen des 2. Januar 1492 hatten das Gefühl, ein Ereignis von großer Tragweite zu erleben. Aber wir wollen lieber das Wort einem von denen überlassen, die so zahlreich Bericht darüber erstatteten:

»Da die Heldentaten unserer hohen Herrschaft, dem König und der Königin, so ruhmreich und ihrer Größe so angemessen sind, kann wenig mündlich oder durch Bericht niedergelegt werden. Ich, der ich ein wahrhaftiger Zeuge all dieser Dinge bin, da ich dabei anwesend war, wünsche Eurer Hoheit zu berichten, wie die Lage ist.

Vom Hunger und der Kraft der Waffen niedergedrückt, ergaben sich die Moslems von Granada am 2. Januar 1492 dem König und der

Königin, und damit die Herrscher in aller Sicherheit in die Stadt eintreten können, schickten die Moslems den Sohn ihres Königs als Geisel, begleitet von sechshundert Rittern und den beiden wichtigsten Oberhäuptern der Stadt. Die Geiseln wurden den wichtigsten Mitgliedern der Armee anvertraut. Am folgenden Tag bei Morgengrauen begab sich der Oberbefehlshaber von León an der Spitze von fünfhundert Rittern und vierhundert Fußsoldaten auf die Suche nach dem Oberhaupt, der in Begleitung des Sohnes des Gouverneurs der Stadt und anderer Notabeln war. Ihm kam ein gewisser Zabi entgegen, der ihn bis zur Festung und dort bis zu einer geschlossenen Eisentür führte. Die Schlüssel des besagten Zabi nehmend, öffneten sie diese, und der Kommandant verteilte seine Leute in zwei Gruppen, die an den strategischen Stellen besagten Schlosses Position nahmen; dann begab er sich zum königlichen Palast, wo er den König mit dreihundert bewaffneten Männern fand. Diese letzteren verließen das Schloß durch eine versteckte Tür in dem Augenblick, als der Kommandant eintrat. Man errichtete alsbald einen Altar, um die Messe zu feiern. Dieser Palast ist von einem solchen Umfang, daß sein größter Teil weiter ist als der gesamte Palast von Sevilla. Sofort nach seiner Ankunft wurden siebzehn christliche Standarten entrollt, darunter eine, die älter als hundertfünfzig Jahre war, die wie die anderen von den Christen verloren worden war. Am Ende der Messe und des heiligen Abendmahls, an diesem Ort, der achthundert Jahre lang entheiligt worden war, hielten der König und die Königin an der Spitze von zehntausend Rittern und fünfzigtausend Mann Fußvolk feierlichen Einzug. Man befahl sofort, die Gefangenen zu befreien, die in der Gewalt der Moslems waren. Sie kamen in einer Prozession mit dem Kreuz und dem Bildnis der glückseligen Jungfrau, das sie mit ihren Ketten trugen. Ich führte sie zum König, der sie als christlicher Fürst empfing und mich bat, die Königin zu erwarten, die mit den anderen kam. Sie war vom Kardinal von Spanien begleitet; die Königin empfing sie mit Respekt und befahl, sie zum Schloß von Santa Fé zu bringen. Und ich, ich befand mich inmitten all dieser Dinge, da ich seit dem ersten Eintritt in besagte Festung bei dem Kommandanten geblieben war. Als die Leute sich dem Schloß näherten, nahm ein Mönch ein Kreuz und stieg auf den höchsten Turm, auf dem sich der Erzbischof von Cagliari, der Bischof von Aquila, der Bischof von Guadix, der Bischof von Malaga und viele andere Geistliche befanden. Und als das Kreuz sehr hoch erhoben war,

sangen alle einstimmig ›O crux ave spes unica‹. *Der Bruder des Grafen von Cifuentes hielt in seinen Händen die Standarte des Heiligen Jakob und die königliche Standarte, und drei Mal wurden die Standarten vor dem Kreuz geneigt. Am Ende der Hymne stieg ein Herold des Königs auf besagten Turm und schrie drei Mal: ›Heiliger Jakob, Granada und Kastilien. Mit Deiner Hilfe sind diese Städte unter die Herrschaft des Königs und der Königin gestellt worden, die diese Stadt von Granada, ihre Festungen, ihr ganzes Königreich mit Gottes Hilfe, der der heiligen Jungfrau Maria und der des heiligen Jakob, und von Innocent VIII., mit den Prälaten, den Leuten, den Städten, den Völkern besagten Königs und besagter Königin und ihren Königreichen mit Macht zum katholischen Glauben geführt haben.‹ Dann ertönten die Trompeten und krachten die Salven der Bombarden in Gegenwart des Königs und der Königin, die, umgeben von der Menge und dem Klerus, auf Knien und mit gefalteten Händen, Gott dankten, indem sie sangen* Te Deum laudamus. *Der moslemische König küßte dann die Hände unseres Königs und unserer Königin, die den Sohn besagten Königs, der als Geisel einbehalten worden war, herbeibringen ließen und ihn seiner Mutter zurückgaben. Der Oberbefehlshaber und der Graf von Tendilla blieben in besagter Festung mit zweitausend Rittern und fünftausend Mann Fußvolk. In dieser Festung waren dreißigtausend Ladungen Mehl und zwanzigtausend Ladungen Gerste gespeichert, und im Schloß von Santa Fé richteten sich Don Juan de Sotomayor und der Majordomus Santángel mit ihren Leuten ein. Am folgenden Tag kehrten der König und die Königin in ihre Residenz zurück. Einige Tage später fand die Prozession vom Schloß bis zur Stadt Santa Fé statt. Der König und die Königin nahmen mit vierhundert Mönchen und Priestern daran teil. Dorthin kamen auch die Gefangenen, siebenhundert an der Zahl. Der König und die Königin gaben ihnen Kleider und Geschenke, und ich war bei all diesen Vorgängen anwesend.*
Gegeben in Granada am 7. Januar 1492.
Bernardo del Rey.«[7]

Es ist bewiesen, daß dieser Bericht dem wirklichen Ablauf der Ereignisse sehr getreu folgt. Dennoch gibt es einen interessanten Aspekt, in dem der Zeuge sich täuscht.[8] Wie er sagt, damit beauftragt, die Gefangenen nach Santa Fé zu begleiten, hat er nicht der Begegnung zwischen den christlichen Regenten und dem moslemischen Herrscher beigewohnt. Nun hat der Emir – im Gegensatz zu dem, was Bernardo del Rey versichert, oder dem, was der Bildhauer Rodrigo Alemán in der Kathedrale von Toledo evoziert, in der man Boabdil kniend die Schlüssel seiner Hauptstadt dem König von Aragonien, der auf seinem Reitpferd sitzt, übergeben sieht – nicht die Hände von Isabella und von Ferdinand geküßt und hat sich nicht vor ihnen auf den Boden geworfen. Nachdem sie zugestimmt hatten, daß ihre Gegner ihre Waffen behielten, gaben die Sieger einen neuerlichen Beweis ihrer Großherzigkeit. Dem Wunsch von Boabdil entsprechend haben sie keinerlei demütigende Geste in die Zeremonie eingeführt. In der Tat sind das in ihren Augen nur bedeutungslose Details. Ihre Beschlüsse und ihre Haltungen sind sorgfältig abgewogen, ihre Großherzigkeit ist kalkuliert, wie es ein anderer Bericht unterstreicht, der vom 8. Januar datiert: »Dieser Text (es handelt sich um die Kapitulationen) ist ganz zum Vorteil der Moslems, aber wenn man eine Angelegenheit in Ehre und Würde beenden will, ist alles, was man macht, gut getan. Ihre Hoheiten haben nun Granada, wie es ihr Wille war.«[9]

Wir wollen zum Bericht von Bernardo del Rey zurückkehren. Er geizt nicht mit Erwähnungen von Namen von Personen, zumindest von christlicher Seite, denn die Moslems sind aus dem Text wie aus der Stadt entfernt. Es zählt allein der Emir Boabdil, weil seine Gegenwart unerläßlich ist zur Übertragung der Herrschaftsgewalt und das Prestige seiner Gegner hebt. Aber die Mitglieder seiner Umgebung, seine Frau Moraima, sein Sohn, der freigelassen wird, Ahmad, die beiden wichtigsten Oberhäupter der Stadt, vielleicht der Wesir Yusuf ibn Kumasa und der Vertrauensmann Abu'l Quasim al-Mulih, Autor der Verhandlungen, die zu den Kapitulationen geführt haben, haben kein Recht außer auf unbestimmte Angaben. Der einzige Moslem, der mit Namen genannt wird, »ein gewisser Zabi«, sagt der Erzähler, ist nicht identifizierbar. Dagegen, wieviel Präzisierungen, was die Sieger betrifft! Bernardo del Rey neigt zur Reportage.

Von Don Juan de Sotomayor wissen wir nicht viel – er war offensichtlich mit der Heeresintendantur beauftragt – alle anderen genannten Helden aber haben in der Tat eine große Rolle bei Isabella und Ferdinand gespielt. Gutierre de Cardenas sicherlich, vor 1470 Küchenmeister von Isabella, dann *contador mayor (höchster Zahlmeister)*, schließlich Oberkommandant von León. Pedro de Silva, Bruder von

1) vorstellt, erweckt

Juan, Graf von Cifuentes und Stellvertreter von Sevilla, nahm an allen Peripetien des Krieges von Granada seit 1482 teil. 1483 wie sein Bruder nicht weit von Malaga gefangen genommen, verbrachte er zwei Jahre in Gefangenschaft. Der Kardinal von Spanien, Pedro Gonzales de Mendoza, und der Graf von Tendilla, Iñigo Lopez de Mendoza, sind auch Brüder. Der erste hat seit 1473 eine wichtige Rolle bei den Herrschern gespielt, vor allem bei Isabella, deren bevorzugter Ratgeber er ist. Es ist kein Zufall, wenn der Chronist ihn uns an der Seite der Königin zeigt. Seit 1482 ist er Erzbischof von Toledo und also Primas der spanischen Kirche. Iñigo Lopez de Mendoza hat sehr aktiv an den meisten großen Feldzügen der Herrschaft teilgenommen, 1476 in Toro gegen die Portugiesen, 1482 in Alhama. Ferdinand schätzt seine Qualitäten, und 1492 wird er, fast selbstverständlich, zum Generalkapitän des Königreichs Granada und zum Gouverneur der Festung Alhambra ernannt. Luis de Santángel schließlich, der zu einer Familie von seit Beginn des vierzehnten Jahrhunderts bekehrten Juden gehört, war Generalintendant der Krone von Aragonien, auf dessen Rat Ferdinand gern hörte. Wir sehen, die Vertrauten des Königs und der Königin halten den Vordergrund der Bühne im Verlauf der Zeremonien vom 2. Januar besetzt. An diesem feierlichen Tag schließen die Herrscher all jene, die ihnen seit langem ihre Unterstützung und Treue offenbart haben, in ihren Triumph mit ein.[10]

Aber diese großen Familien wie die Mendozas, die Silvas, die Cardenas – der Bruder von Gutierre, Alonso, ist selbst Großmeister des Ritterordens von Santiago – sind auch die Repräsentanten der gesamten hinter den Herrschern eingereihten Aristokratie. Die Blüte der Gesellschaft ist am 2. Januar 1492 in Granada anwesend. Sie sind alle da: lange Zeit unerbittliche Feinde wie Diego Fernandez de Córdoba, Graf von Cabra, und Alonso de Aguilar, *alcalde mayor* (Oberbürgermeister) von Córdoba, oder Enrique de Guzman, Herzog von Medina Sidonia, und Rodrigo Ponce de León, Marquis von Cadiz; und jene, die aus vollem Herzen die Partei von Johanna »la Beltraneja«, der Nichte und Rivalin der Königin Isabella, unterstützt hatten: Diego Lopez Pacheco, Herzog von Escalona und Marquis von Villena, Juan de Zuñiga, Großmeister des Ordens von Alcántara, und Alsono Tellez Girón, Graf von Urueña – sie alle wurden erst nach 1476 mit Hilfe bedeutender Konzessionen als Verbündete gewonnen. Der Krieg von Granada war die Gelegenheit, die mächtigen kastilischen Adligen zu disziplinieren.

1) entscheidender Wendepunkt, Umschwung

Die Aristokratie nahm nicht allein am Fest teil. Bernardo del Rey zählt eine erste Abteilung von fünfhundert Rittern und vierhundert Fußsoldaten bei der nächtlichen Expedition, von zehntausend Rittern und fünfzigtausend Fußsoldaten hinter den Herrschern. Beträchtliche Zahlen, die dennoch Aufmerksamkeit verdienen. Sie entsprechen ziemlich genau den Beständen, die von der Armee aus dem Feldzug von 1491 bekannt waren. Es ist unwesentlich, ob der Autor des Berichtes sich durch Emphase oder Begeisterung mitreißen läßt, er unterstreicht zwei bedeutende Tatsachen: Alle, die an den Kampfhandlungen teilnahmen, haben der Übergabe von Granada beiwohnen und mit eigenen Augen das Banner des heiligen Jakob auf den Turm von Vela vor der Alhambra wehen sehen können. Durch sie ist die Einnahme von Granada von der gesamten spanischen Gesellschaft miterlebt worden.

Der menschliche Kräfteaufwand im Verlauf des Krieges war beträchtlich gewesen. Durch die Kontingente, die durch den Adel und die Gemeinden aufgebracht wurden, war der Bestand der königlichen Truppen verstärkt worden. Die Kosten, die der Krieg von Granada auf der Seite der Christen verursachte, wurden auf achthundert Millionen Maravedis veranschlagt, eine ungeheure Summe, die der Staat unfähig war zu übernehmen, da seine Einkünfte damals in der Größenordnung von hundertfünfzig bis zweihundert Millionen Maravedis pro Jahr lagen. Isabella und Ferdinand hatten vom Papst die Genehmigung erhalten, direkt die Beiträge des Kreuzzugs einzuziehen, die die Gläubigen bezahlten. Die Geistlichkeit war in Form von Gaben und Subsidien ebenfalls gefordert. Sie lieh 1489 auf drei Raten 1,95 Millionen Maravedis. Der Herzog von Medina Sidonia streckte zwischen 1487 und 1489 21,3 Millionen Maravedis vor, ebenfalls auf drei Raten. Unter den Leihgebern von 1491 figurieren kunterbunt der Erzbischof von Santiago de Compostela, die Händler von Burgos, Alonso de Aguilar, Gutierre de Cardenas, der Kardinal Pedro Gonzalez de Mendoza, der bekehrte Jude Luis de Santángel und der Jude Isaac Abravanel.[11]

Alle diese Männer von unterschiedlicher Herkunft und Stand wurden von ein und demselben Elan getrieben: sich Granadas zu bemächtigen, was bedeutete, einen zehnjährigen Krieg zu beenden; ja noch mehr, es bedeutete, einem acht Jahrhunderte währenden Kampf zwischen Islam und Christenheit im Inneren der iberischen Halbinsel ein Ende zu setzen. Die letzte Phase der Reconquista ist ebenso wie die vorherge-

1) Nachdruck, Eindringlichkeit

henden von christlicher Seite als Kreuzzug erlebt worden. Hatte der Papst nicht das Produkt der Kreuzzugsbulle gerade den spanischen Herrschern überlassen? Und wenn es ein geographisches Gebiet gab, wo dieser Geist, der im elften Jahrhundert entstanden war, noch nicht abgenutzt war, dann die *hispanische* Erde. Die Atmosphäre von religiösem Überschwang, die unserem Text entströmt, ist nicht eine Erfindung des Erzählers. Die für die Mitglieder der Vorhut des Heeres zelebrierte Messe, die Errichtung des Kreuzes auf der Spitze des Hügels der Alhambra, die Anrufung des Heiligen Jacobus Matamorus, des Schutzheiligen des christlichen Spanien, das *Te Deum*, das die Anwesenden sangen, die Endprozession – in ihnen offenbart sich diese Atmosphäre in spektakulärer Form. Und die Geistlichkeit ist allgegenwärtig. Ein Erzbischof und drei Bischöfe nahe am Kreuz; ein Erzbischof, der die Königin nicht verläßt; Priester und Mönche überall – der Tag des 2. Januar 1492 war eine ununterbrochene Liturgie.

Das Ereignis hatte ein gewaltiges Echo weit über das spanische Territorium hinaus. Im christlichen Heer zuallererst, wo Ausländer nicht selten waren. Deutsche und vor allem Schweizer Söldner erscheinen in den Abrechnungen von 1482 bis 1484 und von neuem 1491.[12] Es läßt sich denken, daß diese letzteren am 2. Januar 1492 am Fuß der Alhambra gegenwärtig waren. Urkunden für Veteranen sind im Verlauf des Jahres 1492 unterzeichnet worden zugunsten von Deutschen aus Köln oder Ulm, von Franzosen aus Bourges oder Reims, von Engländern aus Northampton[13] ... Unter den Artilleristen, vor allem unter den Bombardenwerfern, waren viele Franzosen oder Bretonen: einundzwanzig allein wurden 1485 anläßlich des Sturmangriffs auf Ronda gezählt. Und Bernardo del Rey vergißt in seinem Bericht nicht zu unterstreichen, daß zwei Bischöfe aus Italien, aus Cagliari und Aquila, an den Zeremonien der Einnahme von Granada teilnahmen. Sicherlich entspricht ihre Teilnahme, vielleicht von Ferdinand gewünscht, einer einfachen Logik, da Sardinien und das Königreich von Neapel von der Krone von Aragón abhingen. Aber wir wollen nicht daran zweifeln, daß sie zur »Internationalisierung« des Ereignisses beitrug.
Es ist Gegenstand einer seltenen Publizität über den Umweg von weitverzweigten, sehr lebendigen Verbindungen. Zwei der bedeutendsten spanischen Chronisten, Hernando de Baeza und Alonso (oder Alfonso) Fernandez de Palencia, haben berichtet, was sie im Verlauf des denk-

würdigen Tages gesehen hatten.[14] Der zweite erzählt die Tatsachen dem Bischof von Astorga in einem Brief, der vom 8. Januar 1492 datiert. Vom selben Tag datiert ein anderer Brief, der für den Bischof von León bestimmt ist und dessen Autor ein Verwandter des Grafen von Cifuentes sein könnte. Aber zumindest drei andere Berichte sind Fremden zu verdanken. Der eine von ihnen ist wohlgemerkt Bernardo del Rey, dessen Botschaft an die Herrschaft von Venedig geschickt wurde, der zweite ist ein anonymer Italiener, dessen Korrespondent ein Prälat ist, der in Rom residiert, der dritte ist ein anonymer Franzose, Autor einer »sehr feierns- und erinnernswerten und siegreichen Einnahme der Stadt von Granada«, die am 10. Januar verfaßt wurde. Alle diese Texte, oft Gegenstand von Anleihen und Zitierungen, haben großen Widerhall gehabt.[15]

Unter diesen Umständen ist es keineswegs überraschend, daß das Ereignis überall in der Christenheit gefeiert wurde. Natürlich in Rom, wo eine Dankprozession abgehalten wurde, bei der Kardinäle auftraten. Aber auch in Venedig, von wo aus bald eine Gesandtschaft abreiste, die damit beauftragt war, den spanischen Herrschern eine Botschaft von Glückwünschen zu bringen; diese danken schon am 7. April dem Dogen Agostino Barbarino für seinen Schritt.[16] Und auch in Paris, wo die Universität am 29. September 1493 ihre Freude darüber erklärt, daß einem mehr als sechshundert Jahre alten Unternehmen ein glückliches Ende gesetzt und »das reiche Königreich von Granada erobert worden ist.«[17] In London schließlich ließ König Heinrich VII. beim Empfang der Briefe von Ferdinand und Isabella in der Paulskirche durch den Lordkanzler einen Text verlesen: »Es ist lange her seit die Christen neue Territorien von den Ungläubigen erobert und die Grenzen der christlichen Welt erweitert und vorangetrieben hatten. Dieser Akt ist dank der Tapferkeit und Hingabe von Ferdinand und Isabella vollendet worden, Herrschern von Spanien, die zu ihrer ewigen Ehre das große und reiche Königreich von Granada wiedererlangt und den Ungläubigen die mächtige maurische Hauptstadt weggenommen haben, deren Herren die Moslems seit Jahrhunderten waren.«[18]

Die Einnahme von Granada fand nicht weniger Widerhall in der moslemischen Welt. Der französische Bericht vom Eintritt der Christen in die Stadt hebt die laute Verzweiflung der Einwohner hervor: »Bei jeder Kreuzeserhebung jaulte und brüllte das gläubige Volk der Mauren,

geworden. Betrachtet man seine Taten, so wird man finden, daß sie alle bedeutend und einige ganz außerordentlich sind. Zu Beginn seiner Regierung griff er Granada an. Dieser Feldzug war die Grundlage für seine Macht.«[25] Wir wollen gerecht sein; wo für die einen die Verdienste von Granada Ferdinand zukommen, stellen andere Isabella in den Vordergrund. Unter ihnen Balthasar Castiglione, der in *Il cortegiano* ein schmeichelhaftes Porträt der Königin zeichnet: »Ihr allein gebührt die Ehre der ruhmreichen Eroberung des Königsreichs von Granada.«[26]

Isabella oder Ferdinand – der Streit ist müßig. Sicher ist, daß sie beide Willen, Zähigkeit, Ehrgeiz besaßen. Von diesem Standpunkt aus betrachtet übersetzt der Titel der »Katholischen Könige«, der ihnen 1494 durch Papst Alexander VI. verliehen und der bald allgemein gebräuchlich wurde, sehr schön die Übereinstimmung ihrer Ansichten. Wesentlich ist der obligatorische und systematische Bezug auf Granada. Daran dachte gewiß auch der Papst, als er die spanischen Herrscher auszeichnete und sie mit dem sehr christlichen König von Frankreich in einen Rang stellte. Ein bescheidener anonymer Bildhauer aus Kastilien (oder mehrere) spricht in dieser Sache eine klare und deutliche Sprache: Die Chortür der Kirche von Santo Hippolyto de Tamara de Campos in der heutigen Provinz Palencia ist mit mehreren Granatäpfeln geschmückt. In Torremorte, einige Kilometer entfernt, ist auf dem Sockel des Chorgestühls eine einfache Inschrift angebracht: »Dieses Werk wurde 1492 geschaffen, im Jahr, in dem Granada erobert wurde.« Der Holzschnitzer hatte vielleicht an dem Feldzug teilgenommen. Sein Satz will auch sagen: »Ich war dort.« Wie alle seine Gefährten meinte er einer großen Heldentat beigewohnt zu haben. In der Tat bot der Krieg der moslemischen wie der christlichen Seite die Gelegenheit zu gewaltiger Energieverschwendung, unermeßlichen Geldausgaben und auch schweren Verlusten. Ein anderes künstlerisches Zeugnis veranschaulicht, bis zu welchem Punkt die Jugend beider Lager dem Krieg einen schweren Tribut gezahlt hat. In der Kathedrale von Sigüenza, ebenfalls in Kastilien, kann man eines der schönsten Gräber, die es gibt, bewundern. Der Kommandant Martin Vasquez de Arce, 1486 bei einem Scharmützel vor Granada getötet, ist auf der Seite aufgerichtet dargestellt, begleitet von einem Engel, der sich anschickt, ihn in die Höhe zu heben. Das Werk ist unter dem Namen von *Doncel*, dem Edelknaben, bekannt.

Seltsamerweise haben eine ganze Anzahl von Personen, die am Krieg teilgenommen und dem christlichen Triumph vom 2. Januar 1492 beigewohnt haben, nicht lange überlebt. Die Liste der Adligen, die in den folgenden Monaten verschwanden, ist erstaunlich lang. Am 8. Februar starb Pedro Enriquez, *adelantado mayor* (oberster Gouverneur) von Andalusien, bei Antequera auf dem Weg nach Sevilla. Im August verschwanden in einem Abstand von drei Tagen der Herzog von Medina Sidonia und der Marquis von Cadiz und im Juli 1493 Alfonso de Cardenas, Meister des Ritterordens vom heiligen Jakob. Im Januar 1495 verschied der Kardinal Mendoza. Der Geschichtsschreiber Luis Suarez Fernandez spricht vom Hinscheiden einer von der Intensität und der Heftigkeit der Anstrengung erschöpften Generation.[27] Unter diesen Bedingungen sind die Freude der Sieger, die Verzweiflung der Besiegten vom 2. Januar 1492 leicht zu verstehen. Der von den einen so erwartete, von den andern so gefürchtete Augenblick war gekommen. Für alle markierte das Ereignis ein Ende. Aber das Jahr war erst zwei Tage alt!

Die Vertreibung der Juden

NOCH EINMAL SANTA FÉ, oder vielmehr Santa Fé und Granada, von nun an Zwillingsstädte, bis zum 25. Mai 1492 während beinahe fünf Monaten Hauptstädte des Königreiches von Spanien. Ferdinand und Isabella haben nicht aufgehört, sich zwischen den beiden Städten aufzuteilen. Sie kehren am Abend des 2. Januar nach Santa Fé zurück und bleiben dort den 3. Sie sind am 4. von neuem in Granada für einige Stunden, dann vom 5. bis zum 7. Von da an ist es ein unaufhörliches Hin und Her, oft im Verlauf eines einzigen Tages. Aber am häufigsten verbringen sie die Nacht in Santa Fé. Dieses seltsame ständige Kommen und Gehen zwischen der ehemaligen nasridischen Hauptstadt und der kleinen Stadt, die so plötzlich aus dem Boden gestampft wurde, verdient eine Erklärung.

Zweifellos hat Granada seine neuen Herren und die Mitglieder ihres Gefolges bezaubert. Die schmeichelhaften Ausdrücke, die die moslemischen Reisenden der früheren Zeiten gebrauchten, kehren spontan bei den christlichen Autoren wieder, die in die Stadt der Alhambra kommen. Pietro Martire de Anghiera läßt in einem Brief, den er an den Kardinal Pedro Gonzales de Mendoza richtet, seiner Begeisterung freien Lauf. Das angenehme Klima, die Schönheit der Lage, den Reichtum der umgebenden Ebene unterstreichend, vergleicht er Granada mit Mailand, Venedig, Florenz und Rom, um kurz und bündig zu enden: »Von allen Städten, die ich unter der Sonne gesehen habe, ist mir Granada die Liebste.«[28] Die fremden Reisenden, die am Ende des fünfzehnten und am Anfang des sechzehnten Jahrhunderts aufeinander gefolgt sind, der Deutsche Monetarius 1494, der Flame Antonius de Lalaing 1502, der Venezianer Navagiero 1526, haben sich kaum anders ausgedrückt.

Der Palast der Alhambra ist bei allen Gegenstand ausführlichen, überschwenglichen Lobes. »Ich glaube, daß es nicht Vergleichbares in Europa gibt, denn alles ist dort so großartig, so majestätisch, so wunderbar fein gearbeitet, daß der Betrachter nicht recht weiß, ob er nicht im Paradies ist«, gesteht Monetarius.[29] Was die Katholischen Könige fühlten, darüber hingegen gibt es keine unmittelbaren Zeugnisse. Zweifellos aber waren auch sie bezaubert, denn sie beauftragten schon im Januar 1492 einen aragonesischen Architekten, Maestro Ramiro, die Türme und Mauern der Festung auszubessern. Sie schufen ebenso rasch die verschiedenen Funktionen des Alkalde (Bürgermeisters und Richters) der Alhambra und des Alkalde des Jannal-al-Arif und gaben so den beiden moslemischen Gebäuden und ihren Nebengebäuden einen besonderen Status und eine eigene Verwaltung, ein schönes Beispiel für die Bedeutung und die Achtung, die den islamischen Bauwerken zugestanden wurde. Man kann nicht oft genug wiederholen, daß durch die unaufhörliche Pflege, die auf Betreiben der katholischen Könige und ihrer habsburgischen Nachfolger der Alhambra und dem Jannal-al-Arif gewährt wurde, zu unserem Vergnügen Kleinode bewahrt wurden, deren Zerbrechlichkeit eines ihrer wesentlichen Charakteristika ist. Monetarius hat 1494 nicht versäumt festzustellen, daß zahlreiche Arbeiter sich am Jannal-al-Arif zu schaffen machten, um Gebäude und Verzierungen nach den traditionellen Techniken zu restaurieren.

Und dennoch haben Isabella und Ferdinand sich nicht auf dem Hügel niedergelassen. Ihre Bewunderung und ihr Respekt für wunderbare Werke waren mit Unbehagen gemischt. Die gesamte Stadt von Granada war ihnen zutiefst fremd. Die Bevölkerung war mehrheitlich moslemisch, wenn auch Tausende von Christen, die aus allen Ländern der Krone von Kastilien kamen, bald eine gemischte Stadt daraus gemacht haben. Die städtische Landschaft verwirrt die Neuankömmlinge. Das offensichtlich verworrene und unentwirrbare Netz der schmalen Straßen, das Fehlen aller Ordnung, die anarchische Anhäufung der eng und schuppenartig übereinanderliegenden Häuser rufen Abneigung hervor und sind ein Quell ständiger Unsicherheit. Ein umfangreiches Programm von Veränderungen wird auf die Beine gestellt, das darauf abzielt, Plätze freizumachen, die Straßen zu erweitern, die Häuser in geraden Reihen auszurichten. Ein ehrgeiziges Unternehmen, das sich über Jahrzehnte erstrecken und nur partielle Resultate erzielen wird.

Santa Fé ist in gewisser Weise ein Anti-Granada. Sicherlich machten seine geringen Ausmaße, vierhundert Schritte in der Länge auf dreihundertzwölf in der Breite, aus ihm keine potentielle Rivalin für seine mächtige Nachbarin. Aber als seltsame Warze mitten im urbanen Gewebe von al-Andalus entspricht Santa Fé dem Kanon der kastilischen Stadt. Sein Plan erinnert an den der römischen Lager der Antike und der befestigten mittelalterlichen Landhäuser. Die genaue Entsprechung ist unter den Umständen die Stadt Briviesca im Norden der heutigen Provinz von Burgos. Die geraden Straßen kreuzen sich rechtwinklig. Am Ende der beiden Hauptstraßen finden sich die vier majestätischen Tore. Da, wo sie sich im Zentrum kreuzen, erstreckt sich der Hauptplatz (*plaza mayor*). Die Hauptgebäude, ein Krankenhaus, das für die Reisenden bestimmt ist, eine Stiftskirche und das königliche Haus, das sich an die Kirche lehnt, schauen auf den Platz. Ein Kornspeicher grenzt an den *decumanus maximus*. Hier ist alles geordnet, hierarchisch, wenn auch das königliche Haus durch seine bescheidenen Dimensionen überrascht. Es bietet, Erdgeschoß und erstes Stockwerk zusammen genommen, nur eine Nutzfläche von zweihundert Quadratmetern, zu denen siebzig Quadratmeter Ställe hinzukommen. Dennoch haben die Herrscher diese Residenz oft bewohnt, lieber als die Alhambra.[30]

Zwischen Granada und Santa Fé haben Isabella und Ferdinand sich offenbar intensiv mit der Neuordnung ihres neuen Territoriums und dem Schicksal seiner Einwohner beschäftigt, indem sie ständig Anordnungen erließen, die zur Auswanderung der Moslems und zur Einwanderung der Christen führten. Es war eine geschickte Art und Weise,

zumindest auf lange Sicht, die großzügigen Klauseln der Verträge von 1491 unwirksam zu machen. Wenn diese auch meist respektiert wurden – man denke an die schnelle Befreiung der Gefangenen – so blieben gerade einige der symbolbeladensten leere Worte.
Die Stadt Granada erlebte große Schwierigkeiten bei der Versorgung mit Getreide. In der Folge von Verhandlungen zwischen Hernando de Zafra, dem Sekretär der Herrscher, und Mohammed el Pequeni, Vertreter der moslemischen Gemeinde, wurde am 6. Februar 1492 beschlossen, den Artikel zu annulieren, der den Besitz von Waffen gestattet.[31] Als Gegenleistung zur Sicherstellung ausreichender Versorgung mußten die Moslems ihre Waffen übergeben. Nur die zur Auswanderung Entschlossenen durften sie behalten, aber unter der Bedingung, innerhalb von sechs Tagen aus der Stadt zu verschwinden. So treten die ersten Risse im Gebäude der Verträge in Erscheinung. Die moslemische Gemeinde von Granada und mit ihr die Gesamtheit der moslemischen Gemeinden überlebten nur noch auf Zeit.
In diesem für die Minderheit ungünstigen Klima wurden die jüdischen Gemeinden Gegenstand der drastischsten Maßnahme. Am 31. März 1492 wird in Granada das Edikt veröffentlicht, das ihre Vertreibung aus Spanien dekretiert. Nichts schien einen so radikalen Beschluß anzukündigen. Nach Aussage des Polen Nicolas de Popielovo, einem aufmerksamen Beobachter von 1484–85, »schenkte Königin Isabella den getauften Juden mehr Vertrauen als den Christen«.[32] 1487 wurde Isabella in einer Botschaft der Juden von Kastilien an ihre Glaubensgenossen in Rom als »gerechte und mildtätige« Königin bezeichnet.[33] Einer der Artikel der Verträge vom November 1491 legt fest, daß alle Juden von Granada vom Viertel von Albaicin, den Vorstädten der Stadt oder anderen Orten des Königreiches von Granada aus dem gesamten Text denselben Nutzen ziehen sollten wie die Moslems. Es wird sogar präzisiert, daß die zum Judentum bekehrten Christen einen Monat Zeit haben, um in das Territorium ihrer Wahl zu emigrieren. Wir wissen schließlich, daß die jüdische Gemeinde sich über die Einnahme von Granada durch die Christen am 2. Januar gefreut hat. Das Austreibungsedikt überraschte sie.
Der Text des Dekrets, fünf Seiten lang, besteht aus zwei Teilen.[34] Zunächst werden die Motive genannt: Zahlreiche Christen würden den Argumenten der bekehrten Juden nachgeben, und das Übel sei immer schlimmer geworden. Weder die Einsetzung der Inquisition von 1478,

dazu bestimmt, die Anhänger der jüdischen Religion zu verfolgen und zu verurteilen, noch der Befehl, der 1480 gegeben wurde, die Minderheiten in Gettos einzusperren, hätten die erwarteten Resultate gezeitigt. Und die Warnung, die 1483 in Form der Vertreibung der Juden aus Andalusien gegeben wurde, sei ungehört verhallt. Also hätten die Katholischen Könige nach zahlreichen Befragungen beschlossen, aus ihren Territorien, der Krone von Kastilien und der Krone von Aragón alle ihre Untertanen jüdischer Religion ohne Ausnahme zu vertreiben. Sodann folgen die einzelnen Bestimmungen. Ein Aufschub wird bis zum 31. Juli gewährt. Zuwiderhandelnde, die danach am Ort blieben oder heimlich zurückkehrten, würden mit dem Tode und der Einziehung ihrer Güter bestraft. Die Christen, die ihnen dabei behilflich seien, würden ihrerseits mit dem Verlust ihres Vermögens bestraft. Die Juden dürfen sich frei bewegen, bis zum 31. Juli über ihre Güter verfügen und alles, was sie wollen, außer Gold und Silber, Waffen und Pferde mit sich nehmen. Vom 31. März bis zum 31. Juli werden sie unter königlichen Schutz gestellt.

Dieses Edikt versuchte einer beinahe zweitausendjährigen Präsenz ein Ende zu setzen. Die jüdischen Gelehrten des zwölften Jahrhunderts gingen soweit zu behaupten, ihre Vorfahren seien bereits nach der Einnahme von Jerusalem durch Nebukadnezer 587 v. Chr. in Sefarad (das hebräische Wort für Spanien) heimisch geworden. Die Chroniken des Exils im sechzehnten Jahrhundert, die von Salomon ibn Verga vor allem, gehen sogar soweit zu behaupten, daß die Juden von Spanien sich aus dem Stamm von Juda herleiteten. Auf alle Fälle haben die aufeinanderfolgenden Diasporas von 70 v. Chr. und 135 n. Chr. die möglicherweise schon früher vorhandenen Gemeinden nur verstärken können. Lange Zeit wurden die Juden trotz schwieriger Perioden – der Zeit der Westgoten nach der Aufgabe des Arianismus (sechstes–siebtes Jahrhundert), der der Almoraviden (elftes Jahrhundert) oder der Almohaden (zwölftes Jahrhundert) – toleriert und profitierten auf islamischem Gebiet vom Statut des *dhimmi* (nicht moslemischem Untertanen auf maurischem Gebiet), das für die Minoritäten, Leute, die dem Talmud anhingen, vorgesehen war. Ein Unterscheidungszeichen tragend und eine besondere Steuer zahlend, werden sie vom Herrscher, Kalif oder Emir, geschützt und genießen religiöse Freiheit.

Ihr Schicksal auf christlichem Gebiet ist nicht viel anders. Ende des zwölften Jahrhunderts leben fast überall in Spanien Juden in Hunderten von Gemeinden. 1474 gab es in Kastilien zweihundertsechzehn, in Aragon zweiundzwanzig, mehr als ein Dutzend im Bezirk der Bischöfe von Córdoba und Sevilla usf. Die meisten zählten Hunderte von Personen, mindestens fünfhundert in Cáceres in Estremadura, siebenhundert ungefähr in Gerona in Katalonien, mehr als tausend in Valladolid. Insgesamt mehr als zweihunderttausend, vielleicht dreihunderttausend Personen, 4% bis 5% der Bevölkerung.[35]

Die Juden waren also in Gemeinden zusammengefaßt, welche die Texte mit dem arabischen Namen *al-djamaa* bezeichnen. Jede wurde mit Hilfe von Verordnungen geleitet, die von ihren Verantwortlichen aufgestellt sind. Sie besaß einen Rabbiner, einen Schatzmeister, einen Beschneider, einen rituellen Schächter, einen Hochzeiter. Sie war auf ein Viertel beschränkt – manchmal zwei, wie in Avila – das im allgemeinen außerhalb des Zentrums lag wie die *juderia* (die kastilische Bezeichnung), die man noch in Hervas in Estremadura sehen kann und manchmal auch im Herzen der Stadt wie der sehr anschauliche *call* (die katalanische Bezeichnung, die auch auf den Balearen und im Roussillon benutzt wird) in Gerona. Die wesentlichen Elemente der *juderia* sind natürlich eine Synagoge oder mehrere, wenn die Gemeinde zahlreich ist wie in Toledo, das Bad und das Schlachthaus. Wir wissen, daß der Rat der *aljama* (des Judenviertels) von Gerona 1492 das Terrain der Synagoge verkauft hat: An diese angebaut finden sich die Männerschule, die Frauenschule, die Bäder und das Hospital.[36]

Der Friedhof lag im Norden der Stadt. Die Delegierten der *aljamas* kamen von Zeit zu Zeit zusammen, um gemeinsame Probleme und die spezielleren Modalitäten der Verteilung der Steuern, des *servicio y medio servicio*, der ausschließlich von den Juden bezahlt wurde und im Verlauf der zweiten Hälfte des fünfzehnten Jahrhunderts vierhundertfünfzigtausend Maravedis betrug, zu besprechen. In Kastilien diente der Großrabbiner, der die Gesamtheit der *aljamas* repräsentierte, als Bindeglied zum Herrscher, dem Beschützer der Minoritäten.

Man hat immer wieder auf die wichtige Rolle hingewiesen, die die Juden in der Wirtschaft von Kastilien oder Aragonien das ganze Mittelalter hindurch spielten. Béatrice Leroy unterstreicht die Qualität der Ärzte.[37] Karl III. von Navarra trennt sich Ende des vierzehnten Jahrhunderts nur selten von seinem Arzt Josef Orabuena, der aus der kleinen Stadt Tudela stammt, König Heinrich IV. von Kastilien fühlt sich mitten im fünfzehnten Jahrhundert Semaya Lubel ebenso verbunden. Es ist ebenfalls ein Jude, Abiatar ben Crescas, der Johann II. von Aragón am grauen Star operiert. Als er stirbt, herrscht in Barcelona allgemeine Trauer. Andere sind Schatzmeister und Rechnungsbeamte der königlichen Finanzen, Abraham Benveniste bei Johann II. von Aragón und Josef ibn Shem Tov bei Heinrich IV. von Kastilien. Unter der Herrschaft von Isabella und Ferdinand sind die Funktionen und die Aktivitäten ihrer Glaubensbrüder nicht weniger bedeutend. Der Arzt Salomon Byton behandelte Isabella. Der Aragonese Gento Silton kümmerte sich um die privaten Angelegenheiten von Ferdinand. Samuel Aboladia war verantwortlich für die Verproviantierung der Truppen während des Krieges von Granada. Vidal Astori war Goldschmied des Königs. Wir haben schon auf die von Isaac Abraham ausgeliehenen Summen hingewiesen. Abraham Senior, Großrabbiner von Kastilien, der aus Segovia stammt, war für Isabella anläßlich ihrer Streitigkeiten mit Heinrich IV. eine große Hilfe. Als Lohn erhielt er eine Zuweisung (*juro*) von hunderttausend Maravedis, eine beträchtliche Summe. Am 18. März 1488, also vier Jahre vor dem Vertreibungsdekret, wurde er zum Großschatzmeister der *hermandad* ernannt, einer Art ländlicher Gendarmerie.

Dennoch darf man den Einfluß und den Reichtum der spanisch-jüdischen Bevölkerung am Ende des vierzehnten Jahrhunderts nicht überschätzen. Wic ist es in Wirklichkeit um ihre Aktivitäten bestellt? Wir können uns auf das Zeugnis des Chronisten André Bernaldez, Pfarrer von Los Palacios berufen, das übrigens Wort für Wort durch seinen Nacheiferer Alonso de Santa Cruz wiederaufgenommen worden ist. Das Zitat ist um so wichtiger, als es im allgemeinen nur verstümmelt wiedergegeben wurde. »Sie sind beinahe alle Unterhändler, Steuereinzieher, Schloßverwalter, Beamte, Schneider, Schuster, Gerber, Weber, Gewürzhändler, Hausierer, Seidenwarenhändler, Schmiede, Juweliere und üben andere ähnliche Berufe aus. Niemand bearbeitete den Boden, weil alle nach erholsamen Berufen trachteten, um ruhig leben und sich bereichern zu können, ohne viel Arbeit, weil sie sehr scharfsinnige und lebhafte Leute waren, die gewöhnlich Vorteile erhielten und zu Lasten der Christen Wucher betrieben.«[38]

Deutlicher geht es nicht. Die Aufzählung der Berufe stimmt mit dem, was uns die Texte der Epoche zeigen, überein, aber der Chronist, ein ausgezeichneter Wortführer der *vox populi*, insistiert auf das Fehlen von landwirtschaftlichen Aufgaben und auf die unerlaubten Einkünfte von Geschäftsleuten. Eine Versicherung, die in doppelter Hinsicht fehlgeht. Es fehlt nicht an Beispielen von ackerbauenden Juden bei Tudela in Navarra oder Saragossa in Aragón. Oder auch bei Buitrago in Kastilien, wo Mosse de Cuellar 1492 siebenundfünfzig Wiesen besaß, acht *huertas* (Gärten), vierundzwanzig Häuser, einen Weinberg, drei Grundstücke, ein Viehzuchtunternehmen. Und die reichen Verwalter, Kaufleute und Finanzleute, die sicherlich leicht auszumachen wären, sind wenig zahlreich. Maurice Kriegel erinnert daran, daß Mitte des fünfzehnten Jahrhunderts unter den königlichen Steuerpächtern zweiundsiebzig Juden sind.[39] Selbst wenn man annimmt, daß jeder zehn oder fünfzehn Personen unter seiner Aufsicht haben konnte, zählten die Juden, die mit der Einziehung der königlichen Steuern betreut waren, ungefähr eintausend, also weniger als 1% der damaligen minoritären Bevölkerung. Zwischen 1480 und 1490 investieren die Juden von Puerto de Santa Maria, dem Seehafen von Sevilla, weder in den Schiffbau noch in die Frachtschiffahrt. Die überwiegende Mehrheit der Gemeinden setzt sich aus »bescheidenen Handwerkern, aus Straßenhändlern und kleinen Geldverleihern zusammen«. Oder wie Béatrice Leroy sagt, »1492 wie 1250 gleicht das Leben der Juden der spanischen Königreiche dem ihrer christlichen Nachbarn«.[40]

Eine arbeitsame Minderheit, die sich weitgehend selbst regiert, eine ausgeprägte gesellschaftliche Isolation, hervorragende Mitglieder, die der Macht nahestehen, das sind die Hauptzüge der jüdischen Gemeinde von Sefarad am Ende des fünfzehnten Jahrhunderts. Darin liegt nichts besonderes. Die weiter oben gelieferten Beispiele bezeugen es, die Situation der Juden hat unter der Herrschaft von Isabella und Ferdinand keine fühlbare Veränderung erlebt. Man kann die maßvollen Schlußfolgerungen von Maurice Kriegel zur Politik der katholischen Könige den Juden gegenüber nur unterschreiben. Der ausgeprägte Traditionalismus der Herrscher ließ sie die innere Autonomie der Gemeinden respektieren; ihre merkantilistische Orientierung ermunterte die wirtschaftlichen Aktivitäten der Juden und ließ sie mit Maß ihre Kompetenz in Verwaltungsdingen und Finanzen benutzen; ihre Neigungen für eine starre soziale Ordnung ließen sie strikt den Kodex der sozialen Absonderung beachten. Warum dann das Vertreibungsedikt vom 31. März 1492?

Wir haben schon das populäre Ressentiment gesehen, das der Chronist Andres Bernaldez zum Ausdruck bringt, wenn er die Praxis des Wuchers angreift. Nicolas de Popielovo geht noch weiter, wenn er versichert, die Königin habe »den getauften Juden« alle ihre Grundzinsen und Renten anvertraut. »Sie sind ihre Ratgeber, ihre Sekretäre, was sie nicht daran hindert, ihre Herrscher zu hassen statt sie zu respektieren.« Damit ist eine grundlegende Anschuldigung genannt. Nicht nur, daß die Juden privilegierte Positionen besetzen, vor allem ist auch ihre Undankbarkeit bewiesen. Es besteht kein Zweifel daran, daß der polnische Reisende die Überzeugung vieler ausdrückt. Aber alle neuen Forschungen haben gezeigt, daß darin nichts Neues war. Ohne es zu wissen, stellt Popielovo, wenn er den Ausdruck »getaufte Juden« verwendet, eine wesentliche Frage: die nach den *conversos* oder bekehrten Juden.

Ihre Existenz erklärt sich weitgehend aus den fortdauernden, lebhaften antijüdischen Gefühlen. Dafür gibt es einige Anhaltspunkte. 1285 wenden sich die Einwohner von Barcelona, die sich gegen König Peter III. erheben, gegen die jüdische Gemeinde, sie plündern die Häuser des *call*, bemächtigen sich der Schuldbriefe und zwingen den Angehörigen der Minderheit die Taufe auf. 1328 ist die kleine navarresische Stadt Estella der Schauplatz eines Pogroms. Von den flammenden Worten eines Franziskaners angestachelt, stürzt sich die Bevölkerung auf die *juderia*, zerstört, raubt, mordet. 1348 werden die Juden in mehreren Städten Aragóns, welche die Pest heimsucht, gewaltsam angegriffen. 1391 nimmt das Ganze besondere Ausmaße an. Ausgangspunkt ist Sevilla. Der Franziskaner Fernando Martinez, Erzdiakon von Ecija, hält wilde Predigten gegen die des Gottesmords schuldigen Juden. Die Reaktion der Bevölkerung folgt auf dem Fuße, die *juderia* wird vernichtet, ihre Mitglieder massakriert oder unter Drohungen zur Bekehrung getrieben. Von da an geht es wie ein Lauffeuer. Von Murcia bis Léon, von Ciudad Real bis Logroño wiederholen sich dieselben Szenen.[41]

Wenn es im fünfzehnten Jahrhundert auch nicht eine solche Welle von Übergriffen gegeben hat, so ist das Phänomen deshalb nicht rückläufig. In Valladolid kommt es mehrmals zu extremen Situationen. Die Predigten des Dominikaners Vincent Ferrier führen 1412 zu zahlreichen Bekehrungen.[42] 1454 hält der Franziskaner Alonso de Espina zweiundzwanzig Predigten über das Leben von Jesus, in denen er die

Verbrechen des auserwählten Volkes anprangert. Gewaltakte gegenüber der jüdischen Gemeinde finden noch 1464 und 1470 statt. Und 1449 in Léon, 1461 in Medina del Campo, 1462 in Cervera in Katalonien, 1468 in Sepulveda in Kastilien.
Wir können nun verstehen, warum die Zahl der *conversos* seit dem dreizehnten Jahrhundert und in den folgenden Jahren stetig größer wurde und warum besonders 1391 und in den folgenden Jahren viele Juden unter Zwang die Taufe erhalten haben. Manche unter ihnen wurden diensteifrige Renegaten und machten brillante Karrieren. So im Falle der Familie Levi aus Burgos, die zu Santa Maria wurde, einem vielsagenden angenommenen Namen. Salomon ha Levi, der Rabbiner von Burgos, überschritt 1391 die religiöse Schwelle und wurde später Bischof seiner Stadt. Sein Bruder Alvar Garcia de Santa Maria, Chronist von Kastilien, besaß eine reiche Bibliothek ohne die mindeste Spur jüdischer Kultur. Alfonso, der Sohn von Salomon, war in höchst eigener Person Bischof von Burgos, dann von Cartegena und nahm zwischen 1434 und 1439 am Konzil von Basel teil.[43] Die Familie Santángel, die aus Aragón stammte, hat sich zu Beginn des fünfzehnten Jahrhunderts in der Folge der Predigten von Vincent Terrier bekehrt. Unter ihren Mitgliedern finden wir Pedro, den Bischof von Mallorca, und Martin, Magistrat (*Zalmedina*) in Saragossa. Der berühmteste von allen ist Luis, Kaufmann aus Valencia, der enorme Geschäfte machte; er war Bankier von König Ferdinand und Freund von Christoph Kolumbus, dem er mit seinem Geld helfen sollte.
Dennoch werden die *conversos* nicht mehr verschont als die Juden. Sie sind die Zielscheibe der blutigen Ereignisse von Toledo 1449 und 1467, von Ciudad Real und Jaén 1473, von Córdoba 1474 ... Der offensichtliche und spektakuläre Erfolg einiger unter ihnen weckte Neid und Eifersucht. Vor allem wurde ihr Glaube, so aufrichtig er sein mochte, in Zweifel gezogen. Der *converso* sei nur ein falscher Jude, um so gefährlicher, als er nicht mit seinen alten Glaubensbrüdern gebrochen habe. Diese übten einen unheilvollen Einfluß aus und seien verantwortlich für eine Anzahl von Rückwendungen zum Judentum. Tatsächlich hat sich im ganzen die jüdische Kultur gut erhalten. Kurz vor der Vertreibung florierten die Rabbinerschulen an verschiedenen Orten, vor allem in Toledo um Isaak ben Josef Caro und Isaak Aboah (1433–1494), berühmt für seine Kommentare und Auslegungen des Pentateuch, oder in Zamora, wo die Schüler von Isaac ben Jacob

Campanton, einem großen Talmud- und Kabbala-Spezialisten, der 1463 starb, zahlreiche Schüler hatte. Es gab lebhafte Debatten zwischen Mystikern und Rationalisten. Zur ersten Strömung gehörte Isaak Abravenel, der neben seinen Talenten als Financier ein brillanter Exeget und Moralist war; zur zweiten gehörte Isaak ibn Sem Tob ben Sem Tob und sein Neffe Sem Tob ben Josef ibn Sem Tob, glühende Verteidiger der Werke von Aristoteles und Maïmonides. Die einen und die anderen predigten in den Synagogen. Der Großrabbiner Abraham Senior organisierte noch 1490 Predigttourneen. Die Mitglieder der Gemeinden feierten den Sabbat und die Kalenderfeste, vor allem Jom Kippur, das Laubhüttenfest und Ostern. Sie aßen koscher; Hochzeiten und Beerdigungen wurden nach jüdischem Ritus gefeiert, die Kinder beschnitten, die Gebete regelmäßig rezitiert.

Auf einem einzigen freilich bedeutenden Gebiet, nämlich dem der Sprache, war das Zurückweichen mit der Zeit, wie es scheint, sehr fühlbar geworden. Wahrscheinlich verstand und sprach in der zweiten Hälfte des fünfzehnten Jahrhunderts nur noch eine Minderheit Hebräisch. Auch wenn sich hie und da, zum Beispiel in Ejea de los Caballeros in Aragón, Bibliotheken bei Privatleuten hervorheben lassen, benutzten viele nur das Kastilische oder Katalonische. Dolors Braman hat das am Beispiel der Juden des Königreichs Valencia gezeigt. Das hindert nicht, daß die Juden Juden und die *conversos* dem Judentum verbunden blieben.[44] Diese Gewißheit wird durch einige aufsehenerregende Affären untermauert. Die bemerkenswerteste betrifft einen prominenten *converso* Pedro da la Caballeria. Aus der mächtigen Familie der ben Labi de Caballeria stammend, die zu Beginn des fünfzehnten Jahrhunderts zum Christentum übergetreten war, hatte Pedro Gemeindeämter in Saragossa inne, war Oberaufseher am Hof von Aragón, hatte die Königin von Aragón bei den Cortes, der repräsentativen Versammlung von 1436–1437, vertreten. Er hatte sogar ein Pamphlet verfaßt mit dem Titel *Zelus Christi contra Judaeos et Saracenos*. 1461 gestorben, wurde er in den Jahren, die der Vertreibung vorangingen, von der Inquisition verurteilt. Der posthume Prozeß enthüllte, daß er ein Doppelleben geführt und heimlich die jüdischen Gesetze beachtet hatte.

Auf dem Hintergrund volkstümlicher Animosität spielt sich im fünfzehnten Jahrhundert eine lebhafte Debatte zwischen zwei Meinungsströmungen ab. Feinde und Verteidiger der Juden stellen einander ihre Argumente gegenüber, hetzen die Menge zur Gewalt auf oder halten sie zurück, greifen bei allen Gemeindeinstanzen, Vereinigungen und religiösen Körperschaften ein. Zu der einen oder anderen gehören bunt gemischt die Geistlichen, die Adligen, Mitglieder der städtischen Oligarchien, darin eingeschlossen die *conversos*. Auf Seiten der Minderheiten Alonso Fernandez de Madrigal, ein Franziskaner, Bischof von Avila, für den der Jude kein Gottesmörder sein kann; Alonso de Cartagena, ein *converso*, der in seinem *Defensorium unitatis christianae* sich redlich bemüht zu zeigen, daß die Taufe alle Menschen von allen Sünden reinigt; Lope de Barrientos, Bischof von Cuenca, der Fernan Diaz de Toledo ermutigt, 1449 eine *Instruktion zugunsten der jüdischen Nation* zu schreiben. Der Autor behauptet darin, daß jüdisches Blut in den Adern der meisten großen adligen Familien bis hin zur königlichen Familie fließe. Zahlreiche Familien des Hochadels schützen die Juden. 1473 töten in Jaén in Andalusien Aufrührer den Konnetabel Miguel Lucas de Iranzo, der zu schlichten versuchte. Im folgenden Jahr entgehen in Córdoba Alsonso de Aguilar und Gonzalo Fernandez de Córdoba, der künftige Generalkapitän, mit knapper Not demselben Schicksal. Zwischen 1475 und 1480 geht die Tante des Herzogs von Albuquerque in Cuellar in Kastilien jeden Freitag in die Synagoge, um den Rabbiner predigen zu hören. 1487 übernimmt Garcia Fernandez Manrique, Herr von Aguilar, die Verteidigung von Abraham Harache, der der Blasphemie angeklagt ist, und Harache wird freigelassen. Auch einige Stadtregierungen bieten ihre Unterstützung an, die von Jerez de la Frontera, die sich 1483 dem Auszug ihrer Juden entgegenstellt, die von Teruel, die sich 1484 der Inquisition in den Weg stellt.

Auf der Seite der Gegner der Juden finden wir Dominikaner wie den Prior des Klosters San Pablo von Sevilla, Alonso de Hojeda oder Juan de Santo Domingo, der 1484 und 1485 im Sold der Gemeinde von Zamora beten und bekehren soll. 1491 in dieselbe Stadt zurückgekehrt, droht er, alle Christen zu exkommunizieren, die Handel mit Juden treiben. Gegner der Juden sind auch Hieronymiten wie Gonzalo de Toro, 1486 Generalbevollmächtigter des Ordens, oder Niño de Arevalo, Prior des Klosters von Guadelupe, Franziskaner wie der *converso* Alonso de Espina, Autor eines *Fortalicium fidei*, eines antisemitischen Traktates, in dem der Katalog der Verbrechen der Juden und der bekehrten Juden aufgezählt wird (Opferung von Kindern,

Entweihung von Hostien, Vergiftung von Christen ...). An der Spitze der Stadtregierungen finden sich auch heftig antijüdische Beamte wie Pedro Sarmiento, während der Unruhen von 1449 *alcalde mayor* von Toledo. An zahlreichen Orten der Tierra de Campos im Nordwesten von Valladolid, am Oberlauf des Duero, auch in Avila, versuchen die Oligarchien von dem 1476 verkündeten, sehr allgemein und nichtssagend gehaltenen Gesetz über den Wucher zu profitieren, um die Annulierung von mit Juden abgeschlossenen Verträgen zu erreichen. In Zamora bricht der Alcalde Sancho de San Martin 1487 in die Synagoge ein und greift die dort Versammelten an. Die Statuten zur Reinerhaltung des Blutes waren einer der wesentlichen Streitpunkte der Konfrontation. Man versuchte, die *conversos* aus ihren Ämtern in Gemeinden oder religiösen Orden zu entfernen, indem man den Kandidaten auferlegte, die Reinheit ihrer Abkunft zu beweisen. Der Konflikt hatte zwei Höhepunkte. Vor allem die Übernahme des Status durch die Gemeinde von Toledo 1449. Rasch annuliert wurde es 1467 wieder für gültig erklärt. Dann der lange interne Konflikt im Orden der Hieronymiten, die in Spanien sehr mächtig waren und zahlreiche *conversos* aufgenommen hatten. 1486 wurde schließlich entschieden, das Statut anzuwenden und den Neu-Christen, die bereits Mitglied des Ordens waren, die Übernahme jeglicher Verantwortung zu untersagen.[45]

Zwei Denkweisen, von Maurice Kriegel perfekt zusammengefaßt, standen einander gegenüber: »Jene, die die Haltung gegenüber der jüdischen Gemeinde als einer speziellen Körperschaft charakterisierte, und jene, die sich bemühte, die judaisierende Häresie zu eleminieren, die als bösartiger Tumor angesehen wurde, der das Gewebe der christlichen Gesellschaft zu zerstören droht.«[46] Die Katholischen Könige haben sich zuerst an die erste gehalten: Keine der bis 1478 ergriffenen Maßnahmen hat sie umwälzen können. Erinnern wir uns, daß die Belange des Dekrets vom 31. März 1492 sich ausdrücklich auf die Einrichtung der Inquisition 1478 beziehen, auf die Bestätigung der Beschränkung der Juden auf die Gettos von 1480, auf die Vertreibung der Juden aus Andalusien 1483. Warum diese brutale Übernahme der zweiten Denkweise?

Entscheidend ist der Aufenthalt der Katholischen Könige in Sevilla im Winter 1477–1478. In einer von den Kämpfen der Clans erschütterten Stadt gelangen sie zur Überzeugung von der hemmungslosen Jagd nach Reichtum und Macht auf Seiten der *conversos* und vor allem von dem beunruhigenden Ausmaß ihrer Abtrünnigkeit. In diesem Klima erbitten sie von Papst Sixtus IV. die Erlaubnis, Inquisitoren zu ernennen. Am 1. November 1478 gesteht die Bulle *Exigit sincerae devotionis* ihnen dieses Recht zu. Es sollte noch zwei Jahre dauern, bevor das Gericht eben in Sevilla in Aktion tritt. Das erste Autodafé fand am 6. Februar 1481 statt; sechs Personen wurden dabei verbrannt. Rasch wurden weitere Distrikt-Tribunale in Córdoba, Saragossa und Valencia (1482), Ciudad Real und Jaén (1483) eingerichtet. 1483 wurde der Dominikaner Tomás de Torquemada Generalinquisitor von Kastilien und Aragón. Die neue Institution sollte die Häresie ausrotten, und die neuen, wieder ins Judentum zurückgefallenen Christen sind ihr Hauptziel, um nicht zu sagen, das ausschließliche Ziel am Ende des XV. Jahrhunderts.[47]

In Ciudad Real wurden zwischen 1484 und 1485 einundvierzig Personen, in Toledo zwischen 1481 und 1485 einundachtzig Personen zum Tod verurteilt, weil sie »judaisiert haben«, und siebenundsechzig der achtundsechzig Opfer des Gerichtes zwischen 1486 und 1490 sowie siebenundfünfzig der achtundfünfzig zwischen 1491 und 1495 aus demselben Grund. Beim Autodafé vom 10. Juni 1491 in Barcelona wurden drei Juden auf den Scheiterhaufen gebracht und hundertsechsundzwanzig in Abwesenheit und in effigie. Keine Gemeinde wurde verschont. Die Inquisitoren wie die Sevillaner Pedro de Belforado und Pero Ramo durchkämmten 1491 das ganze Land. Letztere versammeln am 18. September in Almonte, dem heute berühmten Zentrum der Pilgerfahrt der Jungfrau von Rocio, die Bevölkerung, um ihren Versöhnungsschiedspruch vorzulesen, der hundertvierundsechzig Juden betrifft. Der Text zählt die Delikte auf: daß sie am Samstag die Wäsche gewechselt haben, daß sie eher am Freitag als an anderen Tagen Kerzen angezündet haben, daß sie das jüdische Ostern eingehalten haben, daß sie koscher gegessen haben, daß sie jüdische Gebete rezitiert haben, daß sie Almosen ausschließlich in ihrer Gemeinde verteilt haben, daß sie kein Schweinefleisch gegessen haben usf. – den Nachhall spüren wir im Vertreibungsdekret, ein zusätzliches Indiz der eminenten Rolle der Inquisition in der Entscheidung vom 31. März 1492. Währenddessen sind die Judaisierenden von Almonte gezwungen, den berühmten *sambenito* (Büßergewand, Schandkutte) zu tragen – ein Kleidungsstück von brauner Farbe mit gelben Kreuzen – und Geldstrafen

zu bezahlen, die sich auf die beachtliche Summe von vierzig Dukaten belaufen können, ein Halbjahreslohn eines Taglöhners.[48]
Die Cortes von Toledo von 1480 hatten überall auf den Territorien der Krone von Kastilien die Errichtung von Gettos vorgeschrieben. Die Juden durften kein Haus haben außer in ihrer Straße und durften die Nacht nicht außerhalb dieses Hauses verbringen. Die Maßnahme war nicht neu, und alle großen Städte oder fast alle besaßen ein festgelegtes Terrain, das als *juderia* ausgewiesen war. Dennoch wurde sie mit ungewöhnlicher Strenge angewendet, und an vielen Orten dachte man sich zahlreiche Möglichkeiten aus, wie man die Anweisungen überschreiten könne. In Burgos wollten die lokalen Autoritäten 1485 die Zahl der jüdischen Familien begrenzen. In Orense, in Galizien, wurde 1488 brutal die Lage des Gettos geändert, was die Betroffenen zur sofortigen Umsiedlung unter Bußgeldandrohung nötigte. In Bilbao untersagte 1490 die Gemeinde den Juden, die Nacht im Innern der Stadt zu verbringen. Schließlich folgten in Saragossa, einer Stadt, die zur Krone von Aragón gehörte und also nicht von den Geboten der Cortes von Toledo betroffen war, im Verlauf des Sommers 1481 wiederholte Versuche, die in der Stadt lebende Minderheit auf einen beschränkten Raum einzugrenzen und die Fenster zu verriegeln, die zur Straße gingen. Ferdinand mußte eingreifen, um diesem illegalen Vorgehen ein Ende zu machen. Diese Tatsachen und der Widerhall der Bestimmungen der Cortes von Toledo im Vertreibungsdekret scheinen zu zeigen, daß die Herrscher wenig geneigt waren, ihre Autorität verhöhnen zu lassen, aber daß auch in ihrem Geist die Abkommen von 1480 einen grundlegenden Wendepunkt ihrer Politik gegenüber den Juden darstellten.[49] Eine Politik, deren Konsequenzen sie zumindest *a posteriori* alle auf sich nahmen, die flagrantesten Exzesse inbegriffen.
Die Vertreibung der Juden aus Andalusien war eine weitere Initiative der Inquisition.[50] Am 1. Januar 1483 beschloß das Heilige Offizium, den Minderheiten zu untersagen, in dem Erzbistum von Sevilla und den Erzbistümern von Córdoba und Cadiz zu wohnen. Die Krone gab ihre Zustimmung und begnügte sich damit, die Frist der Erfüllung zu verlängern. Ende 1484 gab es in Sevilla, Ende 1486 in Córdoba keine Juden mehr. Der Warnschuß wurde von den Exilierten nicht tragisch genommen, da sich viele nahe an der verbotenen Zone im südlichen Estremadura niederließen, als seien sie beim ersten Zeichen bereit, zurückzukehren. Zu unrecht sicherlich. Die Erklärung für diesen Be-

schluß ist doppelt. Zu der religiösen Sorge, jüdischen Bekehrungseifer einzudämmen und die Einheit des Glaubens durchzusetzen, kommen die Konsequenzen militärischer Art hinzu. Die andalusischen Juden waren nicht nur relativ zahlreich – vielleicht zwanzigtausend, aber proportional weniger als in Altkastilien –, sie standen auch dem moslemischen Königreich von Granada nahe. Zumindest im Verlauf der ersten Phase der Konfrontation versuchte man, sie vom Operationsfeld zu entfernen. Nach der Einnahme von Ronda 1485 wurde den Juden untersagt, in der Stadt zu leben oder sich dort länger als drei Tage aufzuhalten.[51] Zwei Jahre später erlitten die vierhundertfünfzig Juden von Malaga das gleiche Schicksal wie ihre moslemischen Mitbürger. Sie wurden zunächst in die Sklaverei und nach Carmona im Nordosten von Sevilla gebracht, schließlich aber dank der Solidarität ihrer kastilischen Glaubensbrüder losgekauft und durften frei in Kastilien leben oder emigrieren.[52] Dagegen wird von 1489 an in den Verträgen die Aufrechterhaltung der jüdischen Gemeinden vorgesehen. Das trifft für Almeria zu, das trifft noch 1491 für Granada zu. Die Änderung der Haltung von Isabella und Ferdinand läßt sich nur durch die Gewißheit am Ende des Jahres 1489 erklären, daß ein rascher Sieg bevorstehe. Die Vorsichtsmaßnahmen waren überflüssig geworden.

Wir haben also gesehen, daß die Herrscher sich zwischen 1478 und 1485 durch die Argumente der den Juden radikal feindlichen Strömung überzeugen ließen. Zwei Ereignisse haben ihren Entschluß bestärkt. Zuerst am 16. September 1485 in Saragossa die Ermordung des Dominikaners Pedro de Arbues, eines Inquisitors, während der Messe. Er war bei der gesamten Bevölkerung verhaßt, aber man entdeckte, daß er unter den Schlägen von verschworenen *conversos* gefallen war. Unter ihnen Würdenträger wie Luis de Santángel, der rasch verhaftet, verurteilt und enthauptet wurde, oder der Rat Francisco de Santa Fé, der sich umbrachte. Anderen gelang es, nach Navarra oder Frankreich zu fliehen. Die Menge wollte das jüdische Viertel verwüsten, wurde aber durch das Eingreifen des Erzbischofs daran gehindert. Im Mai 1486 wurde der Befehl gegeben, die jüdischen Gemeinden von Saragossa und Albarracin zu zerstreuen, aber wie es scheint, ohne Wirkung.[53]

Die Erregung der Bevölkerung erreichte ihren Höhepunkt mit der Affäre des heiligen Kindes von la Guardia. Im Juni 1490 wurde ein *converso*, Benito Garcia, der aus diesem Ort nahe bei Toledo stammte, im Nordwesten von Spanien verhaftet. Man fand bei ihm eine geweihte Hostie, und er gestand, daß er zum Judentum hatte zurückkehren wollen. Komplizien wurden verhaftet und nach Avila gebracht. Alle wurden eines Ritualverbrechens angeklagt, nämlich, einem Kind das Herz ausgerissen zu haben und danach sein Blut mit der gestohlenen Hostie vermischt zu haben. Auf diese Weise hätten sie versucht, Epidemien unter den Christen zu verbreiten. Obwohl mehrere der in die Sache Verwickelten Juden waren, wurden sie mit Zustimmung der zivilen Autoritäten durch die Inquisition gerichtet und wie ihre Gefährten zum Tode verurteilt. Am 16. November 1491 wurden sie bei lebendigem Leibe verbrannt. Die Angelegenheit hatte ein gewaltiges Echo in der Öffentlichkeit, und der Kult des gemarterten Kindes fand rasche Verbreitung. Freilich, die Anklage konnte nicht den mindesten Beweis erbringen. Der Skandal war künstlich aufgeputscht worden, um den in der Bevölkerung verbreiteten Antijudaismus anzuheizen und die Machtbefugnisse der Inquisition auszudehnen.[54]

Die Übergabe von Granada krönt das Gebäude. Vom Autodafé von Avila bis zum Sturz der andalusischen Stadt sind es nur anderthalb Monate. Die Aufregung war sorgfältig geschürt worden, und wir dürfen vermuten, daß die Gärung im Heer besonders groß war. Nach der Teilnahme am Gottesdienst vom 2. Januar haben die zerstreuten Soldaten die Wellen des Triumphalismus verbreitet. Umgekehrt zwang die Atmosphäre der Euphorie die Befürworter der traditionellen Politik hinsichtlich der jüdischen Gemeinschaft zum Stillschweigen. Der Weg war frei für eine Entscheidung ohne Berufung.

Über die Stufen der Eskalation, die zur Verkündung des Dekrets vom 31. März 1492 führten, gibt es keinen Zweifel. Dagegen haben wir keinerlei greifbare Angaben über den Moment, in dem die Katholischen Könige sich entschlossen, den entscheidenden Schritt zu tun. Wenn man sich an den Wortlaut des Dokuments hält, wären die Maßnahmen von 1478 (Schaffung der Inquisition), von 1480 (Quarantäne für die Gemeinden), von 1483 (Vertreibung der Juden aus Andalusien) ungehörte Warnungen gewesen. Warum sollten sie denn unwiderruflich sein? Aber angesichts der Verwurzelung der Apostasie dürften die Herrscher im Verlauf der Jahre Hoffnung und Geduld verloren haben. Von 1490 an wurde in weniger als zwei Jahren alles umgestoßen.

Das ist die überzeugendste und allgemein verbreitetste Lesart der Ereignisse. Man kann dennoch eine andere Interpretation nicht völlig beiseiteschieben, die einer weniger emotionalen, berechenbareren, zynischeren Sicht von Isabella und Ferdinand großen Raum gibt. Die Reihenfolge der Daten ist verwirrend. Das Inquisitionsgericht wurde am 1. November 1478 geschaffen, während der Nachfolgekrieg zu Ende ging. Als der Frieden wieder hergestellt war, hatten die Katholischen Könige endlich freie Hand. Von 1478 bis 1483 drängte das jüdische Problem in den Vordergrund. Dann ruht es wieder, weil die Front von Granada an Bedeutung gewinnt. Man kommt am Ende der Konfrontation wieder darauf zurück. War unter diesen Umständen das Schicksal der jüdischen Gemeinde nicht von Beginn des Jahres 1480 an besiegelt? Gab es nicht einen Aufschub, einzig weil Isabella und Ferdinand als kluge Politiker nicht für eine ungenügend verbreitete Meinung kämpfen wollten und weil die Anwendung des Dekrets von 1492 materielle Mittel erforderte, die bis dahin nicht verfügbar waren?

Ein anderes Thema sind die unmittelbareren Konsequenzen des Vertreibungsdekrets. Nach Aussage zahlreicher Spezialisten und besonders der von Luis Suarez Fernandez glaubten die Herrscher nicht an einen wirklich massenhaften Exodus.[55] Sie waren angeblich überrascht von der geringen Zahl von Bekehrungen zum Christentum, die zwischen dem Monat April und dem 31. Juli, dem Endpunkt der gewährten Frist, vollzogen wurden. Zur Stützung dieser These wird auf die Annulierung der Schulden zugunsten der Bekehrten hingewiesen und auf die Publizität, die die Taufe einiger Würdenträger begleitet hat, zuallererst die des Großrabbiners Abraham Senior, dessen Taufpaten Isabella und Ferdinand waren. Aber es gibt auch Argumente, die für einen gewünschten massiven Exodus sprechen. So traf der Kronrat, wenn Konflikte im Zusammenhang mit Schulden, die Juden bei Christen gemacht hatten, auftauchten, stets Entscheidungen, die den schnellen Aufbruch der Juden begünstigten. Außerdem enthält das Edikt vom 31. März 1492 *keinerlei* Anspielung auf die Möglichkeit der Bekehrung. Zweifellos setzte es voraus, daß die Alternative unausgesprochen existierte, aber das Stillschweigen des Textes ist in dieser Hinsicht vielsagend.

Ein Vergleich mit dem Schicksal, das zur selben Zeit den Moslems von Granada beschieden war, ist aufschlußreich. Diese genossen, wie wir gesehen haben, kraft der Verträge von Santa Fé vom November 1491 einen günstigen Status. Die besiegte Bevölkerung war insgesamt dazu eingeladen, an Ort und Stelle zu bleiben. Allerdings, die Autoritäten spielten ein doppeltes Spiel und bemühten sich, die Emigration für viele verlockend zu machen, besonders für alle die, die über Einfluß in der Gemeinde verfügten. Schon profitierten die Abreisewilligen davon, daß der Transport kostenlos war, unter der Bedingung, daß sie sich nicht aufhielten. Vor allem die Behandlung der Würdenträger, und an erster Stelle des Emirs Boabdil, ist exemplarisch. Nachdem er sich 1492 im Süden der Sierra Nevada niedergelassen hatte, inmitten eines beträchtlichen Stück Lands, das man ihm zugestanden hatte, zeigte der ehemalige »kleine König« keinerlei Eile, sich davonzumachen. Hernando de Zafra, der eifrige Sekretär der Katholischen Könige, bemühte sich, den Aufbruch unumgänglich zu machen. Nach endlosen Verhandlungen über die Höhe der Geldsumme, die Boabdil auszuhändigen sei, war das Ziel im Oktober 1493 erreicht.[56]

Angesichts der beiden Minoritäten – und man darf die eine nicht von der anderen trennen – haben Isabella und Ferdinand lange Zeit zwischen einer Politik der Assimilation und einer Politik der Ausschließung geschwankt. Sie empfanden es als ihre Pflicht, über das Seelenheil zu wachen und also die Juden und Moslems zum Christentum zu bekehren. Aber enttäuscht über die mageren Resultate der Evangelisierung, gedrängt von den Verfechtern einer unerbittlichen Linie, getragen vom allgegenwärtigen Messianismus, schließlich darum bemüht, ihre Macht zu konsolidieren, haben sie alle religiösen und wirtschaftlichen Skrupel beiseitegefegt, um 1492 unzweideutig der Ausschließung den Vorzug zu geben.

Alle Gesuche, die darauf hinausliefen, die Vertreibung ganz oder partiell rückgängig zu machen, waren so zum Scheitern verurteilt. Abravanel bot eine beträchtliche Geldsumme für die Annulierung des Dekrets. Er wurde nicht angehört. Die Katholischen Könige begnügten sich, darauf zu achten, daß seine Abreise und die der Seinen unter erträglichen Bedingungen vonstatten ging. Der Herzog von Cardona setzte sich für seine Vasallen ein. Verlorene Mühe, es wurde keine Abänderung gewährt. Die Herrscher kamen der geringsten Widersetzlichkeit zuvor. Die Ankündigung der dem Grafen von Ribadeo abverlangten Maßnahme schließt mit einer kaum verhüllten Drohung. Man erwartet vom Adressaten, daß er gehorcht, ohne zu zögern, daß er seinem Fürsten »dient und sein Wohlwollen erringt«.[57]

Es bleibt nur die Bezeugung von Mitleid oder Mitgefühl. Die Bewohner der baskischen Stadt Vitoria respektieren die Bitte ihrer jüdischen Mitbürger, keine Gebäude auf ihrem Friedhof zu errichten. Ein Genueser Chronist hielt fest, daß »die Leiden (der Juden) nach unserer Religion gerechtfertigt schienen, aber sie waren der Ausdruck einer großen Grausamkeit, wenn man sie nicht für Tiere, sondern für menschliche Wesen hielt, die von Gott nach seinem Ebenbilde geschaffen waren«.[58] Der Priester Andres Bernaldez faßt das allgemeine Empfinden zusammen: »Sie gingen über die Wege und die Felder unter viel Leiden, zu Boden fallend, sich erhebend, unterwegs sterbend oder geboren werdend, sich alle Krankheiten zuziehend. Es gab keinen einzigen Christen, der nicht Mitleid gehabt hätte. Überall forderte man sie auf, die Taufe zu empfangen, und manche bekehrten sich aus Müdigkeit und blieben dort, aber nur sehr wenige unter ihnen. Ihre Rabbiner ermutigten sie, ließen die Frauen und die jungen Leute singen, ließen Trommeln schlagen, um sie freudiger zu stimmen. So zogen sie aus Kastilien aus ...«[59]

Diese Worte der Menschlichkeit minderten nicht die Befriedigung in der christlichen Welt. Die Glückwünsche, die die Universität von Paris an Isabella und Ferdinand richtete, assoziierten die Vertreibung der Juden mit der Eroberung von Granada, und Papst Alexander VI., der den Herrschern den Titel »Katholische Könige« aufdrängte, lobte sie, »daß sie vollständig alle Juden, deren überwiegende Mehrzahl in diesen Königreichen lebte, vertrieben hatten, indem sie ihnen ihre Güter ließen trotz des unglaublichen Nachteils (den diese Großzügigkeit ihnen brachte) und zum Schaden (ihrer) Untertanen«[60]. Die Vorbehalte blieben eher distanziert. Wir müssen das Jahr 1520 abwarten, bis ein kastilischer Chronist die Vertreibung darstellt als eine einseitige Entscheidung der Herrscher, die den Ratschlägen von Torquemada nachgegeben hätten, zur großen Unzufriedenheit der Staaten des Königreiches.[61] Entscheidung der Herrscher, sagt er, und nicht ohne Grund, denn einmal mehr ist es eine Illusion, die Verantwortung isoliert beim einen oder anderen zu suchen.

Die Bemerkung, dreißig Jahre nach den Geschehnissen gemacht, ist von Bedeutung, denn die Geschichtsschreibung, die sich besonders auf die jüdischen Quellen beruft, hat oft Ferdinand die Hauptrolle zugesprochen. Aber nach Darstellung von Capsali, einem jüdischen Autor des sechzehnten Jahrhunderts und Erben einer direkten Überlieferung, ist Isabella »die Heimtückische«, die ein während der Belagerung von Granada geleistetes Gelübde erfüllt haben soll: Wenn Gott den christlichen Truppen den Sieg geben würde, würde sie die Kinder Israels vertreiben. Und sie hätte nicht aufgehört, die Bedenken von Ferdinand zu bekämpfen. Geben wir beiden Parteien recht, der, die darin das Eingreifen des Königs und der, die darin das Eingreifen der Königin sieht. Die schreckliche Entscheidung wurde sicher gemeinsam getroffen. Dagegen haben Capsali wie die Universität von Paris vollkommen recht, wenn sie eine direkte Verbindung zwischen der Eroberung von Granada und dem Vertreibungsdekret sehen.[62]

Die Reise des Kolumbus

IMMER NOCH SANTA FÉ. Eine Karte, die die Welt am Ende des fünfzehnten Jahrhunderts zeigt und vielleicht von 1492 datiert, ist mit dreißig Vignetten geschmückt, die die bedeutendsten Städte darstellen: Venedig, Genua, Paris, Köln, Jerusalem, Kairo. Für die iberische Halbinsel hat der Autor fünf Orte festgehalten: Lissabon, Santiago de Compostela, Ort des Grabes des Schutzheiligen von Spanien, Sevilla, Granada ... und Santa Fé.[63] Man kann den symbolischen Wert, der an die Schöpfung der Katholischen Könige geheftet ist, nicht besser unterstreichen. Nun ist diese Karte oft Christoph Kolumbus zugeschrieben worden. Daß niemals formal der Beweis der Beziehung zwischen dem Entdecker und dem Dokument erbracht worden ist, hat keine große Bedeutung. Sie ist dennoch aus zahlreichen Gründen plausibel, unter anderem, weil Santa Fé eine entscheidende Etappe im Abenteuer des Kolumbus ist.

Christoph Kolumbus war ein außerordentlich aufmerksamer Zeuge aller Ereignisse, von denen bisher die Rede war. Er hat aus nächster Nähe die Peripetien des Krieges von Granada verfolgt, und vielleicht hat er verstanden, daß man nicht vor dem Ende der Feindseligkeiten auf seinen Plan hören würde. So hat er der Einnahme von Malaga 1487 beigewohnt, dann am Ende des Jahres 1489 der Belagerung und der Rückeroberung von Baza, die den Osten des nasridischen Königreiches den Christen zurückgab. Ende 1491 ist er in Santa Fé und erwartet den Abschluß der Untersuchungen. Und am 2. Januar 1492 nimmt er am Einzug in Granada teil. »An diesem Tag sah ich, wie die königlichen Standarten auf den Türmen der Alhambra gehißt wurden und der maurische König aus den Toren der Stadt heraustrat und die Hände Eurer Hoheiten küßte«, schrieb er in sein Tagebuch.[64]

Seine Stunde ist fast gekommen. In der Tat bemüht sich Kolumbus im Januar, wieder einmal das Projekt vorzustellen, das er schon 1486 Isabella und Ferdinand dargelegt hatte; ohne viel mehr Erfolg, denn seine Forderungen scheinen exzessiv. Aus der Sitzung entlassen, entfernt er sich schon, als ein Kurier der Königin ihm befiehlt zurückzukehren. Die letzten Verhandlungen beginnen, während die Herrscher sich anschicken, das Drekret zur Vertreibung der Juden zu veröffentlichen. Wie so viele andere zollt auch Christoph Kolumbus der Maßnahme seinen Beifall und kommt später mit zwei Anspielungen noch einmal darauf zurück: eine erste, lakonisch und irrtümlich, hält das Datum (Januar nach seiner Darstellung) im Tagebuch fest; eine zweite, genauere, steht in einem Brief an die Herrscher, die er beglückwünscht, »daß sie jene vernichtet haben, die nicht Gottvater, den Sohn und den Heiligen Geist anbeten.«

Am 17. April werden die *capitulaciones* zwischen Isabella, Ferdinand und dem Seefahrer unterzeichnet. Am 30. werden sie durch Patentbriefe bestätigt und durch zwei Geleitbriefe ergänzt, die für die Fürsten der Länder, welche Kolumbus durchreisen würde, bestimmt sind. Sie alle bilden den normativen Rahmen von Kolumbus' Abenteuer, »die Magna Charta der Entdeckung von Amerika«.[65] Sie sind sorgfältig durch den aragonesischen Sekretär Juan de Colonna und den Franziskaner Juan Perez, Kolumbus' Repräsentanten, redigiert worden. Die Texte sind wohlgemerkt in der aragonesischen und nicht in der kastilischen Kanzlei aufgesetzt worden, ein sicheres Indiz für das Interesse, das Ferdinand von Aragón dem Unternehmen entgegenbrachte.

Im engeren Sinn umfassen die Verträge eine Präambel und fünf Artikel, die die Ehren und Privilegien aufzählen, die dem Seefahrer im Falle eines Erfolgs gewährt werden: die Titel Admiral, Vizekönig und Statthalter »der Inseln und des festen Landes«, die er entdecken würde, die Zuteilung eines Zehntels des Goldes, des Silbers, der Perlen, der Gewürze, der Edelsteine und andere Kostbarkeiten, die man eventuell finden würde; Jurisdiktionsrecht in den Prozessen, die aus dem Handel mit den neuen Ländern entstehen; die Möglichkeit, zu einem Achtel zu den Kosten der Flotte beizutragen und davon ein

Achtel zur Nutznießung zu erhalten. Die Zugeständnisse sind enorm, und man versteht, warum Christoph Kolumbus so viele Schwierigkeiten hatte, an seine Ziele zu gelangen, ohne dabei den finanziellen Aspekt aus den Augen zu verlieren. Er behält stets die Initiative und überzeugt seine Gesprächspartner. Durch diese Zähigkeit entreißt er seinen Verhandlungspartnern am 30. April eine letzte Gunst, die Übertragung des Amtes des Vizekönigs und Gouverneurs auf seine Erben, eine Vergünstigung, die ihm schon am 17. April für die Admiralswürde zugestanden worden war.[66]

Wenige Texte sind Gegenstand so vieler Kommentare gewesen. Man hat zu Recht auf Kolumbus' rastloses Bemühen um soziale Anerkennung hingewiesen. Seinem Namen ist den ganzen Text hindurch der Ausdruck *don* (Herr) vorangestellt, eine Adelsbezeichnung. Der Seemann, der eine hohe Meinung von sich selbst und seiner Mission hat – schrieb er nicht: »Die Demut zeigte mir, wie wenig ich war, aber da ich wußte, wofür ich einstand, fühlte ich mich mit der einen und anderen Krone gleichberechtigt«? –, möchte in den Rang der höchsten Familien gestellt werden, und speziell der Familie Enriquez. In dem Dokument wird der Admiral von Kastilien, Alfonso Enriquez, Onkel von Ferdinand, Cousin von Isabella, zitiert. Er hatte auf ewig das höchste Kommando über alle Seekräfte, die zivile und militärische Rechtsprechung auf dem Meer und in den Häfen inne und wachte über die gesamte Flotte. Was die Ernennung zum Vizekönig und Statthalter betrifft, so ist das Modell sicherlich der Vizekönig von Sizilien. Trotz unverhältnismäßiger Ansprüche erhält Kolumbus einen Status, der ihn den hervorragendsten Personen der beiden Königreiche ebenbürtig macht.

Man hat lange über die rechtliche Natur des Dokuments gestritten. Handelt es sich um einen Kontrakt oder eine königliche Gnade? Ein Kontrakt kann im Gegensatz zur Gnade nicht von den Herrschern gebrochen werden. Man könnte sich erklären, daß die Katholischen Könige allen Forderungen ihres Gesprächspartners nachgaben, weil sie sich nicht durch die Verfügungen gebunden fühlten, die sie unterschrieben hatten. Aber die Prozesse, die später die Erben von Kolumbus wegen Vertragsbruch gegen die Krone anstrengten, und ihre Lösung auf gerichtlichem Weg scheinen zu zeigen, daß die Zeitgenossen die Gültigkeit des Vertrages als gegeben betrachteten.[67] Fragt sich also, warum die Katholischen Könige dem Genueser nachgegeben ha-

ben. Zweifellos sind sie durch seine kämpferische Art und Überzeugungskraft erschüttert worden. Aber jenseits der formalen Aspekte waren sie empfänglich für die enormen Vorteile, die sie glaubten, aus einem Unternehmen ziehen zu können, das alles in allem nicht sehr kostspielig war.
Doch ist noch ein anderes Argument zugunsten einer vorbehaltlosen Unterstützung von Seiten der Herrscher angeführt worden. In der Präambel der Verträge steht ein kleiner Satz, der viel Tinte hat fließen lassen. »Die erflehten Dinge, die Eure Hoheiten Don Christoph Kolumbus geben und bewilligen in Erfüllung dessen, *was er* in den ozeanischen Meeren *entdeckt hat*, und der Reise, die er nun mit Hilfe Gottes zum Dienst Eurer Hoheiten machen soll, sind die folgenden.« Wie soll man das Satzglied »was er entdeckt hat« interpretieren? Mehrere Autoren, Juan Manzano an ihrer Spitze, glauben an das Geheimnis einer vorhergehenden Entdeckung, die Christoph Isabella und Ferdinand enthüllt hätte, um ihre Zustimmung zu erhalten.[68] Manche sind soweit gegangen zu behaupten, daß Kolumbus nicht der Autor der Heldentat gewesen sei, aber durch Vermittlung eines unbekannten Steuermanns Kenntnis davon gehabt habe. Diese letzte Hypothese, die Samuel Eliot Morison widerlegt hat, ist heute von den meisten Spezialisten aufgegeben. Aber das Geheimnis der Formel »was er entdeckt hat« bleibt bestehen.[69] Antonio Rumeu de Armas will darin eine späte Überarbeitung der Präambel sehen, die nach der ersten Reise des Kolumbus eingefügt wurde.[70]

Wer ist die seltsame Persönlichkeit, die den Herrschern von Spanien ihr eigenes Gesetz auferlegt? Auch hier hat es nicht an Vermutungen gefehlt, angefangen mit denen, die an den Geburtsort und die Familie rühren. Es war sogar eines der Streitthemen anläßlich der Feier des Vierhundertjahrestages 1892. Für die einen war Kolumbus Spanier. Tatsächlich schrieb der Entdecker nur auf Kastilisch und Latein. Von daher bedurfte es nur eines Schritts, der schnell getan war, um ihn in der Region von Estremadura, das an Portugal angrenzt, zu beheimaten. Aber die These beruhte auf der Verwechslung zwischen Plasencia, einer Stadt in Estremadura, und dem lombardischen Piacenza. Andere behaupteten, er sei ein Galizier aus Pontevedra, und diese Version wurde tatsächlich bis 1929 aufrechterhalten, als die Königliche Akademie für Geschichte bewies, daß die entsprechenden Dokumente Fälschungen waren. Laut dritter Hypothese ist Kolumbus Katalane oder Mallorquiner. Sein Name ist Colom, in seinen Schriften sind Katalanismen zu finden, er ist in Genova de Tortosa oder Genova de Mallorca geboren. Von 1915 an tauchte eine Option für Portugal auf, die auf der Analyse seiner Unterschrift beruht, und erst vor ganz kurzem (1982) hat man die Meinung vertreten, daß er naturalisierter Portugiese war. Man hat einen Korsen, einen Griechen, einen Schweizer aus ihm gemacht. Im letzteren Fall versetzte man Genua nach Genf.[71]

Heute ist es trotz einiger abweichender Meinungen, besonders dank des ungeheuren dokumentarischen Beitrags von *La racolta colombiana*, die 1892 in Genua begonnen wurde, anerkannt, daß Cristoforo Colombo, Sohn des Webers Domenico Colombo und der Susanna Fontanarossa 1451 in Genua geboren wurde, in der Nähe des Olivella-Tores, dessen Hüter sein Vater war. Wir wollen mit Marianne Mahn-Lot einige unwiderlegliche Beweise vorlegen.[72] 1498 richtete Christoph Kolumbus auf testamentarischem Weg ein Majorat ein. Der Nutznießer sollte einer Person von hoher Abkunft, die in Genua lebte, eine Rente auszahlen müssen, denn, so sagt Kolumbus zweimal, »in dieser Stadt bin ich geboren«. Am 2. April 1502 wendet er sich an die Verwalter der Bank San Giorgio in Genua, um mitzuteilen, daß er ein Zehntel der Einkünfte, die er aus Westindien bezog, seinen alten Mitbürgern schenke. Er präzisierte: »Obwohl mein Leib hier (in Kastilien) ist, ist mein Herz immer in Genua.« Schließlich erkennt Christoph Kolumbus in einer Genueser notariellen Urschrift, die von 1470 datiert, eine Schuld gegenüber Geronimo del Porto an, der von neuem im Testamentsnachtrag des Entdeckers zitiert wird. Dieser hegte sein ganzes Leben hindurch eine tiefe Verehrung für den heiligen Johannes den Täufer, den Schutzheiligen der ligurischen Stadt.

Bleibt eine letzte Hypothese, auf anderer Ebene und keineswegs unvereinbar mit der Genueser Abstammung. Das über zahlreiche Episoden seines Lebens von Christoph Kolumbus selbst aufrecht erhaltene Geheimnis würde demnach von seiner jüdischen Abstammung herrühren. Dieser Gedanke hat Furore gemacht, seit Salvador de Madariaga ihn vehement verteidigt hat.[73] Die Vorfahren des Admirals hätten demnach die iberische Halbinsel verlassen, wahrscheinlich Katalonien oder die Insel Mallorca, um den Verfolgungen von 1391 zu entgehen. Die Beherrschung der spanischen Sprache, der Umfang seiner Bibelkenntnisse wären so gesehen ganz natürlich; die Seltsamkeit seiner

Unterschrift wäre nicht ohne Bezug zur Kabbala. Man hat sogar gefolgert, daß der Seefahrer in Westindien nach einem geeigneten Platz gesucht habe, um seine von der Vertreibung bedrohten Glaubensbrüder dort anzusiedeln. Aber das Bewußtsein, der Anspruch auf sein Judentum, beruhen auf keinerlei Text. Es ist im Gegenteil verwirrend festzustellen, daß keiner seiner Gegner – und an diesen hat es nicht gefehlt – jemals versucht hat, ihn als *converso* anzuklagen, und daß anläßlich der Prozesse, die seine Erben in Gegensatz zur Krone brachten, das Argument nicht zur Sprache kam.

Kommen wir noch einmal auf die Unterschrift von Kolumbus zurück. Sie ist aus Kürzeln gebildet, die in symetrischer Weise dargestellt sind.

.S
.S. A .S.
X M Y

Man kann sich leicht vorstellen, daß sie Anlaß zu vielen Interpretationen gegeben hat. Eine erst kürzlich entstandene, die Alain Milton zu verdanken ist, erscheint mir überzeugend.[74] Wenn man ihm glaubt, waren die Kürzel die Zusammenfassung der grundlegenden Glaubensbezeugungen des Genuesers. Die drei *S* wären demnach eine Erinnerung an die Zurufe, die im Verlaufe der Messe gegeben wurden: »*Sanctus, Sanctus, Sanctus Dominus Deus Zebaoth,* die Erde ist von deinem Ruhm erfüllt«, von der Vision des Jesaja inspiriert. Die Anrufung hat einen gewissen Erfolg bei den jüdischen Kabbalisten des fünfzehnten Jahrhunderts gehabt, aber sie kommt auch in der christlichen Tradition als Symbol der Dreieinigkeit seit dem Heiligen Hieronymus vor. In der unteren Linie würde der Unterzeichnete den Kult der Jungfrau evozieren – den Kolumbus in mehreren Formen kannte, bevorzugt den der Unbefleckte Empfängnis – sowie den Kult des heiligen Johannes des Täufers. Was das *X* betrifft, so ist es eine deutliche Referenz an den Vornamen des Seefahrers, dessen Bedeutung, der Christusträger, ihm teuer ist. Bleibt das *A*, das oft als die Abkürzung von Adonai analysiert wurde, einen der hebräischen Namen des Allerhöchsten Gottes, der von der christlichen Kabbala übernommen wurde und ein Symbol der Einheit ist. Alain Milhou meint, daß das *A* sich von *Ave* herleitet, was erlauben würde, senkrecht *Ave Maria* zu lesen und auch die Rolle eines privilegierten Fürsprechers bei der Jungfrau unterstreichen würde. So würde man das damals sehr verbreitete ikonographische Thema der Krönung der Jungfrau durch die Dreifaltigkeit wiederfinden. Man könnte also lesen:

Sanctus
Sanctus Ave Sanctus
Xphorus Maria Yoannes

Auf diesem Umweg dringen wir in das geistige Universum von Christoph Kolumbus ein, einem außerordentlich frommen Mann, der nach der Aussage seiner Biographen »zu jeder kanonischen Stunde wie die Priester und die Mönche betete«. In seiner *Geschichte von Indien* kommt Bartolomeo de las Casas wiederholt auf seine andächtige Verehrung der Jungfrau und des heiligen Franziskus zurück.[75] Dem franziskanischen Geist ist der Genueser besonders verpflichtet. Sein mehrmaliger Aufenthalt im Franziskanerkloster von La Rábida in Andalusien seit 1485 war von entscheidender Bedeutung. Und Kolumbus behielt stets seine Begegnung mit zwei Mönchen des Franziskanerklosters vom Heiligen Grab in Jerusalem im Gedächtnis, 1489, während der Belagerung von Baza. Bruder Antonio von Millan und sein Gefährte überbrachten eine Botschaft des Mamelukkensultans von Ägypten an Isabella und Ferdinand, in welcher er mit Repressalien gegenüber den Christen und den heiligen Stätten des Orients drohte, falls sie ihr Unternehmen nicht aufgäben. Marianne Mahn-Lot versichert, daß der Seefahrer zum dritten Franziskanerorden gehörte.[76] Das ist zwar nicht gesichert, aber zumindest fühlte sich Kolumbus der franziskanischen Gemeinschaft eng verbunden. Mit ihr, zumindest mit ihrem geistigen Zweig, teilt er den Glauben an die Ambivalenz des Goldes. Das Gold kann verderblich sein, aber sein Wert ist unzweifelhaft. »Das Gold ist eine ausgezeichnete Sache«, sagt er. »Wenn man es besitzt, macht man alles, was man will auf der Welt und bis zu dem Punkt, daß man die Seelen ins Paradies führt.« Vor allem sorgt er sich mit den Franziskanern um die heiligen Stätten. Getragen vom Geist der Kreuzzüge möchte er in Kontakt mit den Christen des überseeischen Jerusalem treten, mit dem berühmten Priester Johannes, den man in Äthiopien ansiedelt, wo es Weihrauch, Elfenbein und Gold im Überfluß gibt, und mit den Christen der Territorien des Großkhan, die im weitest entfernten Teil Indiens leben. Er betrachtet sein Unternehmen »als eine Erfüllung biblischer Prophezeiungen, besonders der von Jesaja, über die Rückeroberung von Jerusalem«.

Kolumbus ist ein Mann, den eine lange Erfahrung mit dem Meer auszeichnet. Zweifellos gehört er zu einer Familie von Bauern aus dem Tal von Fontanabuona im Hinterland östlich von Genua. Christoph erlernte den Beruf seines Vaters, indem er in der Familienwerkstatt Wolle krempelte. Aber die Verlockung des Meeres ließ nicht auf sich warten. Die Stadt Genua, einem Ausdruck von Fernand Braudel zufolge von »einem Vorhang von unfruchtbaren Bergen geformt«, kennt einzig den Ausgang zum Mittelmeer.[77] Ein Gemälde von Christoforo Grassi aus dem Jahre 1485 gibt ein getreues Porträt der Stadt zur Zeit ihres berühmtesten Sohnes. Die aneinandergedrängten Häuser nehmen den ganzen Hügel ein und schauen auf das Meer.[78] Während seiner ganzen Kindheit hat Kolumbus nur diesen Horizont gesehen, und zweifellos hat er sehr bald Stoffballen in die Dörfer der ligurischen Küste getragen. Und um von einem Tal zu einem anderen zu gelangen, war das einfachste Mittel das Schiff. Der Entdecker versicherte, daß er im Alter von vierzehn Jahren mit der Schiffahrt begann.
1470 ließ die Familie Kolumbus sich in Savona nieder, der kleinen benachbarten Stadt von Genua. Das bot Gelegenheit zu zahlreichen Schiffahrten. Aber die Republik von Santo-Giorgio, wie man den Genueser Staat nannte, war ein maritimes Imperium, das auf eine Reihe von Kontoren im östlichen Mittelmeer begründet war (Lesbos, Chios, Alexandrien, Caffa im Schwarzen Meer), wo man Gewürze und Alaun kaufte, um sie in Westeuropa wieder zu verkaufen. Der künftige Entdecker hat zusammen mit der Mannschaft der Schiffe, die mit Mastix Handel trieben, 1474 oder 1475 eine Reise bis nach Chios gemacht. Möglich, daß er früher schon auf einem genuesischen Schiff im Dienst des provenzalischen Königs René gedient hat und daß er sich sogar den ertragreichen Fahrten an die spanischen Ostküsten gewidmet hat. Wie das im einzelnen aussah, spielte kaum eine Rolle. Jedenfalls verwandelte sich der Landbewohner in einen Seemann, und das Mittelmeer ist der Ort seiner Lehrzeit.
Währenddessen durchlief das genuesische Handelsimperium einen grundlegenden Wandel. Die orientalischen Stützpunkte wurden mit jedem Tag mehr durch die Konsolidierung des ottomanischen Reiches bedroht. Die Genueser konnten wie die Venezianer ihrem mächtigen Konkurrenten nicht widerstehen, der sich 1453 Konstantinopels bemächtigt hatte. Aus ihren orientalischen Besitzungen vertrieben, drangen die Genueser immer mehr in das westliche Becken des

Mittelmeeres vor und wagten sich sogar in den Atlantik vor. Die Umwandlung hatte im vierzehnten Jahrhundert begonnen. Es genügt, daran zu erinnern, daß ein Genueser, Lanzarote Malocello, einen Teil des kanarischen Archipels entdeckt hatte, daß Antonio di Noli, sein Landsmann, einer der ersten gewesen war, der die kapverdischen Inseln erreicht hatte, und daß ein anderer, Usodimarus, die Küsten von Guinea erkundet hatte.[79]

Die Karriere des jungen Kolumbus ist ein gutes Beispiel für Genuas Wandlung. Der Atlantik öffnet sich ihm. 1476 nimmt er an einer Expedition teil, die von den Spinola und den Di Negro, zwei der bedeutendsten Genueser Kaufmannsfamilien, finanziert wird, und Mastix von Chios bis nach Flandern oder England bringen soll. Beim Cap St. Vincent an der Südspitze von Portugal werden die Schiffe von einem französischen Geschwader angegriffen. Das Schiff, auf dem sich Christoph Kolumbus befindet, fängt Feuer, der Seemann wirft sich ins Wasser und erreicht das zwei Meilen entfernte Ufer. So gelangt er unter dramatischen Umständen nach Portugal, wo er sich beinahe zehn Jahre lang aufhalten wird. Portugal ist zur Zeit des Kolumbus ein besonders reiches, dynamisches Land, das ihm eine dreifache Gelegenheit bietet: Expeditionen, bei denen er Erfahrungen sammelt, ein wertvolles Netz von Beziehungen, Kontakte mit einem damals unvergleichlichen wissenschaftlichen Umfeld.

Kaum in Lissabon angekommen, bricht Kolumbus wieder auf, um die unterbrochene Reise zu beenden, da zwei der Genueser Schiffe verschont geblieben sind. Er nutzt das, um sich weit Richtung Norden vorzuwagen nach Irland, nach Island, möglicherweise sogar, dank eines besonders milden Winters, Richtung Grönland. Er berichtet, daß er an der irischen Küste zwei Leichname von Männern aus Cathay (China) gesehen habe. Auf alle Fälle wird er mit dem Atlantik und den Reiseberichten, den wirklichen und den mythischen, der nordischen Völker vertraut. Wahrscheinlich 1479 heiratet er Felipa Moniz-Perestrello, Kostgängerin im Kloster von Santos, wo der Seefahrer sich regelmäßig aufhält. Das Paar wird auf Porto Santo, einer Insel nahe bei Madeira, wohnen, dessen erster Kommandant der Vater von Felipa gewesen war. In Porto Santo wird ihr Sohn Diego geboren.[80]

Der Aufenthalt auf Madeira ist von kurzer Dauer, denn Felipa stirbt vorzeitig 1483, aber deshalb nicht weniger entscheidend. Kolumbus reist mehrmals zu nicht genau festgehaltenen Zeiten nach Guinea, bis

zum Fort von Sao João de Minha, einer der bedeutendsten portugiesischen Siedlungen an der afrikanischen Küste des heutigen Ghana. In Madeira, auf den Azoren oder im Golf von Guinea sammelt er Informationen über die Seewege, über die vermutete Existenz der Inseln, die in der Ferne Richtung Westen liegen. Er wird ein sehr erfahrener Seemann und lernt zahlreiche nützliche Dinge bei seinen portugiesischen Kameraden: »Eine Karavelle im Gegenwind steuern, sich gegen den Wind von Land losmachen, die Vorräte auswählen, die für eine lange Reise mitzunehmen sind, und sie zu speichern.«[81] Auch das berühmte Treffen mit dem geheimnisvollen Steuermann, der ihm angeblich sein Geheimnis preisgab, soll auf Madeira stattgefunden haben.
Kolumbus findet wertvolle Stützen, mächtige Protektion. Die italienischen Kreise, Genueser vor allem, haben es nicht an Unterstützung fehlen lassen. Er profitiert in Lissabon von der Anwesenheit seines jüngeren Bruders Bartholomeus, einem guten Kartographen. 1479 ist Christoph Angestellter des Centurione, für den er Handel mit Madeira treibt. Seine Aktivitäten an der Küste von Guinea hatten vielleicht auch einen durchaus prosaischen Charakter, was seine Verbindungen mit dem Florentiner Kaufmann Berardi erklären würde, der im Sklavenhandel spezialisiert war. Der Stiefvater von Kolumbus stammt selbst aus Plasencia und kannte sich gut in nautischen Schriften aus. Er war mit Isabella Moniz verheiratet, die von hoher portugiesischer Abkunft war, wie es hieß, verwandt mit der königlichen Familie der Bragança und dem Domherrn Fernando Martins, einem der großen Gelehrten von Lissabon.

Christoph Kolumbus liest viel. Er besorgt sich die *Historia rerum ubique gestarum* von Äneas Silvio Piccolomini – der unter dem Namen Pius II. Papst geworden war –, 1477 in Venedig gedruckt, in der soviel die Rede ist von dem Reichtum von Cathay, und die *Imago mundi* des Kardinal Pierre d'Ailly in der Ausgabe von Leuven zu Beginn der achtziger Jahre des fünfzehnten Jahrhunderts, die in der Nachfolge des Aristoteles den neu aufgetauchten Ländern beträchtlichen Platz einräumt. Kolumbus verschlingt sie und kommentiert sie fieberhaft mit achthundert »Postillen«, die fast alle auf Latein verfaßt sind.

Schließlich korrespondiert er dank der Vermittlung des Domherrn Martins mit dem Florentiner Astronomen, Arzt und Mathematiker Paolo del Pozzo Toscanelli. Dieser, vom portugiesischen Hof dazu aufgefordert, seine Meinung über die Möglichkeiten zu äußern, Indien auf dem Landweg zu erreichen, schickt eine Antwort, die von einer Karte begleitet ist. Erbe der Tradition des um 100 n. Chr. lebenden griechischen Geographen Marinos von Tyrus, für den das Festland sich auf fünf Achteln der Erdoberfläche ausbreitete, war er der Ansicht, die Überquerung des Atlantik sei keineswegs utopisch. Martins schrieb er: »Seid nicht überrascht, wenn ich westliche Häfen die nenne, in denen man Gewürze findet, während man sie gewöhnlich östlich nennt, weil die, die unaufhörlich gegen Westen schiffen werden, wenn sie über die Antipoden fahren, bei diesen Regionen ankommen werden.« Kolumbus teilte diese Ansichten. Da er Kenntnis vom Dokument Toscanellis hatte, versuchte er angeblich, seine Absichten dem Florentiner mitzuteilen, und der, wenn man Ferdinand Kolumbus, dem Sohn des Entdeckers, und Las Casas Glauben schenkt, ermunterte ihn mit den Worten: »Ich teile Deinen edlen und großen Wunsch, dorthin zu reisen, wo die Gewürze wachsen...«[82]

Das Projekt ist gereift, und Kolumbus brennt darauf, es zu realisieren. Logischerweise stellt er es 1484 Johann II. von Portugal vor. Alles spricht dafür: die Beziehungen, die er geknüpft hat, wie auch das Interesse, das seit mehr als fünfzig Jahren die portugiesischen Monarchen für die Entdeckungsreisen gezeigt haben. Der Herrscher beruft eine Kommission von Experten – *junta dos mathematicos* – die die Vorschläge des Genuesers prüft. Zwei gelehrte Juden gehören dazu, Rodrigo und Jose Vizinho, sehr versiert in nautischer Astronomie, und ein deutscher Adliger, dessen Sohn, Martin Behaim, 1491 der Zeichner einer berühmten Weltkarte sein wird. Den Vorsitz hat Diego Ortiz de Vilhegas, Bischof von Ceuta. Schon die Zusammensetzung der Gruppe beweist, daß die Angelegenheit sehr ernst genommen wurde. Man hatte sich an erstklassige portugiesische und fremde Spezialisten gewandt. Das Projekt von Kolumbus wird dennoch nicht weiter verfolgt. Der Genueser verläßt 1485 Lissabon, vielleicht, um seinen Schuldnern zu entfliehen. Er landet in Palos, einem kleinen Hafen der Region von Niebla, dessen Einwohner mit ozeanischen Expeditionen vertraut sind. Es ist sehr gut möglich, daß er schon anläßlich seiner Reisen entlang den Küsten von Guinea mit Seeleuten von Huelva oder Palos in Kontakt gekommen ist, echten Konkurrenten ihrer Nachbarn an der portugiesischen Algarve. So findet Kolumbus schnell ein anderes, seinen Ambitionen sehr aufgeschlossenes Milieu.

Wenn auch der Mißerfolg in Lissabon ihm sehr naheging, so tröstete ihn die Aufnahme, die die Franziskaner des Klosters de La Rábida ihm bereiteten. Der Prior, Pedro de Marchena, ein guter Kosmograph, begnügte sich nicht damit, den ganz jungen Diego, den Sohn von Christoph Kolumbus, aufzunehmen. Er brachte den Genueser mit einem ehemaligen Seemann aus Palos zusammen, Pedro Vazquez de la Frontera, der 1452 Steuermann einer portugiesischen Expedition gewesen war. Pedro de Marchena war es vielleicht auch, der Kolumbus bei Enrique de Gúzman, dem Herzog von Medina Sidonia, und Luis de la Cerda, Herzog von Medinaceli, einführte. Die beiden Mitglieder des höchsten Adels besaßen Schiffe und interessierten sich für Entdekkungsreisen. Luis de la Cerda versprach dem Genueser, ihm eine Unterredung mit den beiden Herrschern zu verschaffen, die am 20. Januar 1486 in Alcala de Henares stattfand. Kolumbus verstand offensichtlich, das Interesse der Monarchen zu wecken, und er faßte um so mehr neue Hoffnung, als er in Salamanca Bekanntschaft mit dem Dominikaner Diego de Deza machte, dem künftigen Hauslehrer des Erbprinzen Juan und künftigen Großinquisitor, der ihn von nun an ebenfalls unermüdlich unterstützte. In wenigen Monaten hatte es der Genueser erneut geschafft, die Sympathie von zahlreichen einflußreichen Personen für sich zu gewinnen.[83] Aber all diese Triumphe waren noch nicht genug.

Das Projekt des Kolumbus wurde von einer Kommission geprüft, die im Herbst 1486 in Salamanca zusammentrat, dann im Frühling 1487 in Córdoba. Ihr Präsident war Hernando de Talavera, Beichtvater der Königin, Bischof von Avila und künftiger Erzbischof von Granada. Die einstimmige Meinung war auch hier negativ.

Es fehlt nicht an Ursachen für die doppelte Weigerung von Lissabon und Córdoba. Zu einem großen Teil überschneiden sie sich. Zweifellos war das Projekt, Indien über den Westweg zu erreichen, *von vornherein* verführerisch, aber die Demonstration seines Autors, auf eine Reihe von Irrtümern begründet, konnte die Anhängerschaft der kompetenteren Leute nicht gewinnen. Kolumbus glaubte, wie wir gesehen haben, daß die aufgetauchten Gebiete beträchtlich seien. Zur Unterstützung dieser Überzeugung brachte er zahlreiche Argumente vor, die aus allen möglichen Quellen gezogen waren. Nach dem Propheten Esra hatte Gott am dritten Tag der Schöpfung sechs der sieben Teile des Erdballs ausgetrocknet. Die Lektüre von Pierre d'Ailly, die von

Marco Polo, die Meinung von Toscanelli hatten ihn in seiner Meinung bestärkt. Aber die meisten Kosmographen der zweiten Hälfte des fünfzehnten Jahrhunderts dachten in der Tradition der *Geographie* des Ptolemäus, daß die Ozeane die Hälfte des Erdballs bedeckten.
Kolumbus' Behauptung, derzufolge »das Ende der bewohnbaren Länder zum Osten hin und das Ende der bewohnbaren Länder zum Westen hin einander ziemlich nahe sind, und mitten darin gibt es ein kleines Meer«, erschien den Spezialisten als Irrtum. Für sie hatte der Ozean eine Ausdehnung von 180°, für Kolumbus von 135°, und außerdem gedachte der Genueser zuvor noch Cipango zu finden, das um 30° von Eurasien entfernt sei.
Die Kluft zwischen den beiden Positionen wurde noch größer durch die Tatsache, daß die nautischen Grade und die Seemeile verschiedene Maße waren. Für Ptolemäus maß ein Grad fünf Seemeilen, für Kolumbus, der das Maß des arabischen Astronomen Alfagran neu interpretiert, fünfundvierzig Meilen. Seine »Welt« war um 10% kleiner als die von Ptolemäus. Schließlich beherrschte der Genueser auch nicht die geringsten Rudimente der astronomischen Schiffahrt und war unfähig, korrekt die Breitengrade festzulegen. Wie man es dreht und wendet, das Dossier, welches der Autodidakt Kolumbus präsentierte, konnte gar nicht den Segen der Gelehrten erlangen.
Auch politische Faktoren haben zur Verweigerung beigetragen. Der Seefahrer beabsichtigte, bevor er den Atlantik überquerte, zu den Kanarischen Inseln zu segeln. Wenn auch die spanischen Herrscher darin keine Unannehmlichkeit sehen konnten, reagierte Johann II. von Portugal anders. Der Vertrag von Alcaçovas von 1479, der durch die Bulle des Papstes Sixtus IV., *Aeterna Regis*, von 1481 vervollständigt wurde, hatte die Einflußzonen in der atlantischen Welt klar umrissen. Portugal hatte alle Territorien von Westafrika, im Süden das Kap Bojador, zusätzlich der Azoren, Madeiras und der Kapverdischen Inseln erhalten, hatte aber auf jeden Anspruch auf die Kanarischen Inseln, die wieder zu Spanien kamen, verzichtet. Eine portugiesische Expedition, die sich einige Jahre später zu den Kanarischen Inseln begab, wäre möglicherweise ein *casus belli* gewesen. Aber darin liegt nicht das Wesentliche. Jedes der beiden Länder, Portugal 1484, Spanien 1486, war ganz und gar mit anderen Dingen beschäftigt. Für die Portugiesen hat die Erforschung des südlichen Weges nach Indien zu viele Energien mobilisiert, zuviel Geld gekostet und zu viele Resultate

erzielt, als daß man darauf verzichten wollte. Zur gleichen Zeit, als die Vorschläge des Kolumbus in Lissabon untersucht wurden, kehrte Diego Cao von einer ertragreichen Reise zurück, die ihn bis zur Küste von Angola geführt hatte. Und das christliche Spanien, das 1486 einen großen Feldzug plante, der im folgenden Jahr zur Einnahme von Malaga führen sollte, war völlig vom Krieg gegen das Königreich von Granada beansprucht. Auf der einen wie auf der anderen Seite ist kein Platz für ein ehrgeiziges Projekt, das keinerlei Garantien bieten kann.

Auch die Ansprüche des Kandidaten und die wahrscheinlichen Kosten des Unternehmens waren nicht gerade geeignet, eine günstige Antwort herbeizuführen. Kolumbus mußte sogar die Demütigung über sich ergehen lassen, einen Plan, der direkt in Konkurrenz zu dem seinen stand, gebilligt zu sehen, den des Flamen Van Olmen (oder d'Ulmo), dem Gouverneur einer der Azoren, der vorgeschlagen hatte, die legendäre Insel von Antilia (oder der sieben Städte) zu entdecken, die man irgendwo im Westen im Atlantik ansiedelte und die Kolumbus durchaus anzufahren gedachte. Van Olmen brach 1487 von Lissabon auf, kam aber nicht zurück.

Zwei Mal abgewiesen überläßt sich der Genueser nicht der Entmutigung. Sein Eigensinn ist beeindruckend, seine Kampfeslust bewundernswert. Übrigens waren die Brücken weder mit dem Hof von Portugal noch mit dem von Spanien abgebrochen, der ihm eine Zeitlang eine kleine Pension bewilligt hatte. Johann II. ließ 1488 wissen, daß er gerne den Seefahrer empfangen würde und bat Kolumbus nach Lissabon. Abgesehen von dieser Reise hielt er sich in der Nähe von Ferdinands und Isabellas Kriegsoperationen auf. Am häufigsten in Córdoba, wo er mit der jungen Beatriz de Arana lebt, Schwester eines an Kosmographie interessierten Mannes. Sie schenkt ihm 1488 einen Sohn, Ferdinand – der Vorname ist sicher kein Zufall. Von Córdoba begibt er sich, wie wir gesehen haben, 1484 nach Malaga, 1489 nach Baza. Die Flamme wird auf diese Weise unterhalten.

Während seines Aufenthalts in Lissabon erlebt der Genueser im Dezember 1488 die triumphale Rückkehr von Bartholomeu Diaz, der das Kap der Guten Hoffnung umsegelt hatte. Der Weg nach Indien war offen. Seit Lissabon war nicht mehr die Rede davon, sich Richtung Westen zu wagen. Bartholomeu ging als der Glücklichere von beiden von 1490 bis 1493 als Kartograph nach England und Frankreich.

Kolumbus' Bittgesuche wurden nicht gehört. Blieb also die kastilisch-aragonesische Lösung.

Zweifellos war Kolumbus im Verlauf der Jahre 1490 und 1491 von Bedenken und auch Verzweiflung heimgesucht. Ein neuerlicher Aufenthalt in La Rábida bei dem Bruder Juan Perez gibt ihm Vertrauen und Heiterkeit wieder. Der Franziskaner, Beichtvater der Königin, läßt Isabella, die sich in Santa Fé befindet, eine Botschaft überbringen. Die Herrscherin ruft den Franziskaner und den Genueser zu sich. Ein letztes Mal mobilisieren alle Freunde von Kolumbus ihren Einfluß: der Herzog von Medinaceli, der Dominikaner Diego de Deza, der Franziskaner Pedro de Marchena, die wir alle schon kennen, aber auch ein anderer Franziskaner gleichen Namens wie der Vorhergehende, Antonio de Marchena, Kosmograph, Alexander Geraldini, Legat des Papstes und ... in Genua geboren, die Finanziers und *conversos* Luis de Santángel und Gabriel Sanchez. Nach und nach werden die höchsten Autoritäten des Staates, der Kardinal Mendoza zum Beispiel, für die Sache des Kolumbus gewonnen.

Da die große Unternehmung von Granada beendet ist, die Portugiesen Herren des Südweges nach Indien sind, warum nicht den Westweg erforschen? Die hauptsächlichen Hindernisse für das Projekt sind gefallen. Es bleibt Kolumbus nur noch übrig, seine Überzeugungskraft zu beweisen. Er verfügt über Argumente, die damals eine seltsame Resonanz hatten, denn sein persönlicher Messianismus verbindet sich mit dem der Katholischen Könige. Eine Prophetie, die seit dem Ende des dreizehnten Jahrhunderts erzählt wurde, sagte: »Er wird von Spanien abfahren, er, der die Burg von Zion wieder aufbauen wird.«[84] Die »Wiedererrichtung des Tempels von Jerusalem« bedeutete das Sammeln der Christen, der schließlich bekehrten Juden und aller Völker im Haus Gottes, das unter der Autorität der Herrscher der Ort der Vereinigung sein sollte. Mit der Rückgabe von Granada und der Vertreibung der Juden scheint die Prophezeiung Wirklichkeit zu werden. Kolumbus bleibt es überlassen, sie zu verwirklichen, indem er die Heiden zum wahren Glauben führt. Im Januar 1492 glaubt er, daß die Stunde geschlagen hat. Und mit diesem Gefühl steht er keineswegs allein da. Der Flame Eustache de la Fosse, Verfasser des Berichts von einer Expedition in den Golf von Guinea, erzählt vom Scheitern eines portugiesischen Schiffes, das versucht hatte, eine verzauberte Insel (Antilia?) weitab von Madeira zu erreichen. »Es war so, wie manche

sagen, daß, als die verzauberte Insel entdeckt wurde, Granada keineswegs christlich war, und die Verzauberung blieb so lange, bis ganz Spanien christlich wäre; und deshalb gingen sie unter; denn seit die Stadt erobert war, geht man nach Belieben dorthin zu besagten verzauberten Inseln und ohne irgend eine Gefahr, und vorher hatte man sie niemals gesehen noch zu finden verstanden.«[85]
Die Vorbehalte wissenschaftlicher Art sind weggefegt. Eine neue Kommission gibt ihre Zustimmung. Die Verhandlungen stoßen dennoch auf das, was man die untergeordneten Aspekte nennen muß: die Forderungen von Kolumbus, die Kosten des Unternehmens. Daher die letzte Absage vom Januar 1492. Aber wieviel braucht Kolumbus? Zwei Millionen Maravedis, eine lächerliche Summe, während in zehn Jahren Krieg gegen das Königreich von Granada vierhundertmal mehr ausgegeben worden ist. Luis de Santángel, der die Abrechnung zu machen versteht, hat ein leichtes Spiel zu zeigen, daß nicht viel zu verlieren ist. Außerdem schlägt er vor, einen Teil der Subsidien selbst vorzustrekken. Er wird ein wenig mehr als eine Million Maravedis liefern, Kolumbus zweihundertfünfzigtausend Maravedis, der Rest wird vom Herzog von Medinaceli, dem Florentiner Berardi und Genuesern vorgestreckt. Eine Zusammenarbeit von Freunden. Und was wiegen schon die vom Seefahrer geforderten Ehren im Vergleich zu den erwarteten Reichtümern und dem dringenden Charakter der Mission? Das zehnte Gesuch wird gehört. Kehrtwende. Verträge.

Die Vorbereitungen beginnen. Es findet sich, daß die Seeleute von Palos, dem kleinen Hafen von La Niebla, 1491 verurteilt worden sind, weil sie das portugiesische Monopol südlich von Kap Bojador verletzt haben. Palos muß zwei Karavellen ausrichten und der Krone zur Verfügung halten. Außerdem unterliegt der Hafen der Rechtsprechung des Herzogs von Medina Sidonia, der Kolumbus von Anfang an unterstützt hat. Schließlich ist Palos, eine Stadt von weniger als dreitausend Einwohnern, ideal gelegen.[86] La Niebla »war durch seine geographische Lage, die Aktivität seiner Bevölkerung, ein vollständig bereites Material von Karavellen portugiesischen Typus, einen urtümlichen, aber gut für Entdeckungen und überseeische Abenteuer geeigneten Kapitalismus das privilegierte Terrain für eine Entdeckungsexpedition«.[87] Außerdem kannte Kolumbus den Ort gut, der nur fünf Kilo-

meter vom Kloster de La Rábida und seinen Einwohnern entfernt lag. Die Umstände waren also außerordentlich günstig.
La Niebla hat in der Tat viel beigetragen, Menschen und Schiffe. Vor allem Martín Pinzón, einen reichen Reeder von Palos, den der alte Steuermann Pedro Vazquez, Vertrauter in La Rábida, davon überzeugt hatte mitzumachen. Pinzón war ein einflußreicher Mann, sein Beispiel riß die Zögernden mit. Er übernahm den Befehl der *Pinta*, einer Karavelle, die Christobal Quintero gehörte, der ebenfalls in Palos wohnte. Zusammen mit Martín waren seine Brüder Francisco Martín und Vicente Yañez von der Partie, und ein Cousin Diego. Vicente Yañez übernahm das Kommando der zweiten Karavelle, der *Niña*. Juan Quintero, der Bruder von Christobal, war seinerseits Quartiermeister auf der *Pinta*. Die Bewohner von Moguer, einer kleinen Stadt nahe von Palos, lieferten ein zweites Kontingent. An ihrer Spitze standen drei Mitglieder der Familie Niño, Juan, Besitzer und Bootsmann (zweiter) der *Niña*, Peralonso, Steuermann auf der *Santa María*, und Francisco, einfacher Seemann.[88] Die anderen Mitglieder der Besatzung waren ebenfalls in großer Mehrheit Andalusier, aus Sevilla, Cadiz, Puerto de Santa Maria, Córdoba, wie Diego de Harana, Vetter der Gefährtin des Admirals, der die Funktion eines *alguacil* ausübte. Hinzu kamen etwa zehn Basken und Galizier, um Juan de la Cosa, den Besitzer eines Schiffes, der *Galizierin*, das man dann *Santa María* taufte, und ein Murcier, die allesamt die anderen spanischen Regionen repräsentierten. Es gab außerdem noch einen Portugiesen, einen Genueser, einen Kalabresen und einen Venezianer. Unter ihnen allen einige königliche Offiziere, ein Dolmetscher fürs Arabische, das Griechische und Hebräische, den bekehrten Juden Luis de Torres, einen Notar, Rodrigo de Escovedo, einen königlichen Kontrollbeamten, drei Wundärzte, einige Handwerker, die für die Unterhaltung der Schiffe sorgen sollten. Aber keinen Priester noch bewaffnete Männer, da es sich um eine Expedition handelte.
Im ganzen siebenundachtzig Mann, die dem vollständigsten Durcheinander ausgeliefert sind. Neununddreißig fuhren auf der *Santa María*, mit einer Wasserverdrängung von hundert bis hundertundzwanzig Tonnen und ungefähr fünfundzwanzig Metern Länge und acht Metern Breite; sechsundzwanzig Männer waren auf der *Pinta* eingeschifft, die zwanzig Meter lang, sechseinhalb Meter breit war und eine Wasserverdrängung von sechzig bis siebzig Tonnen hatte; und zweiundzwan-

zig Männer auf der *Niña*, die kaum zwanzig Meter lang, sechs breit war und eine Wasserverdrängung von fünfzig bis sechzig Tonnen hatte. Nur der Kapitän und der Bootsmann auf der *Santa María* hatten Kabinen. Mühsal und Schwierigkeiten des täglichen Lebens sowie die Existenz von Clans bargen ein hohes Risiko für Meutereien und Zusammenstöße.

Am Freitag, den 3. August, verlassen die drei Schiffe Palos und fahren auf den Ozean hinaus, mit Kurs auf die Kanarischen Inseln, die Kolumbus auf demselben Breitengrad wie Cipango ansiedelt. Es wird also von den Inseln ausgehend genügen, sich von den Passatwinden treiben zu lassen. Am 12. August läuft der Konvoi den Zwischenhafen von Gomera, der westlichsten Insel des Archipels, an. Auf Grund eines Schadens an der *Pinta* wird der Aufenthalt bis zum 6. September verlängert. Man nutzt ihn, um die Segel der *Niña* zu wechseln. Neuerliches Auslaufen. Kolumbus markiert die durchsegelten Entfernungen, sorgt aber dafür, weniger als in Wirklichkeit zu zählen, um die Besatzung nicht zu beunruhigen. Mitte September erreicht die Flottille das Sargassomeer, der Ozean ähnelt einer Wiese. Es herrscht Windstille, was die Seeleute alarmiert. Am 25. glaubt Martín Pinzón Land zu sehen. Ein Irrtum. Die Spannung beginnt zu steigen. Anfang Oktober sind die Basken auf der *Santa María* am Rande der Meuterei. »Mehrere Steuerleute und Seeleute wollten zurückkehren. Der Admiral bittet sie, zwei oder drei Tage zu warten, dann wäre die Entdeckung verwirklicht«, wird später ein Seemann berichten. Es scheint, daß Kolumbus nicht aufgehört hat, die einen und die anderen zu ermutigen, aber am 10. Oktober meutert die ganze Expedition. Die Pinzón kündigen an, daß sie zurückkehren werden, wenn sie an den drei folgenden Tagen nicht auf Land stoßen. In der Nacht vom 11. auf den 12. Oktober ruft um zwei Uhr morgens vom Bug der *Pinta* Juan Rodriguez Bermejo, ein Matrose aus Sevilla, den die Geschichte unter dem Namen Rodrigo de Triana festhält: »Land in Sicht, Land in Sicht!« Die Expedition hat den Archipel der Bahamas erreicht, genauer, die Insel von Guanahani, die Kolumbus in San Salvador umgetauft hat.[89]

Die Reise hat sechs Tage von Palos zu den Kanarischen Inseln gedauert, sechsunddreißig von den Kanarischen Inseln zu den Bahamas. Ihr außergewöhnlicher Erfolg ist dem Zusammenwirken zweier Faktoren zu verdanken: einerseits den großen navigatorischen Fähigkeiten des Kolumbus, andererseits dem, was man Glück nennen muß. Sicher kam

dem Admiral seine große Erfahrung mit dem Atlantik zugute. Die eingeschlagene Route war die bestmögliche, und zweifellos hatte der Genueser Kenntnis von den Passatwinden. Und er hatte doppeltes Glück: Da er auf Rechnung von Spanien reiste, war die kanarische Zwischenlandung kein Hindernis. Wenn der Vertrag von Alcaçovas anders gelautet hätte ... Schließlich hat die Expedition nicht das geringste Unwetter überstehen müssen, während der Ozean zwischen Mitte September und Mitte Oktober gewöhnlich nicht damit geizt.[90]
Die Kontakte mit den Eingeborenen waren ausgezeichnet: »Sie zeigten uns soviel Anhänglichkeit, daß es wie ein Wunder war«, notiert Kolumbus. Aber davon überzeugt, daß er eine Insel nahe von Cipango erreicht habe, hatte er nur den einen Gedanken im Kopf – das sagenhafte Territorium zu erreichen und Gold zu finden. Sieben Eingeborene mit sich nehmend, fährt er von Insel zu Insel und schlägt einen Bogen um die Bahamas, die er Santa Maria de la Concepción, Fernandina, Isabela nennt. Er landet am 28. Oktober in Juana (Kuba), das er eine Zeitlang für Cipango hält. Dort bleibt er länger als einen Monat, bevor er Haïti passiert. »Daß unser Herrgott in seiner Güte dafür sorge, daß ich diese Goldmine finde.« In der Nacht vom 24. auf den 25. Dezember, während der Kapitän schläft, läuft die *Santa María* auf Grund. Die Indianer helfen bei der Entladung, machen Geschenke und zahlreiche Freundschaftsgesten. Von soviel Zuvorkommenheit gerührt, beschließt Kolumbus, eine kleine Kolonie zu gründen, die ungefähr dreißig Freiwillige zählt und von Diego de Arana befehligt wird. Der Admiral hat keine Bedenken: »Wenn ich hierher zurückkommen werde, werden meine Männer eine Tonne Gold und Gewürze angehäuft haben, so daß von heute in drei Jahren Eure Hoheiten die Wiedereroberung des Heiligen Hauses (Tempels) von Jerusalem in Angriff nehmen können.«[91] Die Garnison wird Navidad genannt. Ein Jahr später wird sich kein Überlebender mehr dort finden.
Zu diesem Zeitpunkt mußten die Gefühle des Admirals geteilt sein. Er ist geblendet von den Inseln, die er kennengelernt hat. Die jungfräuliche Natur, bevölkert mit freundlichen, spontanen, nicht götzendienerischen Wesen erinnert an das irdische Paradies. Und es besteht kein Zweifel, daß die »Inder« ohne Schwierigkeit das Christentum übernehmen werden. Aber das Asien von Marco Polo, Cathay oder Cipango, ist ihm entgangen. Wenig Reichtümer, selbst wenn Kolumbus in seinem schriftlichen Bericht an Luis Santángel versichert: »Auf der

Insel Hispaniola (Haïti – Santo-Domingo) gibt es Gold im Überfluß ... und auch Gewürze und Baumwolle.«[92] Die Enttäuschung ist groß. Im Verlauf des Herbstes 1492 paßt sich der Entdecker den Umständen an und geht schließlich darauf ein und konzipiert ein Kolonisationsprojekt, Ausgangspunkt des spanischen Amerika. »Daß Eure Hoheiten wissen, daß diese spanische Insel Ihnen ebenso gehört wie Kastilien; es fehlt nur noch, daß man dort eine Niederlassung einrichtet. Diese Menschen eignen sich gut dazu, befehligt zu werden, dazu, daß man sie säen, Städte bauen läßt, daß man sie lehrt, sich zu kleiden und unsere Sitten zu übernehmen.«[93]

Am 2. Januar 1493, ein Jahr auf den Tag genau nach der Rückeroberung von Granada, denkt Kolumbus an die Rückkehr. Er schifft sich auf der *Niña* allein ein, denn die *Pinta* hatte sich am 22. November davongemacht. Die Wiederbegegnung zwischen dem Genueser und Martín Pinzón, der sich mehr und mehr als Rivale entpuppt, fand am 6. Januar statt. Der Wind treibt die beiden Karavellen gegen Nordosten zu der Zone, in der man die Westwinde nutzen kann. Zwischen dem 12. und 16. Februar geraten sie in einen heftigen Sturm und werden getrennt. Die *Niña* erreicht am 18. die Azoren, und die Gefährten des Kolumbus werden auf Befehl des Kapitäns der Insel in den Kerker geworfen, aber der Admiral erwirkt ihre Freilassung und bricht wieder auf. Noch ein Sturm, Anfang März. Die *Niña* kommt mit zwei zerrissenen Segeln am 4. März in Lissabon an. Der Entdecker wird am 11. von Johann II. empfangen. Nachdem die Karavelle repariert ist, folgt die letzte Etappe nach Palos, wohin ebenfalls die *Pinta* gelangt, die Ende Februar in Galizien gelandet war. Dann wird die Ehrenrunde gemacht. Das Kloster La Rábida und die geistlichen Förderer; Sevilla am 31. März, Palmsonntag; Córdoba und die Blutsverwandten, denn Beatriz de Arana, Diego und Fernando wohnen dort noch immer; Barcelona und die politischen Förderer. Am 20. April, ungefähr ein Jahr nach Abschluß der Verträge, bereiten Isabella und Ferdinand ihrem Admiral vom atlantischen Ozean einen triumphalen Empfang.

Die Grammatik des Nebrija

WIR WOLLEN EIN LETZTES MAL nach Santa Fé und Granada zurückkehren. Ein viertes, weitgehend unbekanntes und dennoch grundlegendes Ereignis hat ebenfalls dort stattgefunden. Königin Isabella empfing den Humanisten Antonia de Nebrija, Schützling des Ordensmeisters von Alcantara, Juan de Zuñiga, der kam, um sein neuestes Werk vorzustellen, »eine Grammatik der kastilischen Sprache«.[94]

Das Datum der Unterredung ist nicht genau bekannt. Aber sie fand offenbar nach dem 2. Januar 1492 statt, da Nebrija, auch er Zeuge der Rückeroberung von Granada, »Feinde Eures Glaubens, die durch den Krieg und die Kraft der Waffen besiegt wurden«, erwähnt, und vor Ende Mai, denn in dem Prolog zu der Grammatik ist Hernando de Talavera, nach der Aussage des Autors, noch Bischof von Avila. Wir wissen, daß der Prälat unmittelbar danach zum Erzbischof von Granada ernannt wurde, und Nebrija dürfte dies bekannt gewesen sein.

Der Gesprächspartner von Isabella ist ein Mann von großem Renommée. Aller Wahrscheinlichkeit nach 1444 in Lebrija, nicht weit von Sevilla, geboren, hat er sein Studium in Salamanca und an der Universität San Clemente in Bologna absolviert, bevor er in die Dienste von Alonso de Fonseca, Erzbischof von Sevilla, trat. Er erhielt 1476 den Rhetoriklehrstuhl der Universität von Salamanca und widmete sich elf Jahre lang der Lehrtätigkeit. Von 1487 an war er, auf dessen Einladung, Nutznießer des Mäzenats von Juan de Zuñiga.

Nebrija war einer der großen Latinisten seiner Zeit, das spanische Äquivalent von Lorenz Valla, seinem italienischen Vorbild. Wie er hat er es sich zur Aufgabe gemacht, gegen den Verfall der Sprache zu kämpfen, deren Hauptverantwortliche in seinen Augen die, die sie unterrichten, sind. Er bewältigte sie als Grammatiker, Erbe der Stoiker und Varros, denn er ist der Ansicht, daß die von ihm praktizierte Disziplin die Begründung von jeglicher Wissenschaft sei und zur Wahrheit führe. Auf diesem Weg hat er schon 1481 in Salamanca *Introductiones latinae* veröffentlicht, ein Werk, das großen Erfolg hatte. Die erste Ausgabe von tausend Exemplaren war in einem Jahr verkauft.

Die Veröffentlichung einer Grammatik der kastilischen Sprache durch denselben Autor mag überraschen. Und in der Tat war die Herrscherin selbst verdutzt, als der Humanist ihr vielleicht 1487 in Salamanca den Entwurf seiner Arbeit gezeigt hatte. Sie soll damals die

Frage gestellt haben: Wozu dient ein solches Buch? Nebrija erklärt sich darüber lange in dem leidenschaftlichen Prolog, in dem er die Gründe versammelt.

Als guter Fachmann versichert Nebrija, daß es nötig sei, die Normen, den Gebrauch festzulegen, die Abweichungen auszumerzen, um der Sprache ihre Einheit zu geben. Dieses Vorgehen allein ist schon revolutionär, denn damit erhebt er die kastilische Sprache in einen Rang, der bis dahin in der christlichen Welt dem Lateinischen oder Griechischen vorbehalten war. Er erfüllt wohl die Aufgabe eines Vorläufers, da seine kastilische Grammatik die erste in mundartlicher Sprache ist. Die erste italienische Grammatik von Trissino datiert von 1529, die *Grammatica de lingoagem portugesa* (Grammatik der portugiesischen Sprache) von Fernando de Oliveira von 1536, der *Tretté de la grammere françoeze* (Traktat der französischen Grammatik) von Louis Meigret von 1550.

Aber Nebrija geht noch weiter. Vereinheitlicht, soll die Sprache zur Einheit der Nation beitragen. Er feiert die religiöse Einheit und die territoriale Einheit: »Nachdem die christliche Religion wieder gereinigt worden war, nachdem die Feinde unseres Glaubens durch den Krieg und die Waffengewalt besiegt worden waren ...« Er feiert die Errichtung des Staates: »Nach der Gerechtigkeit und Ausübung der Gesetze, die uns vereinen und uns als gleiche leben lassen (...) in dem, was wir das Königreich und die Republik von Kastilien nennen.«[95] Fehlt nur noch das Erblühen der Künste und des Friedens, in deren erstem Rang die Sprache ihren Platz hat. So ist die Rolle des Idioms ebenso bedeutsam wie die des Glaubens, der Waffen und der Gesetze.

Der Humanist hat ein klares Bewußtsein von dem Beitrag der Sprache zur Dynamik des kastilischen Staates. Und man kann nicht umhin festzustellen, daß am Ende des fünfzehnten Jahrhunderts keine der anderen Sprachen der iberischen Halbinsel in der Lage ist, dem Vormarsch des Kastilischen zu widerstehen. So hat die katalanische Sprache gegen 1500 geschwiegen, während zuvor die katalanisch-valencianische Literatur zwei Jahrhunderte hindurch eine besonders üppige Periode gekannt hat – man denke nur in sehr verschiedenen Bereichen an den Theologen und Moralisten Francesco Eiximenis, an den Ritterroman *Tirant lo Blanch* von Joanot Martorell, an den Dichter Ausiàs March. Die Inthronisierung einer kastilischen Dynastie in Aragón im Jahr 1412 erlaubte die Praxis einer subtilen Zweisprachigkeit am Hof.

Das Katalanische schien als Gelehrtensprache nicht mehr geeignet. Und manche der katalanischen Schriftsteller wie Joan Bosca kommen dahin, sich auf Kastilisch auszudrücken. Das Phänomen ist spürbar ähnlich für das Portugiesische. Der Geschmack an der kastilischen Kultur war in Lissabon sehr ausgeprägt. Die kastilische Sprache war »eine vornehme und edle Sprache, die der höheren Kreise des Hofes, der Gesandten, Prinzen, Königinnen«.[96] Gil Vicente, der größte portugiesische Schriftsteller zu Beginn des sechzehnten Jahrhunderts, schreibt gleichermaßen auf Portugiesisch und Kastilisch. Letzteres Idiom ist für ihn »eine süße Rhetorik und ein ausgewählter Stil«.[97] Wie soll man von daher erstaunt sein, daß die Sprache von Kolumbus, Gegenstand so vieler Nachforschungen und Spekulationen, schon bald das Kastilische war? Der Entdecker ist ein gutes Beispiel für die dominante Stellung dieses Idioms. Seine Muttersprache war der Genueser Dialekt, und er war kaum fähig, auf Italienisch zu schreiben. Das Kastilische hat er nicht in Andalusien oder Kastilien, sondern in Portugal gelernt. So finden wir in all seinen Texten eine sehr persönliche Sprache, die bei der Arbeit erlernt ist, Italianismen enthält und vor allem Ausdrücke und Wendungen, die dem Portugiesischen entlehnt sind.

Das Kastilische befand sich also auf dem Vormarsch. Nebrija war sich dessen vollkommen bewußt und zweifelte keinen Augenblick daran, daß es sich noch weiter ausbreiten würde. Sein Beitrag hatte kein anderes Ziel. Daher seine berühmte Konzeption der Sprache als Machtinstrument. Diese zieht sich wie ein programmatischer roter Faden durch den Prolog zur kastilischen Grammatik. Die ersten Worte des Werkes drücken dies aus: »Wenn ich darüber nachdenke, wenn ich sehe, wie alt alle diese Dinge sind, die geschrieben worden sind, damit wir die Erinnerung daran behalten, ziehe ich den folgenden Schluß, den ich für gesichert halte: die Sprache hat immer die Macht begleitet (*siempre la lengua fue compañera del imperio*), und das ist so wahr, daß alle beide zusammen entstehen, sich entwickeln und erblühen, ebenso wie ihr Niedergang gleichzeitig erfolgt.«[98]

Weiter unten variiert Nebrija dasselbe Thema und beharrt auf der vergangenen Expansion und daß sie vom Kastilischen ausging. Nicht nur, daß Aragón und Navarra dem nicht widerstanden haben, sondern auch, so versichert er, die italienischen Territorien nicht, wo die Armee der kastilischen Infanten ihr Gesetz diktiert hat (*imperare*, sagt noch der Text). Der Gedanke ist ihm so wichtig, daß er nicht schließen kann, ohne darauf zurückzukommen. Er erinnert dann an den Satz von Hernando de Talavera, der ihm zuvorkam und der Königin betreffs der Nützlichkeit der Grammatik antwortete: »Den barbarischen Völkern und den Nationen, die fremde Sprachen haben und die Spanien unterwerfen wird, wird man Gesetze und eine Sprache auferlegen.«

An welche Völker, welche Nationen denken der Prälat und der Grammatiker? Man kann sich in Vermutungen verlieren. Nicht an die jüdische Minorität, weil sie das Kastilische und in zweiter Linie das Katalanische praktizierte. Vielleicht an die Guanchen, die Ureinwohner der Kanarischen Inseln. Zweifellos an die Moslems von Spanien, die im Königreich von Valencia und im Emirat von Granada das Arabische hochgehalten hatten. Es ist kein Zufall, wenn man ein Jahrhundert später (1595), aus der Feder von Doktor Esteban, dem Bischof von Orihuela, einen Satz findet, den Nebrija nicht geleugnet hätte: »Wenn die Völker Untertanen ein und derselben Macht (*imperio*) sind, haben die Vasallen die Verpflichtung, die Sprache ihres Meisters zu lernen.«[99] Nun, Esteban denkt einzig an die heimlichen Moslems seiner Diözese. Müssen wir schließlich in dem Satz eine Art Vorahnung der Expedition des Kolumbus und ihrer Folgen sehen? Das wäre vorschnell, zweifellos, wenn auch verlockend. Es ist in der Tat verwirrend festzustellen, daß das Projekt des Kolumbus und der Entwurf zu der Grammatik im selben Jahr, nämlich 1487, von den Herrschern und von Hernando de Talavera in Salamanca geprüft worden sind und daß fünf Jahre später einige Wochen höchstens die Verträge und die Präsentation des Werks von Nebrija trennen. Seltsame Koinzidenzen!

Es gibt also eine Konzeption der Sprache als Machtinstrument bei Nebrija. Für ihn muß das Kastilische ein Hilfsmittel der Zivilisation sein. Darin stimmt er überein mit Lorenzo Valla, der in den *Lateinischen Eleganzen* die Formel niedergelegt hat: »Die Sprache, Begleiterin des Imperiums.«[100] Und Nebrija widmet eine lange Ausführung den Beispielen der Hebräer, Griechen, Römer. Die Entartung der lateinischen Sprache, die er beklagt, sei eine unvermeidliche Folge des Niedergangs des römischen Imperiums. 1492 aber muß das Kastilische sein, was das Lateinische für das kaiserliche Rom war.

Steht die Botschaft von Nebrija isoliert dar? Nein. Der Grammatiker war der Freund oder Schützling von einflußreichen und kultivierten Persönlichkeiten, die seine Ansichten teilten. Der Name von Juan de

Zuñiga ist schon genannt worden. Bevor er Schutzherr von Nebrija wurde, war Zuñiga sein Schüler. Und von 1487 an wird er ihn nicht nur bezahlen, sondern auch in seinem eigenen Palast unterrichten lassen. Nebrija widmete ihm sein spanisch-lateinisches Wörterbuch, das er um 1495 verfaßt hatte. Der Humanist war auch ein Vertrauter des Kardinals Mendoza, Adressat der Widmung seiner *Introductiones latinae*, in denen der Autor sich in der vertraulichen zweiten Person Singular an den wendet, den man den »dritten König« nannte. Mendoza, der Studien in Salamanca betrieben hatte, war der Sohn des Marquis von Santillana, einem der größten Dichter seiner Zeit. Auch Hernando de Talavera hatte Theologiestudien in Salamanca betrieben. Wahrscheinlich aus einer Familie von *conversos* stammend, trat er Ende 1450 in den hieronymitischen Orden ein und wurde Prior des Prado-Klosters nahe Valladolid. Vertrauter der Herrscher, Beichtvater der Königin, spielte er schon 1475 eine beträchtliche Rolle. 1486 bat er bei der Rückkehr von einer Pilgerfahrt nach Santiago de Compostela Antonio de Nebrija, ein Gedicht zum Ruhm von Ferdinand und Isabella zu verfassen. Zuñiga, Mendoza, Talavera – in der Umgebung der Katholischen Könige existierte zumindest ein Kern von Politikern, die aufmerksam auf die Arbeiten des geistigen Spanien schauten und sehr wohl den Vorteil begriffen, den der im Aufbau begriffene Staat daraus ziehen konnte.

Es blieb nur noch übrig, die Königin zu überzeugen. Das war einfach, insofern sie gar nicht anders konnte, als den Vortrag von Nebrija zu akzeptieren. Auf ausdrückliche Bitte der Königin, die von Talavera (schon!) möglicherweise 1485 übermittelt wurde, machte sich der Grammatiker an eine Neuausgabe der *Introductiones latinae* mit einer Übersetzung ins Kastilische. Das von Nebrija für diese Veröffentlichung genannte Motiv – das natürlich von Isabella und Ferdinand geteilt wird – war es, den Nonnen zu ermöglichen, das Lateinische mit Hilfe des Kastilischen zu lernen. Die Sprache, mit ihren vielfältigen Aufgaben, diente auch der Instruktion und Reformierung des Klerus. Die Königin hat also anschließend 1487 Nebrija empfangen, und alles weist darauf hin, daß sie, gestützt auf die Erklärungen von Talavera den Gelehrten ermutigt hat, seinen Plan zu Ende zu führen. Die Unterredung von 1492 ist die letzte Phase eines Prozesses. Im Gegensatz zu allen Behauptungen ist Isabella jedoch nicht bedrängt worden. Im Gegenteil, indem sie die Widmung des Humanisten akzeptierte, gab sie ihre Schirmherrschaft einem Unternehmen, dessen Sinn sie gebilligt hatte. Die kastilische Grammatik wurde am 18. August 1492 veröffentlicht.

Die Beförderung des Kastilischen ist sorgfältig programmiert worden. Ebensowenig wie die anderen Ereignisse von 1492 verdankt die kastilische Grammatik irgend etwas dem Zufall. Sie hatte zwei grundlegende Konsequenzen. Die Hegemonie des Lateinischen, Sprache der Diplomatie, war fortan bedroht. Die Verträge von Santa Fé, die die Krone mit Kolumbus verknüpfen, respektieren noch den Brauch. Wenn auch der Text auf kastilisch ist, sind die Geleitbriefe für die Fürsten, vor die der Genueser eventuell hätte geführt werden können, in lateinischer Sprache verfaßt. Und der Brief an Santángel, von Kolumbus an die Adresse der katholischen Könige geschrieben und am 1. April 1493 veröffentlicht, wurde im Mai ins Lateinische übersetzt, möglicherweise auf Initiative von Papst Alexander VI. Von diesem Augenblick an erhielt er eine internationale Dimension. Aber von nun an setzt sich der Gebrauch der Übersetzung in beiden Richtungen durch, zu der Isabella das Signal für die *Introductiones latinae* gegeben hatte. Latein und Kastilisch waren gleichberechtigt. Und 1498 versicherte der Gesandte von Spanien, Garcilaso de la Vega, in Rom in Gegenwart des Papstes und der Gesandten von Frankreich und Portugal ohne zu zögern, daß das Kastilische allen anderen Sprachen der Christenheit überlegen sei.

Schließlich wurde Kastilisch das Spanische schlechthin. Zwei Mal läßt sich Nebrija in dem Prolog zu seiner Grammatik zur Assimilierung Kastilien-Spaniens hinreißen. Er widmet das Werk »der sehr großen und sehr illustren Fürstin Doña Isabella, der dritten ihres Namens, Königin und natürlicher Herrscherin Spaniens und der Inseln unseres Meeres«. Eine Behauptung, die eine Unwahrheit ist, weil die Krone von Aragón immer noch existiert. Und am Ende des Textes, auf die Fremden anspielend, die in den Territorien jenseits der Pyrenäen unterwegs sind, verwendet er die Umschreibung: »all jene, die Handel treiben und irgend ein Gespräch in *Spanien* haben«. Hier schreibt Nebrija noch in der Atmosphäre seiner Zeit. 1495 übersetzt der Aragonese Martin Martinez de Ampies einen auf katalanisch verfaßten Traktat der Veterinärkunst in, so sagt er, »die Sprache unseres Spanien«.[101] Ein anderer Aragonese, Gonzalo Garcia de Santa Maria, der das Leben der Heiligen Väter der Wüste übersetzt, bestätigt prunkvoll das Denken von Nebrija und das von Isabella: »Da die königliche Macht heute kastilisch ist und es dem ausgezeichneten König und der vortrefflichen Königin, die uns regieren, gefallen hat, aus dem Königreich von Kastilien die Basis und den Sitz ihrer Staaten zu machen, habe ich beschlossen, dieses Buch auf Kastilisch zu schreiben, denn die Sprache begleitet mehr als alles übrige die Macht.«[102]

Warum Spanien?

Träume und Wirklichkeiten Spaniens

WIE NUN IST DAS LAND BESCHAFFEN, die Nation, auf deren Territorium sich innerhalb weniger Monate soviele denkwürdige Ereignisse vollzogen? Was war an ihm so Besonderes, so Außergewöhliches? Trotz der triumphalistischen Töne von Antonio de Nebrija wäre man zunächst versucht zu antworten: nichts. Kein Zeichen bestimmte um 1480 Spanien als das Leuchtfeuer des westlichen Europa. Und die Brüder Kolumbus hatten Recht damit, daß sie gleichermaßen an die spanischen, portugiesischen, englischen und französischen Türen pochten. Niemand konnte ein nahes *annus mirabilis* (wunderbares Jahr) ahnen.

Spanien, um gerade das Gegenteil eines sehr bereitwillig vom Ebro bis zum Guadalquivir verbreiteten Slogans zu behaupten, war nicht anders. Wir wollen einige Beweise aus verschiedenen Bereichen dafür geben, und zwar zuerst aus dem Reich der Ideale, die den Herrschern des zu Ende gehenden mittelalterlichen Okzidents eigen waren. Welcher Fürst wäre nicht den flammenden, visionären und ansteckenden Reden eines Kolumbus oder eines Nebrija gegenüber empfänglich gewesen? Der Geist der Kreuzzüge, von einem diffusen Messianismus sorgfältig geschürt, hat sich überall fortgesetzt. Der König von Frankreich, Karl VIII., der 1484 auf den Thron kommt, wird wie Ferdinand von Aragón, wie Isabella von Kastilien, von den Weissagungen der Propheten und Astrologen getragen, die in ihm einen neuen Karl den Großen sehen. Schon seine Geburt, die mit einer seltenen Inbrunst erwartet wird, wurde als wunderbar angesehen. Ludwig XI., sein Vater, war 1470 sechsundvierzig Jahre alt und befand sich »gleichsam jenseits aller Hoffnung auf eine Nachkommenschaft, die geeignet wäre, auf den christlichen Thron von Frankreich zu folgen.«[1] Nach den *Visionen* von Jean Michel aus dem Jahre 1494 wird er sich eine zweite Krone in Italien aufsetzen, wird Jerusalem befreien und über die Welt herrschen. Der kalabresische Eremit Franz von Paula, zurückgezogen in Plessis-les-Tours lebend, Begründer des Minimitenordens, der Ludwig XI. in seiner letzten Stunde beigestanden hatte, sagt nichts ande-

res. Am 22. Februar 1495 in Neapel einziehend, war Karl VIII. mit dem kaiserlichen Mantel bekleidet und trug eine vierfache Krone von Frankreich, Neapel, Konstantinopel, Jerusalem.[2]
In Deutschland waren ähnliche Themen in Umlauf. Nach einer sorgfältig unterhaltenen Legende war Karl der Große der erste Kreuzfahrer, und einer seiner Nachfolger würde Jerusalem wieder einnehmen. In Portugal scheint seit der Einnahme 1415 von Ceuta, der Stadt, die an der Meerenge Gibraltar gegenüber liegt, der Kreuzzug in Gang zu kommen. Ein langsames und schwieriges Unternehmen, da Tanger, Arzila und Larache erst 1471 besetzt werden. Aber das Unternehmen ist ernst und glaubwürdig genug, daß Papst Calixtus III. hoffen konnte, König Alfonso V. würde an die Spitze der Expedition treten und die Christen nach Jerusalem führen. Nichts dergleichen geschah, sondern der portugiesische Herrscher, von den Kastiliern besiegt, dachte 1477 daran, sich in ein Kloster der Heiligen Stadt, anscheinend ein Franziskanerkloster, zurückzuziehen. Calixtus III. war nicht der einzige in seinen Hoffnungen enttäuschte Papst. Zwischen 1443 und 1489 wurde die Kreuzzugsbulle von den Nachfolgern des heiligen Petrus sieben Mal verkündet. Und sieben Mal blieb sie wirkungslos.[3]
Tatsächlich ist im fünfzehnten Jahrhundert die Aufgabe besonders gefährlich geworden. Im vorhergehenden Jahrhundert schon haben die Türken nach Europa vordringen können, ohne auf ernsthaften Widerstand zu stoßen. 1396 trug Sultan Bajazet in Nikopolis an der Donau einen Sieg über die Kreuzritter davon, die vom ungarischen König Sigismund angeführt wurden, unterstützt von zahlreichen Franzosen und Burgundern. Die Angelegenheit hinterließ tiefe Spuren, so daß die Ottomanen, die immerhin zu Beginn des fünfzehnten Jahrhunderts von den Mongolen Timurs, die in Anatolien eingedrungen waren, heimgesucht wurden, weiter vordringen konnten. 1453 eroberte Sultan Muhammed II. Konstantinopel. Die Weltherrschaft anstrebend, errichtete er nach und nach sein Imperium auf der ganzen Balkanhalbinsel. Bei seinem Tod 1481 war das ottomanische Reich eine bedrohliche Macht, deren Existenz die Ambitionen der Fürsten des Okzidents zügelte. Ein Brief, den Papst Pius II. 1461 an den ottomanischen Sultan gerichtet haben soll, der aber ebenso für die christlichen Monarchen des Okzidents bestimmt gewesen wäre, gehört in diesen Kontext. »Du bist ohne jeden Zweifel der größte Herrscher der Welt. Es fehlt Dir ein einziges: die Taufe. Laß ein bißchen Wasser über Dich gießen,

und Du wirst über alle Feiglinge herrschen, die heilige Krone tragen und Dich auf geheiligte Throne setzen. Sei mein neuer Konstantin, und ich werde für Dich ein neuer Sylvester sein. Bekehre Dich, und wir werden zusammen mit meinem Rom und mit Konstantinopel, das Dir gegenwärtig gehört, eine neue universale Ordnung errichten.«[4] Die Authentizität dieser Botschaft ist offensichtlich zweifelhaft, aber der illusionslose und paradoxe Wortlaut übersetzt recht angemessen die Enttäuschung des päpstlichen Herrschers.

Pius II. hatte nicht Unrecht. Die westlichen Fürsten schienen mehr mit der Konsolidierung ihrer Macht im Inneren und Äußeren ihrer Grenzen beschäftigt als mit der Erfüllung ferner Missionen. Wenn auch der hundertjährige Krieg zwischen Frankreich und England 1453 zu Ende ging, fehlte es in den letzten Jahrzehnten des fünfzehnten Jahrhunderts keineswegs an Konflikten. England blieb dreißig Jahre durch den Bürgerkrieg der Beiden Rosen, der Familien der York und der Lancaster einander gegenüberstellte, zerrissen. Erst 1485 stellte Heinrich VII. den Frieden her und konnte endlich darangehen, ein ruiniertes Königreich wiederherzustellen. In Italien war der Krieg allgegenwärtig. Von 1478 bis 1480 führte Papst Sixtus IV. nach der Verschwörung der Pazzi gegen Lorenzo de Medici *(Il Magnifico)* Krieg gegen Florenz, von 1482 bis 1484 wagen Sixtus IV. und Venedig sich an das Herzogtum Ferrara. Eine Revolte der Feudalherren im Königreich Neapel 1485–86 ruft wieder die alte Rivalität zwischen den Angevinern und den Aragonesen wach, die sich zu einer französisch-spanischen Konfrontation ausweitet, da das Haus von Anjou 1481 erloschen ist. In Nordeuropa sucht Karl der Kühne, Herr von Burgund und den Niederlanden, seine Territorien zu verknüpfen, indem er Lothringen und das Elsaß unterwirft. Die Niederlage, die 1476 den Burgundern von den Schweizern zugefügt wird, dann der Tod Karls des Kühnen vor Nancy, 1477, setzten den expansionistischen Zielen Burgunds ein Ende. Frankreich, das schon in Italien auf der Lauer lag und die Schweizer gegen Burgund finanziell unterstützte, griff in Roussillon und Cerdagne ein. 1475 wurde Perpignan besetzt.

Auf der iberischen Halbinsel hatten sich die drei wichtigsten Staaten, Portugal, Aragón und Kastilien, 1474 in einen Krieg verwickeln lassen, dessen Einsatz die Krone von Kastilien ist. Logischem Ermessen nach hätte Johanna, die Tochter des verstorbenen Königs Heinrich IV., den Thron besteigen sollen. Aber das Gerücht bezeichnete sie als illegitim

– Heinrich IV. trug den Spitznamen »der Impotente« – oder behauptete, daß die Heirat ihrer Eltern, Cousins ersten Grades, mangels des notwendigen Dispens nicht gültig gewesen sei. Isabella hatte schon 1468 die Nachfolge beansprucht. Der kastilische Adel teilte sich in Parteien, die die eine oder andere der Anwärterinnen unterstützten. Isabella konnte außerdem auf die bedingungslose Unterstützung von Aragón zählen, da sie 1469 mit achtzehn Jahren Ferdinand, unangefochtener Erbe dieser Krone, geheiratet hatte. Portugal hingegen unterstützte Johanna, deren Partei größer, mächtiger war, den Sieg davonzutragen schien.[5]
Dennoch erreichten Isabella und Ferdinand, indem sie alle Mittel der Diplomatie nutzten und schon damals ein ausgeprägtes politisches Verständnis bewiesen, die zunehmende Aussöhnung mit sehr einflußreichen Familien wie den Mendoza. Beim Tod Heinrichs IV. im Dezember 1474 ließ sich Isabella zur »Königin und Besitzerin« des Königreichs von Kastilien ausrufen. Im April 1475 wurde Johanna, die erst dreizehn Jahre alte rivalisierende Prinzessin, die Gemahlin Alphons V. von Portugal. Der Krieg begann und nahm zunächst einen günstigen Verlauf. Von 1476 an freilich kehrten die Gegner die Situation um. Sie befriedeten nacheinander Estremadura, Andalusien und Galizien. Im Februar 1479 besiegte ihre Armee die Portugiesen, und Alphons V. schlug Verhandlungen vor. Durch die Verträge von Alcaçovas am 4. September erlangte Kastilien die Garantie seiner Grenzen, womit, wie wir bereits wissen, auch die Expansionszonen eines jeden der beiden Länder umrissen wurden. Man faßte auch eheliche Verbindungen ins Auge; die kastilische Infantin Isabella wurde Johann, dem Erben des portugiesischen Thrones, versprochen. Johanna, deren Heirat mit Alphons V. nicht vollzogen worden war, hätte die Gemahlin von Juan, dem Sohn der Katholischen Könige, werden können. Aber sie ging, zur großen Befriedigung von Königin Isabella, bald in ein Kloster.
Der Frieden war zurückgekehrt. Ferdinand, König von Aragón seit Januar 1479, und Isabella hatten ihre Ziele erreicht, aber ihre Situation war alles andere als glänzend. Die Franzosen besetzten Roussillon und Cerdagne, die westlichen Länder der Krone von Kastilien waren vom Bürgerkrieg verwüstet, die aragonesischen Positionen in Italien verwundbar. Auf dem internationalen Schachbrett, in diesem immer mehr vom türkischen Vormarsch bedrohten Westen, scheinen die spanischen Länder nicht als besonders gefährliche Macht. Die Fort-

schritte Frankreichs, das Auftauchen der Habsburgischen Macht, die Expansion Portugals – das nicht unter einem Krieg auf seinem Territorium zu leiden hatte – erscheinen spektakulärer als die erst ganz kürzlich entstandene und zerbrechliche spanische Konstruktion. Und dennoch trennen nur ein Dutzend Jahre eine gefährdete Einheit von den Erfolgen und den entscheidenden Beschlüssen von 1492. Welches sind die Elemente, die diesen Übergang erlaubt haben? Welches sind die Kräfte, die den spanischen Staat unterstützen? Und woher rührt die ruhige Sicherheit des Plädoyers von Nebrija, das unter anderen Umständen als Aufschneiderei hätte gelten können?

Nichts ist instruktiver als die Titel, die Isabella und Ferdinand von 1479 an benutzen. Wir wollen an sie in ihrer ersten Version, die genau bis 1492 in Kraft bleiben wird, erinnern. »König und Königin von Kastilien, Aragón, León, Toledo, Valencia, Galizien, Mallorca, Sevilla, Sardinien, Córdoba, Korsika, Murcia, Jaén, Algarve, Algeciras, Gibraltar, Graf und Gräfin von Barcelona, Herren von Biskaya und Molina, Herzöge von Athen und Neopatria (Griechenland), Grafen von Roussillon und Cerdagne, Marquis von Orista und Gociano.«

Die nüchterne Litanei, zwischen Realität und Mythos, hält konkrete Tatsachen fest und verrät geheime Träume. Sie ist zuerst die Frucht einer gelehrten Alchimie, die die jeweils betreffenden Beiträge von Kastilien und Aragonien vermählt: Kastilien, León, Toledo, Galizien, Sevilla usf. für die eine, Aragonien, Sizilien – das seit 1403 aragonesisch ist –, Valencia, Mallorca, Sardinien – das seit 1324 dazugehört –, Barcelona usf. für die andere. Ein schönes Mosaik, dessen Existenz die Worte von Nebrija relativiert. Die Einheit naht, aber sie ist noch nicht vollendet. Der Ausdruck »Einheit« selbst ist irrtümlich, so groß ist die Autonomie von vielen der aufgezählten Territorien. Einfacher gesprochen, es gibt eine persönliche und dynastische Union.

Das Fehlen der Kanarischen Inseln erstaunt. Der Archipel ist anläßlich des Vertrages von Alcaçovas von 1479 endgültig kastilisch geworden. Dennoch wird er vor 1492 oder 1493 nicht erwähnt. Zum Beispiel werden die Inseln in den Verträgen von 1491 mit Boabdil stillschweigend übergangen. Übersetzt diese Nachlässigkeit das schwache Interesse, das die Herrscher ihrem Besitz gegenüber mitbringen, oder muß man es einer administrativen Trägheit zur Last legen? Die zweite Hypothese würde auch die durchgängige Auslassung, zumindest bis zum

Tod Isabellas (1504), der westindischen Inseln und des Festlands, das den amerikanischen Kontinent bezeichnet, erklären. Oder muß man im Falle der Kanarischen Inseln und »Indiens« diplomatische Vorsicht annehmen, Folge der rechtlichen Verschwommenheit und des ungewissen Ausgangs der Waffen (Teneriffa wurde erst 1496 »befriedet«)? Der Kontrast zum Schicksal, das dem Königreich von Granada vorbehalten war, das unmittelbar 1492 dem Kronbesitz einverleibt wurde, ist beträchtlich. Außerdem wird Granada im fünften Rang vor Toledo erscheinen, dem Residenzort des Primas von Spanien, und auch an der Spitze der Wappen figurieren.
Einige Erwähnungen sind nicht weniger überraschend, zumindest scheint es so. Nicht so sehr die von Roussillon und von Cerdagne, die die Anhänglichkeit von Ferdinand an die beiden Grafschaften verraten, die schließlich 1493 an Aragón kommen. Mehr noch die von Korsika, das seit 1347 genuesisch, aber Gegenstand aragonischer Begierden war, die sich in dem Versuch zeigten, die Zone von Bonifacio 1480 unter Kontrolle zu bekommen.[6] Andere Elemente, Algarve, Athen und Neopatria, verdanken sich einer anderen Logik. Algarve ist im strengen Sinn die südlichste Region von Portugal, und seine Zugehörigkeit zur portugiesischen Welt ist unbestritten. Im Plural spielt das Wort *Algarve* auf Länder an, die auf der einen und anderen Seite der Meerenge von Gibraltar einst unter moslemischer Herrschaft standen. Der Anachronismus erinnert an den Jahrhunderte alten Kampf der Christen gegen die Moslems und gibt den Geist der Kreuzzüge wieder. Für Athen und Neopatria gilt dasselbe. Ein altes Herrschaftsgebiet oströmischen Imperiums von Konstantinopel, war das Herzogtum von Athen bis 1388 unter katalanischer Herrschaft. Die Ottomanen waren seit 1456 seine Herren. Die Fiktion wird dennoch in der Aufzählung der Titel festgehalten, ein Beweis, daß die Aragonesen nicht auf dieses Territorium verzichtet hatten, das sich auf dem Weg nach Konstantinopel und Jerusalem befindet. Wir wollen hinzufügen, daß der Name letzterer Stadt bald in der Liste erscheinen sollte, denn der Titel, sehr symbolisch, war der Tradition nach mit dem Königreich von Neapel verbunden.
Bleibt ein letztes wesentliches Charakteristikum der Reihe königlicher Titel. Die ganze Aufzählung hindurch ist die Vorrangstellung Kastiliens offensichtlich. In allen Ausdrücken stehen die Territorien der Krone von Kastilien stets denen der Krone von Aragón voran. Wir

unterstreichen das zum zweiten Mal. Die erste Gelegenheit war linguistischer Art – die erobernde Sprache war das Kastilische. Erinnern wir uns daran, daß Nebrija in seinem berühmten Grußwort auf die Unterredung anspielt, die ihm Isabella gewährt hatte. Keine Spur von Ferdinand in Salamanca 1487 und auch nicht bei der Unterredung von 1492 in Granada oder Santa Fé. Hätten wir damit das Zeichen einer Divergenz zwischen den beiden Gatten, die Andeutung einer geteilten Politik? Es wäre voreilig, dies zu bejahen. Ferdinand ist dem Recht nach König der Territorien, auf denen das Kastilische weniger gesprochen wird als das Katalanische oder die italienischen Dialekte. Theoretisch geht ihn das Projekt von Nebrija nichts an. Aber sein Rückzug ist nur politisch. Die Katholischen Könige erbringen den Beweis, daß sie mit vollendeter Geschicklichkeit auf dem Register der Personalunion zu spielen verstehen. Bald unterzeichnen sie gemeinsam ein Dekret und manifestieren mit Glanz die Übereinstimmung ihrer Sicht, bald nimmt einer von ihnen eine Entscheidung oder eine Geste auf sich, die den anderen in Verlegenheit bringen könnte. Die Gegenüberstellung der Titel und die Widmung der kastilischen Grammatik von Nebrija enthüllen uns, wenn das nötig wäre, die Klugheit Ferdinands, der im allgemeinen wenig geneigt ist, sich in den Hintergrund schieben zu lassen. Erinnern wir uns eines der seltenen Augenblicke der Spannung zwischen den beiden Gatten, welche die Geschichte festgehalten hat. Beim Tod von Heinrich IV. hatte Isabella die Initiative ergriffen und wurde zu »Isabella, Königin von Kastilien« ausgerufen, und es wurde hinzugefügt: »Ferdinand, ihr legitimer Gatte«. Ferdinand hatte sich anläßlich der Übereinkunft von Segovia von 1475 dem erst gebeugt, nachdem er sämtliche Ausdrücke im Text abgewogen und Versicherungen erhalten hatte, die Ausübung der Macht betreffend. Seine Annahme der Titelgebung und seine scheinbare Distanz zum Projekt Nebrijas – praktisch eine stillschweigende Zustimmung – haben dieselbe Bedeutung: Als guter Politiker akzeptiert Ferdinand 1479 wie 1492 die unbestreitbare Realität, d. h. die überlegene Dynamik Kastiliens.

Die iberische Demographie am Ende des fünfzehnten Jahrhunderts ist in dieser Hinsicht vielsagend. Obwohl wir nicht über homogene und qualifizierte Aufzählungen verfügen, lassen Schätzungen keinerlei Zweifel hinsichtlich der spürbaren Unterschiede zwischen dem kastilischen Zentrum und allen iberischen Peripherien. Portugal zählt zu der Zeit ungefähr 1,2 Millionen Einwohner (1527 1,4 Millionen). Die Länder der Krone von Aragón erreichen ihrerseits zusammen nicht einmal eine Million: 250 000 Einwohner für das Fürstentum Katalonien, 230 000 für Aragón, 230 000 für das Königreich von Valencia, 100 000 für die Balearen, insgesamt etwa 800 000 bis 850 000 Einwohner. Das Königreich von Navarra, das stets unabhängig war, hat eine Bevölkerung von etwas mehr als 100 000 Einwohnern, das moslemische Königreich von Granada zählt 300 000 bis 400 000 vor Beginn der Feindseligkeiten mit den Christen. Wenn man alle diese Länder zusammenzählt, gelangt man zu einer Bevölkerung von annähernd 2,5 Millionen Einwohnern. Angesichts dieser zersplitterten und disparaten, wenig dichten Gesamtheit (im Durchschnitt wohnen zehn Einwohner auf einem Quadratkilometer) stellen die kastilischen Gebiete einen Block von ungefähr 5 Millionen Einwohnern dar. Die größere Zahl, die größere Bevölkerungsdichte (um die zwanzig Einwohner pro Quadratkilometer), die größere Homogenität verschaffen der Krone von Kastilien einen Vorteil.

Für sich genommen ist übrigens die spanische Bevölkerung (Kastilien plus Aragonien) größer als die von Großbritannien, sie ist halb so groß wie die Italiens, das seinerseits in unzählige Territorien zerstückelt ist, von denen einige unter aragonesischer Kontrolle sind. Nur Frankreich mit seinen 15 Millionen Einwohnern ist von diesem Standpunkt aus ein unvergleichliches Monstrum. Demographisch ausgedrückt, der Platz Spaniens in der westlichen Welt vom Ende des fünfzehnten Jahrhunderts ist beneidenswert. Und es verdankt ihn zum wesentlichen Kastilien.

Zahlreiche interne Konflikte haben Westeuropa nicht daran gehindert, schon in den Jahren 1450–1460 eine Periode allgemeinen Wachstums zu erleben. Spanien hat seinen Teil daran gehabt, und speziell Kastilien. Die dynamischsten Regionen sind zweifellos kastilisch. Besonders hervorzuheben ist die Zone, die ungefähr ganz Altkastilien und den Norden Neukastiliens umfaßt: von León und Burgos bis nach Toledo und Cuenca. Es ist eines der am dichtesten bevölkerten Gebiete, das in seinem Herzen Durchschnittswerte von vierzig Personen pro Quadratkilometer erreicht. Ausgezeichnete Verkehrsadern durchziehen das Gebiet: eine ost-westliche Achse von Logroño nach León, andere bedeutendere, ungefähr nord-südlich von Burgos nach Salamanca und Plasencia, von Burgos nach Avila und Toledo, von Burgos nach Cuenca. Diese letzteren verlaufen in derselben Richtung wie die *cañadas*, jene Überlandstraßen, über die zwei Mal im Jahr die Schafherden der Mesta ziehen, die auf die Sommerweiden getrieben werden. Die eine geht von León in den Süden von Estremadura, wobei sie über Salamanca und Plasencia kommt. Eine zweite, von Logroño kommend, mündet in sie in der Gegend von Plasencia, nachdem sie Burgos und Segovia durchquert hat. Die dritte verbindet Soria im Süden der Mancha über Escorial, die letzte, östlicher, mehr am Rand gelegene, nicht ganz so lang, zieht sich um Cuenca. Im dreizehnten Jahrhundert entstanden, ist die Mesta die mächtige Genossenschaft der Züchter der Herden, die auf die Sommerweide getrieben werden; sie garantiert den Auftrieb von zweieinhalb bis drei Millionen Schafen pro Jahr unter guten Bedingungen. Sie ist einer der wichtigsten Faktoren zur Beherrschung Altkastiliens in den Gebieten im Süden der Halbinsel, wo die Herden den Winter verbringen. Die im Frühjahr auf dem Rückweg geschorene Wolle versorgt Industrie und Handel.[7] Aber die Schafzucht ist natürlich nicht die einzige Tätigkeit, und der Wohlstand der Epoche ist zugleich Ursache und Folge der Gewinnung neuer, fruchtbarer Böden und der Fortschritte in der Getreideproduktion, wie es Hilario Casado für die Gebiete um Burgos deutlich gezeigt hat.

Die Entwicklung kommt den zahlreichen im Viereck León-Burgos-Toledo-Cuenca gelegenen Städten zugute. Man kann nicht behaupten, daß eine die andere verdrängt, so sehr vermitteln sie im Gegenteil den Eindruck, daß sie einander ergänzen. Die meisten Einwohner zählt Toledo, sicher über 30 000. Es ist Sitz einer bedeutenden Textilindustrie, vor allem Seide. Segovia und Cuenca sind, in kleineren Dimensionen, mit Werkstätten und Lagerräumen die Städte der Wollproduktion. Ocaña ist für seine Handschuhe berühmt. Burgos, höchstens 10 000 Einwohner, *caput castellae*, ist die Stadt des Handels. Große Familien, spanische oder fremde Händler, die Prestines, die Camargos, die Maluendas, organisieren dort Kolonnen von Maultieren, die Wolle nach Laredo, Castro Urdiales und vor allem Bilbao transportieren, wo das Produkt Richtung Flandern, England oder Frankreich eingeschifft wird.[8] Die Einwohner von Burgos verkaufen auch das Eisen der Biscaya. Salamanca lebt um seine Universität. Der tschechische Baron Leon Rosmithal, der sich 1466 dort aufhält, versichert: »Vielleicht blühen die gelehrten Studien nirgends woanders in der Christenheit so wie in dieser Stadt.«[9] Am Ende des fünfzehnten Jahr-

hunderts besuchten sie, wenn man den Zeugnissen anderer Reisender aus dem Ausland Glauben schenkt, jedes Jahr 5000 Studenten. Medina del Campo ist Sitz der wichtigsten Märkte, andere sind die von Medina de Rio Seco und Villalon. Alle verdanken ihren Reichtum den Initiativen der Mitglieder des hohen Adels im Verlauf der ersten Hälfte des fünfzehnten Jahrhunderts. Valladolid schließlich, sicherlich die ehrgeizigste von allen, mit ungefähr 25 000 Einwohnern wird in seinen Bestrebungen durch die Katholischen Könige beschränkt. Sicherlich, sie unterhalten dort 1489 ihre Kanzlei sowie ein ziviles und strafrechtliches Appellationsgericht, das 1452 durch Johann II. geschaffen worden ist, aber sie weigern sich 1491, die Messe zu Lasten der von Medina del Campo zu begünstigen. Alles spielt sich so ab, als ob die Herrscher darüber wachten, daß die Aufgaben unter ihren Städten harmonisch aufgeteilt sind, als ob sie dem möglicherweise exzessiven Machtzuwachs einer unter ihnen mißtrauten und eine ausgeglichene allgemeine Entwicklung einer Region wünschten, die ihnen mehr als jede andere durch ihre Reichtümer wertvoll war.
Der andere Pol der Entwicklung, bescheidener, aber mit großer Zukunft, liegt in Andalusien mit seinem Zentrum Sevilla. Das Wachstum der Stadt im fünfzehnten Jahrhundert war spektakulär. Sevilla hatte gegen 1380 weniger als 15 000 Einwohner, 20 000 bis 25 000 um 1450, 35 000 bis 40 000 um 1490. Es liegt inmitten einer reichen Ackerbauregion, die vom Guadalquivir versorgt wird, Getreide, Öl und Wein im Überfluß liefert und so dem Hafen ständige und regelmäßige Aktivität sichert. Außerdem steht Sevilla an der Spitze eines Komplexes, der eine ganze Reihe von Städten des andalusischen Ufers umfaßt, die trotz ihrer geringen Größe – keine zählt mehr als 3000 Einwohner – äußerst dynamisch wirken. Sanlúcar de Barrameda, Cadiz, Huelva, Palos, Moguer. Hier finden sich sämtliche Aktivitäten, die mit dem Meer zusammenhängen – Fischerei, Schiffbau, Handel. Und sie verfügen über enge Beziehungen mit der Nordküste von Afrika, mit Portugal, mit den Inseln des Atlantik, mit Nordwesteuropa. Hier liegt auch die berühmte Region von Niebla, einer der unternehmungslustigsten, die sich beizeiten den bezeichnenden Beinamen der andalusischen Algarve verdient hat.
Die Länder der Krone von Aragonien kommen bei einem Vergleich schlecht weg. Katalonien befindet sich in einer schweren Krise. Ein wahrhafter Bürgerkrieg hat dazu geführt, daß sich ein großer Teil der

Bauern erhoben hat – die *remensas* –, die an ihr Land gebunden waren, weil sie es nicht verlassen konnten, ohne dem Lehnsherrn eine beträchtliche Geldsumme zu bezahlen. Die Unruhen, die zwischen 1462 und 1472 lebhaft und ununterbrochen toben, sind 1483 wieder aufgelebt, aber Ferdinand gelingt 1486 in Guadelupe ein Schiedsspruch. Die Bauern können sich mit Hilfe einer bescheidenen Summe freikaufen und kommen in den Genuß langfristiger Pachtverträge, Synonyme für Stabilität. Aber das ist eine Entscheidung, deren Folgen sich erst langfristig bemerkbar machen. Für den Moment liegt Barcelona darnieder, das nicht von internen Rivalitäten verschont geblieben ist. Allein Valencia ist im Schoß der aragonesischen Gesamtheit dem Niedergang entgangen. Mit 60 000 Einwohnern ist es die größte Stadt des christlichen Spanien, die dritte der liberischen Halbinsel nach Lissabon und vielleicht Granada. Es verfügt wie Sevilla über eine fruchtbare Ackerbauregion, in der Spekulationskulturen vorherrschen: Maulbeerbaum, der einer blühenden Seidenindustrie zur Entstehung verholfen hat, trockene Früchte (Rosinen und Mandeln), Zucker, da sich die Zone der Zuckerrohrfelder von Gandia im Süden Valencias befindet. Diese Produkte, zu denen noch Gemüse hinzukommen (Kichererbsen und Saubohnen), frische Früchte, Safran, Anis, stellen die wesentlichen Ausfuhrgüter des Hafens dar. Unter den Importgütern sind Getreide, an denen, mit Ausnahme von Reis, chronischer Mangel herrscht. Aber im Unterschied zu den kastilischen – »den neuen« – Regionen, die sich in vollem Aufschwung befinden, gibt es im Gebiet von Valencia Anzeichen von Erschöpfung. Verfolgungen durch die Inquisition gegen die bekehrten jüdischen Kaufleute berauben die Stadt ihrer Händler, und zwar solcher, die zu den aktivsten gehören, und andere Kaufmannsfamilien geben den Handel auf, um mit geringerem Risiko zu investieren.

Wir wollen schließlich die Kanarischen Inseln nicht vergessen. Sie sind ein bißchen durch Zufall in den kastilischen Beutel gefallen. Bekanntlich 1312 von den Genuesern entdeckt, waren sie das ganze vierzehnte Jahrhundert hindurch der Gegenstand spanischer, portugiesischer, französischer Neugier. Luis de la Cerda, Infant von Kastilien, erhielt die Inseln 1344 von Papst Clemens VI. als Lehen, begab sich aber niemals dorthin. Der erste Versuch einer Kolonisation ist zwei französischen Adligen zuzuschreiben, dem Normannen Jean de Béthencourt und dem Poiteviner Godifer de la Salle. Sie verkaufen ihre Güter und erreichen von La Rochelle aus 1402 die Kanarischen Inseln. Wir kennen die Heldentaten dieser Abenteurer durch den *Kanarier, Buch der Eroberung und Bekehrung der Kanarischen Inseln,* dessen Autoren zwei Geistliche sind, Pierre Boutier und Jean le Verrin. Godifer und fünfzig Männer ließen sich auf Lanzarote und Fuerteventura nieder, während Béthencourt in die Normandie zurückkehrte, um weitere Siedler zu rekrutieren. Verlorene Mühe; er war gezwungen, König Heinrich III. von Kastilien zu huldigen, der ihn zum »König der Kanarischen Inseln« machte. 1405 sah er die Inseln ein letzte Mal. Er sollte 1422 im Ruin enden, nachdem er seinen Titel dem König von Kastilien verkauft hatte. Von da an übertrugen die andalusischen Adligen sich die Rechte über die Inseln, nicht ohne sich an den Begierden der Portugiesen zu stoßen.[11]

Zwischen 1477 und 1479 war das bis dahin ungewisse Schicksal der Inseln besiegelt. Die Katholischen Könige verhandelten mit Diego Garcia de Herrera, dem letzten, der den Titel eines Herrschers über die Inseln trägt. Dieser verzichtete auf seine Rechte gegen eine Abfindung und die Herrschaft über die kleine Insel von Gomera. Seine Witwe, Inez Pereza, sollte 1492 Kolumbus empfangen. Die Krone hatte ein unmittelbares Interesse an der Ausbeutung der Inseln. Im Schutz des Vertrags von Alcaçovas von 1479 folgte die systematische Kolonisierung auf der Grundlage der Zuteilung von Landparzellen. Zum Schaden der Eingeborenen, den Guanchen, die von Epidemien dezimiert oder in die Sklaverei geschickt werden, an Ort und Stelle oder auf der iberischen Halbinsel.

Wir werden nie zur Genüge die strategische Rolle der Kanarischen Inseln in der Genese von 1492 betonen können. Bevor sie zur lebenswichtigen Station auf dem Weg nach Amerika und zum Laboratorium der Kolonisation wurden, waren sie der Punkt, an dem sich die spanischen Hochseeerfahrungen kreuzten. Sie stehen für den stimulierenden Wettkampf mit den Portugiesen, den Kontakt mit dem Afrika des Golfs von Guinea, das zunehmende Vertrautwerden mit dem Atlantik.

DER BEUTEL DER KATHOLISCHEN KÖNIGE war 1474 also nicht so leer, wie es den Anschein hatte. Die Herrscher waren keineswegs Zauberkünstler, die alles aus ihrem Hut geholt haben. Aber sie haben es auf wunderbare Weise verstanden, ihre Trümpfe wie ihre Schwächen richtig einzuschätzen. Von einer günstigen wirtschaftlichen Konjunktur getragen, eine Menge von Projekten wiederaufnehmend, die von ihren Vorgängern ersonnen, aber toter Buchstabe geblieben waren, haben sie mit Hartnäckigkeit versucht, ihre Macht zu festigen und einen richtigen Staat zu konstruieren. Drei Aspekte, der finanzielle, der politisch-administrative und der militärische, verdienen es, näher betrachtet zu werden.

Isabella und Ferdinand brauchten viel Geld für ihre ehrgeizigen Projekte. Sie hatten allerdings wenig zu erwarten von den Territorien der Krone von Aragón, und die Einnahmen, die aus Kastilien kamen, waren begrenzt; 1477 waren nur siebenundzwanzig Millionen Maravedis in die Kassen geflossen. Die Herrscher bemühten sich, die Einkünfte durch eine effektive Verwaltung der ständigen Steuern, durch die Wiedergenehmigung von widerrechtlich angeeigneten Renten und durch den Rückgriff auf außergewöhnliche Finanzierungsquellen zu vermehren. Gleichzeitig waren sie bemüht, das von den vorhergehenden Herrschern konstruierte Räderwerk funktionieren zu lassen, ohne Neuheiten einzuführen, die womöglich den Unmut ihrer Untertanen weckten.

Zählen wir zunächst die gewöhnlichen Steuern auf: Die bedeutendste ist die *alcabala* (indirekte Steuer, die für alle, auch den Adel gilt), die, für sich allein genommen, 70% bis 80% der Einnahmen dieses ersten Steuerkomplexes ausmacht. Sie erstreckt sich auf alle Transaktionen im Inneren des Königreiches, und es gibt nur wenige Produkte, die von ihr nicht betroffen sind: Brot, Pferde, Maultiere, Gold und Silber. Nur wenige Personen sind von ihr ausgenommen. An zweiter Stelle kommen verschiedene Zölle, die man, je nach den betroffenen Zonen, *diezmos* (Zehnt; Grenze von Aragón, Navarra, Granada, Portugal, der Nordküste) oder *almojarifazgos* (Warenzoll; Südküste) nennt. Sie machen 10% bis 12% der gesamten Steuern aus. Die Sammlung wird vervollständigt durch die *tercias reales* (Kirchenzehnt), die zwei Neuntel des Kirchenzehnten, d. h. ungefähr 2,5% der Produktion entsprechen, sowie durch den *servicio y montazgo* (Steuer und Viehzoll), der auf dem auf die Sommerweide ziehenden Vieh und dem Gebrauch der Weiden und der Salinen lastet.[12]

Die Katholischen Könige greifen geschickt auch auf das System der außerordentlichen Steuern zurück. Die von ihren Vorgängern befolgte Prozedur bestand darin, die Zustimmung der Cortes zur Erhebung des *servicio* (Direktsteuer) zu erbitten, einer direkten Abgabe, die nur von den Nicht-Adligen bezahlt wurde. Die Cortes, deren andere wesentliche Funktion darin bestand, den neuen Herrschern und Thronerben den Eid zu leisten, vereinigten die Repräsentanten der siebzehn Städte des Königreichs; dreizehn von ihnen gehörten zu dem berühmten kastilischen Quadrat, von dem bereits die Rede war. Aber Isabella und Ferdinand wünschten sich vollständigen Manövrierspielraum. Sie beriefen die Cortes nur zwei Mal ein, 1476 in Madrigal de las Torres, der kleinen Geburtsstadt der Königin, 1480 in Toledo. In Madrigal verlangten die Monarchen, einen *servicio* (Direktsteuer) zu erheben – es sollte der einzige bleiben – und vor allem schlagen sie vor, die *Santa hermandad* zu schaffen. Es gab mehrere *hermandades*, die von den Gemeinden finanziert wurden und die Sicherheit des offenen Landes gewährleisteten. Isabella und Ferdinand nahmen den Gedanken auf ihre Weise wieder auf, indem sie ihn verallgemeinerten. Die *hermandad* wurde zu einer ständigen Einrichtung. Alle drei Jahre faßte der leitende Rat Beschlüsse über die Bezahlung bedeutender Summen an die königlichen Kassen. Die Herrscher konnten von nun an ohne die Cortes auskommen.

Die Kirche hat die königlichen Finanzen großzügig ausgestattet: 17,8 Millionen Maravedis pro Jahr zwischen 1478 und 1485, 32 Millionen bis 34,5 Millionen pro Jahr anschließend. Das allein ist mehr als die Gesamtheit der Erträge von 1477. Abgesehen von den *tercias* (tercias reales = Kirchenzehnte) hat die Kirche einen beträchtlichen Beitrag in Form des *subsidio* (Zuschüssen) und der Kreuzzugsbulle geleistet. Der erste war eine Abgabe an den Klerus von Kastilien und Aragón in sechs Schüben zwischen 1482 und 1492. Die zweite war an den Krieg von Granada geknüpft, der als Kreuzzug angesehen wurde. Der Papst erlaubte den Katholischen Königen, über Summen zu verfügen, die bei den Gläubigen eingesammelt wurden. Tatsächlich erhielten sie Ablässe, wenn sie finanziell (indem sie eine Bulle kauften) zur Anstrengung des Kreuzzugs beitrugen. Zuerst freiwillig, wurde der Kauf in

Aragón, Kastilien und Navarra obligatorisch. Die Summe dieser beiden Beiträge soll sich nach Aussage von Miguel Angel Ladero Quesada auf 800 Millionen Maravedis belaufen haben.[13] Das war bei weitem die wichtigste Finanzierungsquelle für den Krieg gegen das Emirat von Granada.

Die Folgen einer derartigen Politik sind klar. Während die außerordentlichen Steuern während der drei ersten Viertel des fünfzehnten Jahrhunderts nur ungefähr 30% der Einkünfte betrugen, stieg ihr Anteil während der Regierung der Katholischen Könige unaufhörlich, um schließlich 1482 bei 70% anzugelangen. Der Haushaltsplan nahm nie dagewesene Ausmaße an, und damit festigte sich die Unabhängigkeit der Krone. Dennoch mußten die Einnahmen aus den Steuern auch die königlichen Kassen füllen. Ein bedeutender Teil der Einkünfte aus den *alcabalas* (indirekte Steuern) und *tercias* (Kirchenzehnt), und in einem geringeren Maß von anderen Beiträgen, wurde jedoch zweckentfremdet. Laizistische und kirchliche Herren zogen sie vor allem zu ihrem Gewinn in Herrschaftsbereichen ein. Andernorts diente ein Teil der Einnahmen zu Pensionen, die von den Vorgängern der Katholischen Könige an prominente Mitglieder des Adels und der Geistlichkeit bezahlt wurden. Die Gesamtheit dieser Forderungen bezeichnete man als *situado* (Abzweigung eines Teils der Einkünfte aus den indirekten Steuern zur Sicherstellung der Pensionen). Die hauptsächliche Aufgabe der Cortes von Toledo 1480 hat genau darin bestanden, sie zu begrenzen: Manche Pensionen wurden abgeschafft, andere vermindert im Gefolge einer heiklen Verhandlung, die von Bischof Hernando de Talavera geführt wird. Man gelangt zu einen Kompromiß zwischen Macht und Adel. Ein für beide Teile befriedigender Kompromiß: die Krone kann dreißig Millionen Maravedis pro Jahr einziehen; Privilegien, Vermögen und Rolle des Adels sind nicht grundsätzlich in Frage gestellt worden. Die ganze Regierungskunst der Herrscher ist in dieser Übereinkunft zusammengefaßt.

Bei denselben Cortes von Toledo wird der Kronrat neu organisiert. Er hat traditionell zwei Funktionen, eine gerichtliche und eine politische, und der Adel hatte dabei stets eine eminente Rolle gespielt. Alle Reformversuche der vorhergehenden Monarchen (Heinrich II. 1406, Heinrich IV. 1465 zum Beispiel) fielen ins Wasser. Isabella und Ferdinand hatten den Willen und die Mittel, ihr Ziel zu erreichen. Sie bestätigten die Funktionen des Kronrats, machten aber ein wesentliches

Räderwerk der königlichen Macht daraus. Die ständigen Mitglieder zählten von nun an ein Dutzend: ein vorsitzender Prälat, drei Ritter und acht oder neun *letrados*, Juristen, die sich oft dem Adel entgegenstellen. Dieser wird nicht ausgeschaltet, da seine Mitglieder zum Rat kommen können, wenn es ihnen geboten erscheint, aber seine Rolle wird eingeschränkt. Dieses Organ wird »die Säule der Königreiche«, so die Bezeichnung von Miguel Angel Ladero Quesada, denn auf königliche Weisung übernimmt er zahlreiche Aufgaben in Politik, Verwaltung, Finanzen[14]; außerdem sind alle Agenten der Macht, *pesquisidores* (Nachforscher), die unter anderem in den Fragen der Grenzen der Rechtsprechung zwischen den Gemeinden eingreifen, und *corregidores* (königliche Beamte), die im Namen des Herrschers die Debatten in den Stadträten leiten, dem Rat verantwortlich. Bald erscheinen die Sektionen Gerichtsbarkeit, *hermandad* (Bürgerwehr) internationale Geschäfte, Finanzen, Krone von Aragón und darüber hinaus, eingerichtet zur Zeit des Krieges von Granada, eine Sektion für die Häfen im Norden Kastiliens, die von den häufigsten Aufenthaltsorten der Herrscher weit entfernt sind. Wir erkennen also das außerordentliche Bemühen, nichts dem Zufall zu überlassen und ein System strenger Kontrolle zu errichten.

Aus demselben Geist heraus sehen die königlichen Sekretäre, wie sich ihr Einfluß vergrößert. Sie arbeiten eng zusammen mit dem Kronrat, dessen Sitzungen sie vorbereiten. Sie vor allem sind die Vertrauensleute der Herrscher. Von zwei von ihnen war bereits die Rede, Juan de Coloma, treibende Kraft der Verträge mit Kolumbus, verbunden mit der Krone von Aragón, und Hernando de Zafra, dem die Organisation des Königreichs von Granada in Zusammenarbeit mit dem Generalkapitän Iñigo Lopez de Mendoza und Hernando de Talavera anvertraut wurde. Nennen wir noch Beatrix Galindo, die einzige Frau dieser Gruppe, Große Kammerfrau von Isabella, Verfasserin von Dichtungen und Kommentaren zu Aristoteles, der man den Beinamen »la Latina« gab, so perfekt beherrschte sie diese Sprache. Eine ebenso ergebene wir kompetente Umgebung also.

Nach und nach haben die Herrscher andere Beratungsgremien geschaffen, die in der Hierarchie weniger bedeutend waren, aber ebenso unentbehrlich wie der Kronrat. Die Verwaltungsmaschine durfte nicht verstopft werden, indem man alles diesem letzteren anvertraute. Ein ebenso geschickter wie logischer Schachzug war 1494 die Einrichtung eines speziellen Rats für Aragón. Ein Jahr darauf folgte der Rat der Ritterorden, Schlußpunkt eines langen und geduldigen Vorgangs. Die Ritterorden, Sankt Jakob, Alcantara, Calatrava im Herrschaftsbereich von Kastilien, Montesa in dem von Aragón, hatten in aktiver Weise an verschiedenen Phasen der Reconquista teilgenommen. Für ihren wertvollen Beistand mit Rechtsprechungsbefugnis und Ländereien belohnt, hatten sie sich zu wirklichen Mächten entwickelt, die es zu schonen galt. Ferdinand und Isabella versuchten, ihre Macht zu beschneiden. 1485 beim Tod des Großmeisters des Ordens von Calatrava wurde dessen Verwaltung direkt der Krone anvertraut. 1492 verstarb Alonso de Cardenas, Großmeister des Ordens von Sankt Jakob, Ferdinand folgte ihm im Amt. 1494 verzichtete Juan de Zuñiga auf die Herrschaft des Ordens von Alcantara zugunsten der Krone. Er empfing eine schöne Entschädigung in der Form des Erzbistums von Sevilla.

Wir dürfen nicht vergessen, daß vor 1492 ein zweiter Rat eingesetzt worden war, der der Inquisition. Er ist übrigens der zweite in der Rangordnung aller Räte des Ancien Regime geblieben. Er erblickte 1483 das Licht der Welt, einige Jahre nach Errichtung des schrecklichen Apparats. Sein vollständiger Titel ist Rat der Allerhöchsten Inquisition, den man oft mit der Abkürzung *suprema* (Allerhöchster) bezeichnet. Nichts ist aufschlußreicher bezüglich der Absichten und des Vorgehens der Katholischen Könige als Entstehung, Aufgaben und Funktionweise dieses Rates. Die Inquisition war zuallererst ein Kirchengericht, das der Autorität des Papstes unterstand. Aber der Großinquisitor, der an der Spitze der Institution stand, wurde durch den König ernannt, und Rom bestätigte das gerichtlich. Der Rat sekundierte dem Großinquisitor. Er folgte den Ortswechseln des Hofes, und seine Mitglieder wurden ebenfalls durch den Herrscher ernannt. Im Gefüge der Inquisition stellt er einen wesentlichen Bestandteil dar, denn alle regionalen Gerichte müssen ihm Bericht erstatten und ihm die zur Entscheidung ausstehenden Rechtsangelegenheiten unterbreiten. Unter diesen Bedingungen ist die Inquisition, die furchtbare Zermalmerin aller »Häretiker«, auch eine Waffe im Dienst des Staates. Die Katholischen Könige haben alle Besonderheiten der Krone von Aragón respektiert, besonders die *fueros*, die autonome Gemeindegerichtsbarkeit; aber sie haben auch einen neuen Gerichtshof eingeführt, für den die zivilen Gesetze nicht existieren. Und auf dem Umweg über die *suprema* gelangen alle Informationen über die Aktivitäten der Distrikttribunale, ob sie aus Valladolid, Toledo, Barcelona oder Valencia stammen, bis zu ihnen.[15]

Im politisch-administrativen Bereich wie im Finanzbereich haben Isabella und Ferdinand vollendete Geschicklichkeit bewiesen. Sie haben nicht versucht, neue Lösungen aufzuerlegen, die manche ihrer zahlreichen Königreiche oder einen Teil ihrer Untertanen irritiert hätten. Sie haben sich oft damit begnügt, ältere Projekte wieder aufzunehmen, die zu nichts geführt hatten. Sie haben systematisch Hindernisse aufgerichtet oder umgangen und haben nach und nach ihr Netz gewebt. »Nach und nach«, der Ausdruck ist nicht ganz angemessen, denn im großen und ganzen ist die Mechanik zwischen dem Ende des Bürgerkrieges, als sein Ausgang schon entschieden war, und dem massiven Engagement gegen das Emirat von Granada in Gang gesetzt worden, also zwischen 1476 und 1484.

Über die notwenigen Finanzierungen und ein angemessenes Räderwerk verfügend, konnten die Katholischen Könige daran denken, die Auseinandersetzung mit ihrem moslemischen Rivalen Granada zu wagen. Unter der Bedingung, daß es ihnen gelänge, eine schlagkräftige Armee zusammenzubringen. Sie handelten auf diesem Gebiet wie auf so vielen anderen, indem sie die Kräfte abmaßen – so wurde nichts von den Ländern der Krone von Aragón verlangt –, indem sie die üblichen Mobilisierungswege benutzten und die gewohnte militärische Organisation aufrecht erhielten. Mit einem Wort, ihr Heer entspricht ganz dem mittelalterlichen Modell. Die zwischen 1482 und 1492 zusammengestellte Armee ist die Summe von vier Kontingenten. Zuerst die königlichen Truppen im engeren Sinn, die sich aus den königlichen Garden und den Vasallen des Königs zusammensetzen. Alle wurden durch den König einberufen und aus dem königlichen Schatz bezahlt. Dagegen stellten nur die ersten einen ständigen und professionellen Kern dar, während die letzteren bei Gelegenheit einberufen werden konnten. René Quatrefages hat für sie den Ausdruck »Passive Bereitschaftstruppen«.[16] Dann konnten die Herrscher auf die lehensherrlichen Truppen zählen, die von den Mitgliedern des hohen Adels und ihren Leutnants organisiert und befehligt wurden. Es handelte sich um Einheiten, deren Zusammenhalt auf Loyalitäts- und Klientelbindungen beruhte. Dennoch übernahm, Indiz für eine Neuerung, der königliche Schatz den Sold dieser Männer während ihrer Dienstzeit in der königlichen Armee. Drittes Element, und ebenso gewöhnlich, waren die Gemeindekontingente. Alle Untertanen waren zum Dienst verpflichtet außer den Mitgliedern des Klerus; sie legten dem König ihren Eid ab, aber durch Vermittlung ihrer Gemeinde. Das Kontingent der *hermandad* schließlich ist neu. Er beruhte auf einem Beitrag der Städte, der auf der Basis des Unterhalts eines Ritters für hundert Familien kalkuliert war.

Die Reiterei umfaßte in den Jahren 1490–92 die bedeutende Zahl von 4500 bis 5000 Lanzen. Die Hälfte wurde von den königlichen Truppen geliefert, der Rest war geteilt zwischen Lehnstruppen und *hermandad*. Auch die Gemeindetruppen stellten einige Reiter, denn es hatte sich die Tradition einer volkstümlichen Reiterei erhalten, die auf dem Vermögen und der Lebensweise und nicht auf Abstammung beruhte. Technisch gesehen teilte sich die Reiterei in auf klassische Weise bewaffnete Männer, die schwere Rüstung trugen und mit einem Morgenstern, einem Stoßdegen, einer Lanze und einem Schild bewaffnet waren, und leicht bewaffnete Ritter, die auf kurze Steigbügel stiegen und nach moslemischem Vorbild leicht bewaffnet waren: Helm, Brustpanzer, Oberschenkelschutz, Beinschienen, mit Schwert, Dolch, Armbrust und einem ovalen Schild oder *adarga*.

Der Bestand der Infanterie schwankte meist zwischen zwanzig- und dreißigtausend Mann, die sich im wesentlichen in Lanzenwerfer und Armbrustschützen aufteilten, da die Armbrust bei Belagerungen eine besonders gefürchtete Waffe war. Die *hermandad* liefert die größten Kontingente, aber der Beitrag der Adels- und Gemeindetruppen war nicht zu verachten. Auch unter den königlichen Truppen war Infanterie. Ein kleiner Kern von ein paar Dutzend Arkebusieren gehören dazu. Die Einführung dieser Spezialität ist bedeutsam. Sie zeigt das Interesse an der tragbaren Feuerwaffe, im vorliegenden Fall der Arkebuse (oder der Muskete), und kündigt die vorherrschende Rolle an, die bald die Infanterie zum Nachteil der Kavallerie spielen wird. Die Bedienungsmannschaften kleiner Kanonen zählten um 1490 fast 2000, darunter ein Tausend ungefähr, das zur *hermandad* gehörte – als ob die Erneuerung der Verwaltung sich Hand in Hand mit der technischen Erneuerung vollzog.

Die Artillerie hatte scheinbar den dürftigsten Anteil. Aber ihre Existenz an sich ist bemerkenswert. Außerdem vermehrte sich in dem Maß, wie der Krieg abrollte, ihr Bestand. Von 1487 an waren mehr als

1000 Personen um sie herum beschäftigt, Fußsoldaten, die das Pulver bedienten, Hersteller von Kanonenkugeln, Feuerwehrleute, Zimmerleute, die die Kanonen zusammensetzen mußten. Die benützten Kanonen waren verschiedenartigen Kalibers; leichte Stücke wie die Wurfspeere schleudernden Kanonen, mit einem Durchmesser von zwei Zoll bis hin zu den schweren Feldschlangen. Auf diesem Gebiet war die Überlegenheit der Christen erdrückend. 1489 genügte es, die Bombarden vor Baza aufzufahren, damit die Verteidiger der Stadt kapitulierten.
Die große spanische Militärreform findet erst nach 1492 statt. Auch hier haben die Katholischen Könige nichts erzwingen wollen. Aber im Schoß einer ganz traditionellen Organisation tauchen die Keime der Armee auf, die ganz Europa für die nächsten anderthalb Jahrhunderte bis zur Schlacht von Rocroi (1643) ihr Gesetz auferlegen wird. Verstärkte Kontrolle durch die Krone, Einführung der Artillerie, die bedeutsamere Mission der Infanterie, das alles sind Zeichen einer sich vollziehenden Wandlung. Auf theoretischer Ebene ist der entscheidende Schritt schon 1459 von Alonso de Palencia unternommen worden, einer Persönlichkeit, die in der Umgebung des bekehrten jüdischen Bischofs von Burgos, Pablo de Santa Maria, geformt wurde und der Autor eines *Tratado de la perfección del triunfo militar* ist. Dieses Buch ist sicherlich von Ferdinand von Aragonien aufmerksam studiert worden. Eine der stärksten Ideen von Palencia ist gerade der privilegierte Platz, der der Infanterie zugestanden werden soll. In ihr sieht er die Waffe, die den Sieg davontragen wird – ein revolutionärer Vorschlag. Palencia bedeutet für die Kriegskunst, was Nebrija für die Linguistik bedeutet hat. Aber er erlebte nicht die Realisierung seiner Ideen, denn wie so viele andere starb er 1492.[17]

Isabella, Ferdinand und ihre Umgebung

IN DEN SIEBZIGER JAHREN des fünfzehnten Jahrhunderts gab es, besonders in Kastilien, einen Kreis von Humanisten, die der Wirren und der Unordnung, die ihr Land seit Jahrzehnten aufrührten, müde waren. In ihren Gebeten riefen sie nach dem Fürsten, der es verstünde, der Anarchie ein Ende zu setzen, die Gerechtigkeit wieder herzustellen, seine Herrschaft aufzurichten. Diese Männer hatten häufig Ämter bei den vorhergehenden Herrschern ausgeübt, vor allem bei Heinrich IV., dem sie, so gut wie sie konnten, gefolgt waren. Enttäuscht übertrugen sie alle ihre Hoffnungen auf die, die es verstanden hatten, den Teilungen ein Ende zu setzen. Der bekehrte Jude Alonso de Palencia gehörte zu dieser Gruppe. Bevor er sein Traktat über Kriegskunst niederschrieb, hatte er 1440 mit siebzehn Jahren einer Delegation beim Konnetabel Alvara de Lima angehört, einem Favoriten von König Johann II., der sich im Krieg mit einem Teil des kastilischen Adels befand. Er hielt sich in Italien auf, besuchte regelmäßig den Kreis des griechischen Kardinals Besarion und wurde 1456, nach Kastilien zurückgekehrt, Sekretär von König Heinrich IV.

Alonso de Palencias Werk erschöpft sich nicht mit einer Analyse der Kriegstechnik. Sein Ziel ist politischer Natur. Der Kriegstheoretiker benutzt eine allegorische Figur, wenn er sich fragt, warum der Triumph seit Jahrhunderten Spanien verschmäht hat. Nach langen Peripetien, die ihn nach Frankreich, dann nach Italien geführt haben, kommt der Held der Fabel, Exerzizium genannt, in den Genuß der Offenbarung dessen, was ihm fehlt: Gehorsam und Ordnung. »Es gibt keine Armee ohne Oberhaupt, und die Armee würde vergebens den Ruhm ohne Feldherrn suchen.« Kaum zehn Jahre nach Veröffentlichung seines Traktats fühlt der Mann von Erfahrung, der Palencia ist, daß Isabella und Ferdinand die Werkzeuge der Errichtung des Staates sein werden. Er stellt sich in den Dienst der Thronanwärterin und nimmt an den Verhandlungen teil, die der Heirat mit Ferdinand vorhergehen.

Francisco Ramirez aus Madrid folgt denselben Pfaden. Sohn des Herrn von Oreña gehörte er möglicherweise zu der Umgebung von Heinrich IV., bevor er den Katholischen Königen eine unfehlbare Treue bezeugte. Auch er ist vernarrt in die Kriegskunst. Mit dem Titel »Gran obrero de los Alcazares de Sevilla« geehrt, ist er bis zu seinem Tod, 1501, während eines Gefechts mit rebellischen andalusischen

Moslems, der promimenteste Artillerieexperte. Die Katholischen Könige haben ihn in zweiter Ehe mit Beatrix Galindo, der Großen Kammerfrau von Isabella, verheiratet.[18] Ein anderes, verwandtes Profil ist das von Alonso de Quintanilla. Asturischer Abstammung, ist er Teil des Gefolges von König Johann II., der ihm die Erziehung des Thronerben und Infanten Heinrich (des künftigen Heinrich IV.) anvertraute. Obwohl er zunächst in den Dienst des Marquis de Villena, eines erbitterten Gegners von Isabella, übergewechselt war, zögerte er nicht, Teil ihres Gefolges zu werden. Begründer des Münzhauses von Medina del Campo, wurde er zum Generalaufseher von Kastilien bestimmt. Er führte den Vorsitz bei den Vorarbeiten zur Bildung der *hermandad*. Da er über solide Kenntnisse in Mathematik und Ökonomie verfügte, übernahm er die Verantwortung für die Heeresintendantur im Krieg gegen Granada. Und er interessierte sich für das Projekt von Christoph Kolumbus.[19]

Neben den Technikern standen die Literaten. So Gomez Manrique, Sohn des *adelantado* (Gouverneur) von León, Pedro Manrique. Er war ein ausgezeichneter Dichter, Autor der *Lamentaciones fechas para una semana santa.* (Klagen zur Karwoche). Als Gegner von Heinrich IV. schloß er sich dem Lager von Isabella an. Unterhändler der königlichen Heirat an der Seite von Gutierre de Cardenas und von Alonso de Palencia, ist er erster Magistrat von Toledo geworden, wo er die entscheidenden Cortes von 1480 mit einem deutlichen Grußwort eröffnete: »Ein Schwert kann noch so scharf sein, es wird nicht mehr als ein Stück Holz zerschneiden, wenn sich nicht jemand findet, der es zu führen weiß, ebenso ist es mit den Gesetzen; selbst wenn sie gut konzipiert und niedergeschrieben sind, werden sie niemals etwas anderes als Papier sein, wenn sie nicht angewendet werden.«[20] Er ist Autor des *Regimiento de principes* (des Fürstenregiments), das 1482 erscheint und in dem er sich zum Befürworter von mehr königlicher Macht aufschwingt, und er ist auch der Verfasser des berühmten Rates an Isabella: »Man wird nicht wissen wollen, ob Ihr viel gebetet habt noch ob Ihr Euch Zucht auferlegt habt; man wird Euch fragen, ob Ihr ohne Leidenschaft Recht gesprochen habt, ob Ihr die Schuldigen verurteilt habt oder Ihr die Diebe und Banditen geduldet habt, danach werdet Ihr beurteilt werden.«[21]

Der Franziskaner Iñigo Lopez de Mendoza war ebenfalls Dichter und Autor der *Coplas de vita Christi.* Aus bekehrtem jüdischem Milieu stammend, Mitglied der Familie von Pablo de Santa Maria, hat der ehemalige Rabbiner und spätere Bischof von Burgos zweifellos sehr bald die Bekanntschaft von Alonso de Palencia gemacht. Er schrieb den *Dechado del regimiento de principes* (Anleitung zum Fürstenregiment) und zögerte nicht, Königin Isabella mit der Jungfrau Maria zu vergleichen, da die eine wie die andere gekommen seien, um in einer vom rechten Weg abgekommenen Welt wieder Ordnung zu schaffen. Aus bekehrtem jüdischem Milieu kam auch Diego de Valera, Ratgeber von Johann II., Heinrich IV. und den Katholischen Königen, der 1476 sein *Doctrinal de principes* (Lehrbuch der Fürsten) Ferdinand widmete und in seinem *Spiegel des wahrhaften Adels* für die Sache der bekehrten Juden eintrat, die beschuldigt wurden, nicht mit dem Judentum gebrochen zu haben. Er empfahl den Herrschern, sich mit den besten Ratgebern zu umgeben: »In den Gewissensangelegenheiten mit Prälaten und Mönchen, in den Rechtsangelegenheiten mit Doktoren und Juristen, in den Kriegsangelegenheiten mit den erfahrensten Rittern.«[22] Auch die Sekretäre Alonso de Avila und Fernandez Alvarez de Toledo, Sohn des Herrn von Tocemaque und Vertrauensmann von Ferdinand von Aragón, waren bekehrte Juden. *Converso* war auch Hernando del Pulgar, der wahrscheinlich 1436 in Toledo geboren war. Er hatte wie so viele andere die Gunst von Heinrich IV., bevor er die Funktionen eines Sekretärs bei den Katholischen Königen, dann von 1478 an die eines Chronisten ausübte. Er erledigte fortan seine Aufgabe auf wunderbare Weise und wurde mit seiner *Chronik der Katholischen Könige* der eifrigste der Propagandisten.[23]

Damit ist Pulgar in guter Gesellschaft. Wenige Regierungen waren in solchem Maß Gegenstand flammender Lobreden und dithyrambischer Hymnen, als ob man mit dem Schlag eines Zauberstabs aus der Nacht der Zwietracht in die strahlende Helle, die die begnadeten Herrscher mit sich brachten, getreten wäre: Diego de Valera, Redakteur einer anderen *Chronik der Katholischen Könige*; Alonso de Palencia, Autor einer *Narratio belli adversus Granatensis*; der alte Bekannte, Antonio de Nebrija, mit seinem Werk *Rerum a Fernando et Elisabe gestarum decades duce*; Fernando bat ihn, die Chronik von Hernando del Pulgar ins Lateinische zu übersetzen; schließlich der Priester Andres Bernaldez, Freund von Kolumbus und Schützling des Erzbischofs von Sevilla Diego de Deza.[24] Nebrija war es auch, der Ferdinand die Devise *Tanto monta* eingab, die man übersetzen kann mit »das kommt aufs gleiche heraus«, eine kurze und eloquente Art zu sagen: Die Mittel bedeuten wenig, vorausgesetzt, man gelangt zu seinem Ziel. Ein ganzes Programm!

Vergessen wir nicht die Bilderchronik, die der Bildhauer Rodrigo Alemán für den Chor der Kathedrale von Toledo schuf: vierundfünfzig Tafeln, die den Ruhm der Katholischen Könige[25] verkünden und alle Episoden des Krieges von Granada erzählen. Ferdinand erscheint vierunddreißig Mal darauf und Isabella, noch wenig gegenwärtig auf der Bühne der Ereignisse, sechs Mal. Wir haben schon gesehen, daß einer der Auftraggeber des Werks der Kardinal Pedro Gonzales de Mendoza war. Ein besserer Höfling ließ sich nicht denken, selbst wenn der Erzbischof von Toledo nicht vergessen hat, sich selbst darstellen zu lassen. Das Neue in diesem Vorgang ist sicherlich nicht das Genre der Chronik, dem man im Lauf des Mittelalters immer wieder begegnet, besonders in Spanien. König Heinrich IV. hatte seine Chronisten, Diego Enriquez del Castillo, aber auch Alonso de Palencia und Diego de Valera. Was erstmalig ist, ist die beeindruckende Entfaltung einer systematischen Kampagne. All diese fähigen Männer, die ständig an den Brennpunkten auftauchten – in der Umgebung der Katholischen Könige gab es keine Rast – haben ohne Rückhalt ihr Talent einem Unternehmen meisterlich abgestimmter Exaltation zur Verfügung gestellt.

Das war eine gewaltige ideologische Maschine, die das in die Propagandisten gesetzte Vertrauen vollauf rechtfertigte. Seltsamerweise haben die meisten der getreuen Diener ein langes Leben gehabt. Alle wurden vor ihren Herrschern geboren, was sie nicht daran hinderte, ihre unschätzbare Erfahrung bis in die neunziger Jahre hinein beizusteuern; diese Generation trug die Katholischen Könige bis 1492. Diego Valera, wahrscheinlich 1412 geboren, starb 1490; Alonso de Palencia, 1423 geboren, entschlief 1492; Alonso de Quintanilla, 1420 (oder 1430) geboren, verschwand 1500; Hernando del Pulgar, 1436 geboren, verschied 1493.

Es war einer der unleugbaren Erfolge von Isabella und Ferdinand, daß es ihnen gelang, so wertvolle Mitarbeiter an sich zu binden. Ihre geographische Herkunft war äußerst verschieden, wenn auch die Kastilier im engeren Sinn (Alt- und Neukastilien) die Mehrheit sind. Quintanilla ist Asturier, Nebrija Andalusier, der Sekretär Hernando de Zafra stammt aus Estremadura. Die sozialen Ursprünge sind nicht weniger verschiedenartig. Der mittlere Adel dominiert, aber Gomez Manrique gehört dem Hochadel an, und Hernando de Zafra und Andres Bernaldez sind bürgerlicher Abstammung. Das Milieu der bekehrten Juden hat vieles beigetragen, was für die These vom Fehlen jeden Vorurteils spricht. Schließlich kommen die Mitarbeiter der Katholischen Könige aus allen Kreisen. Die jungen Herrscher sahen nicht auf die Vergangenheit, auf bewegte Lebensläufe, auf die Zugehörigkeit zu alten gegnerischen Seilschaften. *Tanto monta!*

Die kluge Politik, sich durch Kunstgriffe Vorteile zu verschaffen, hat erlaubt, eine wahrhaftige Regierungsmannschaft zu bilden. Sie hat auch die Unruhe des Adels kanalisiert, der wichtigsten Kraft des Königreichs und nicht immer gut zu sprechen auf die beiden Monarchen. Wir haben gesehen, daß es im Verlauf des Bürgerkrieges der Jahre 1474–1479 nicht an spontanen und kalkulierten Aussöhnungen gefehlt hatte. Als der Friede wiederhergestellt war, haben es die Katholischen Könige verstanden, die Wunden zu verbinden und denjenigen, die sie angegriffen hatten, nichts nachzutragen. Der Bedeutung der Einsätze bewußt, darauf bedacht, sich zusätzliche Schwierigkeiten zu ersparen, wichen sie niemals von dieser Verhaltensregel ab. Nichts ist in dieser Hinsicht aufschlußreicher als die Verträge, die mit dem Emir Boabdil unterzeichnet wurden. Der Text ist gründlich kommentiert worden, aber der Tatsache, daß die Herrscher darauf Wert legten, ihn durch die Blüte der Krone von Kastilien bestätigen zu lassen, ist wenig Aufmerksamkeit geschenkt worden.[26] Auf diese Weise sind fünfzig Namen unten auf das Dokument gesetzt worden. Fünfzig Namen, angelegt in drei Kategorien: die Prälaten und Meister der Ritterorden, neunzehn an der Zahl; die Würdenträger des Königlichen Hauses – angefangen mit dem Kardinal Mendoza in seiner Eigenschaft als Großkanzler –, dreizehn an der Zahl; die prominentesten Mitglieder des Hochadels, die Granden Spaniens – an ihrer Spitze Fadrique Enriquez, Großadmiral von Kastilien – achtzehn an der Zahl.

Es erscheinen hier die Verbündeten der ersten Stunde, Gutierre de Cardenas, Großkommandant von León und Generalaufseher, Andrés de Cabrera, Graf von Moya, oder der unverzichtbare Hernando de Talavera, Bischof von Avila. Aber es erscheinen dort auch jene, die die entschiedensten Gegner waren, oder ihre Abkömmlinge, wie Juan Téllez Girón, Graf von Urueña, oder Diego López Pacheco. Wir wollen die Anwesenheit von Beltrán de la Cueva, dem Grafen von Albuquerque,

festhalten, längst ein Verbündeter, aber eben auch der mutmaßliche Vater von Johanna »la Beltraneja«, der alten Rivalin von Isabella. Fern lagen die Zeiten der inneren Kämpfe.
Das Dokument zeigt deutlich die engen Bande, die die meisten der Unterzeichneten mit dem König und der Königin verbinden: Blutbande (Alfonso de Aragón, Neffe von Ferdinand); offizielle dienstliche Bande (Diego López, großer Majordomus); Bande des Vasallentums für jeden der nicht geistlichen Herren. Man könnte nicht besser Ehrerbietung und Abhängigkeit zugleich ausdrücken.
Der Platz eines jeden in seiner privilegierten Beziehung mit den Herrschern ist sorgfältig bezeichnet. In dieser Weise sind Geistlichkeit und Adel, die sehr zum Erfolg der Christen beigetragen haben, mit einem der wichtigsten Dokumente der Herrschaft verknüpft. Diese gewinnt dafür nur um so mehr Förmlichkeit. Zweifellos pflegen die Katholischen Könige die Form, verzichten aber in nichts auf ihre Vorrechte. Die Panegyriker der Monarchie durften zufrieden sein.
Der Krieg von Granada hat den kastilischen Hochadel dicht um seine Herrscher geschart. Die ständige Gegenwart Ferdinands an der Spitze seiner Truppen, die Gefahren, die er auf sich zu nehmen wagte, manchmal zum großen Schaden seiner Höflinge, all das wirkte anstekkend. Auch waren die Granden außerordentlich empfänglich für den Geist des Kreuzzugs. Dieser mittelalterliche Krieg, bei dem man sich vornahm, im Falle eines Treffens von Mann zu Mann die Mitglieder der angesehenen moslemischen Familien anzugreifen, verführte sie, und sie wurden nicht enttäuscht. Die Chroniken halten sich bereitwillig bei den einzelnen Heldentaten auf und parallel dazu werden sie in den *romances* (Ritterromane), den sogenannten Erzählungen »von der Grenze«, verbreitet.[27]
Die Katholischen Könige haben auf wunderbare Weise das Thema des Kreuzzugs zu ihrem eigenen Ruhm genützt. Sie waren gewiß davon beseelt. Aber sie besaßen zu viel politisches Gespür, um nicht die unendlichen Vorteile zu sehen, die sie daraus ziehen konnten, im Inneren des Landes wie nach außen. Wir haben gesehen, daß überall im Okzident der Kreuzzugsgedanke präsent geblieben war. Aber niemand wagte sich daran. Isabella und Ferdinand bot sich die Gelegenheit, ihn im Schoß der iberischen Halbinsel voranzutreiben, eine Aufgabe, die um so realisierbarer war, als das ganze Unternehmen die Einnahme von Jerusalem zum Ziel hatte. Sie ergriffen sie ohne zu zögern, da sie,

kaum war der Bürgerkrieg beendet, von Papst Sixtus IV. am 13. November 1479 die Konzession der Kreuzzugsbulle erhielten. Entschlossen, den geringsten Zwischenfall an der Grenze zu nutzen, um den Waffenstillstand zu brechen, der mit dem Emir von Granada im Januar 1478 für drei Jahre unterzeichnet worden war[28], wurden sie die Vorreiter der Christenheit.

Der spanischen Gesellschaft setzten sie ein konkretes und populäres Ziel. Die Geistlichkeit beteiligte sich an fast ständigen Kampagnen, die den Kreuzzug predigten, von Ende 1482 bis Mitte 1484, vom November 1485 bis Oktober 1488, von 1490 bis 1492. Jedermann in Spanien mußte wissen, daß es sich um ein heiliges Unternehmen handelte. Und alle, die beteiligt waren, welches auch immer ihr Status war, hatten die Gelegenheit, den Herrscher zu sehen, sich ihm zu nähern. So waren 1489 aus allen Regionen der Krone von Kastilien stammende Menschen in das Theater der Ereignisse eingebunden. Glaubt man den Aufstellungen der königlichen Funktionäre, so waren 626 zu Fuß aus den baskischen Ländern gekommen, 904 aus Asturien, 2345 aus dem fernen Galizien.[29]

Die Politik des Gegenwärtigseins, des sich nach außen Kehrens, ist ein Hilfsmittel, das Monarchen im Überfluß benutzt haben. Ferdinand praktizierte sie an der Spitze seiner Truppen, Isabella, indem sie freitags öffentlich Recht sprach, zumindest zu Beginn ihrer Herrschaft. In allgemeinerer Art haben sie nicht aufgehört, ihre Königreiche zu durchforsten und sich ihren Untertanen zu zeigen. Die Aufzählung ihrer Ortswechsel macht den Leser sprachlos. Daß sie während des Bürgerkriegs nicht an einem Ort blieben, ist verständlich. Aber auch nach 1479 hörte ihr Nomadisieren nicht auf. Im Frühjahr 1481 befanden sie sich ungefähr zwei Monate in der kleinen aragonesischen Stadt Calatayud. Am 9. Juni begaben sie sich nach Saragossa, wo Isabella knapp drei Wochen blieb, während Ferdinand nach Barcelona ging. Sie blieben mehr als vier Monate in der katalanischen Stadt, dann begann eine große Wanderung gen Süden über Taragona, Tortosa, Peñiscola, Muviedra (Sagunto), Valencia, wo eine einmonatige Pause (25. November – 29. Dezember) eingelegt wird. Danach wieder Durchquerung von Aragón, indem sie über Segorba, Teruel, Daroca, Calatayud reisen, um nach Kastilien, Burgo de Osma, Aranda, Medina del Campo zu gelangen, wo der königliche Zug am 3. Februar 1481 provisorisch endet.[30]

Das ist nur ein zufällig gewähltes Beispiel. Die ganze Regierungszeit hindurch wechselten die Phasen, in denen die Herrscher vereint waren, mit denen der Trennung. Aber jeder für sich und zusammen haben sie nicht aufgehört, das Land zu durchreisen. Keine Region ist ausgelassen worden. Das Baskenland ist im Verlauf des Sommers 1476 ihr Residenzort, dann wieder vom September 1483 bis Januar 1484. Galizien ist es 1476, kurze Zeit nach einem Aufstandsversuch des Grafen von Lemos. Ferdinand ist, was nicht überrascht, häufig in Kastilien und Andalusien anwesend. Aber Isabella kennt sehr gut Katalonien, den Osten von Spanien und Aragón. Zu den Aufenthalten von 1481 kommen die anderthalb Monate, die sie 1484 in Valencia verbringen, hinzu und ein ganzes Jahr in Barcelona, von Oktober 1492 bis November 1493. Es gibt kaum eine Stadt, die nicht den einen oder anderen Tag den König oder die Königin beherbergt hätte. Illescas, ein bescheidenes Nest auf dem Weg von Madrid nach Toledo, war am 12. April 1480, dann am 11. Februar 1487 Haltepunkt der Herrscher. Valdepeñas, die Stadt in der Mancha, beherbergt sie am 23. und 24. Juli 1486. Das Reisen ist in der Tat eine Form des Regierens.[31]

Die Rundreise von 1492 hatte einen besonderen Wert. Nach den zwischen Granada und Santa Fé verbrachten Monaten gehen Isabella und Ferdinand nach Barcelona, um sich dem Roussillon und der Cerdagne zu nähern, die sie wieder zurückzugewinnen hoffen. Aber sie schlagen sich in die Büsche, indem sie nach Córdoba gehen, wo sie mehr als eine Woche haltmachen. Sie durchqueren Estremadura, wo sie fünfzehn Tage im Hiernonymitenkloster von Guadelupe bleiben. Avila (drei Tage), Arevalo (vier Tage), Valladolid (zwei Wochen), Aranda, Agreda, Tarazona, Saragossa (drei Wochen) sind die hauptsächlichen kastilischen, aragonesischen, katalanischen Etappen vor Barcelona, das am 18. Oktober erreicht wird, fast fünf Monate nach ihrer Abreise. Eine Rundreise durch Spanien, die es erlaubt, die gute Neuigkeit vom Sieg über Granada bis in den kleinsten Winkel zu verbreiten, der Nation auf den Puls zu fühlen, während die Juden sich aufs Exil vorbereiten. Eine Rundreise, ergänzt durch die von Kolumbus, der im März 1493 von Palos nach Barcelona geht, aber einen östlichen »aragonesischen« Weg einschlägt, denn vor der Apotheose reist er von Córdoba aus Richtung Murcia, dann Richtung Valencia. Nachdem sie sie in Gang gesetzt haben, benützen die Katholischen Könige die Ereignisse von 1492 für ihre Propaganda.

Dennoch hätte das Jahr tragisch für die Vereinigung von Kastilien und Aragón enden können. Am 7. Dezember, einem Freitag, am Vorabend der Unbefleckten Empfängnis, saß Ferdinand mitten in Barcelona zu Gericht. Am Ende des Vormittags, während die Sitzung eben zu Ende ging, näherte sich ihm ein Unbekannter von hinten und versetzte ihm einen heftigen Stoß mit dem Degen. Der Herrscher wurde ernsthaft am Nacken und an der Schulter verletzt, aber er besaß die Geistesgegenwart einzugreifen, um zu verhindern, daß der Täter gelyncht werde. Festgenommen und vor Gericht gestellt, wurde der Königsmörder dazu verurteilt, daß ihm sämtliche Gliedmaßen abgeschnitten wurden.

Der Bericht des Chronisten Andrés Bernaldez, der eine Fülle von Details bietet, gehört zu den interessantesten. Er gibt das unmittelbare Gefühl von Ferdinand wieder: »Er begann alle zu betrachten und sagte, welch ein Verrat, welch ein Verrat! Er dachte, daß die Angelegenheit zwischen vielen angezettelt worden sei.«[32] Die These vom Komplott kam dem König spontan über die Lippen, ein Beweis, daß er zu diesem Zeitpunkt ständig an diese Möglichkeit glaubt. Die Reaktion der Menge ist nicht weniger aufschlußreich: »Alsbald sagten die einen, er ist Franzose, die anderen, er stammt aus Navarra, andere behaupteten noch, aber nein, er ist Kastile, andere schließlich sagten, der Verräter ist Katalane.« Der Verbrecher hieß Juan de Cañamares; es scheint, daß er Katalane war, vielleicht ein enttäuschter *remensa*, der davon überzeugt war, daß er, indem er den Monarchen aus der Welt schaffte, selbst König würde. Die Tat eines Verwirrten also, was beruhigend ist für das Image des Königs. Das hindert jedoch nicht, daß jeder, Untertan oder Herrscher, an ein politisches Attentat geglaubt hatte. Man könnte nicht besser unterstreichen, daß hinter der hochgepriesenen Einheit Divergenzen und Mißhelligkeiten blieben. Das Gebäude war noch zerbrechlich. Umgekehrt konnte das Volk in dem glücklichen Ausgang der Ereignisse ein Zeichen göttlichen Schutzes erblicken. Schon im Juni 1487 war ein Moslem in das königliche Lager eingedrungen mit dem Ziel, Isabella und Ferdinand zu töten. Irrtümlicherweise griff er die Marquise von Moya und den Konnetabel von Portugal an.[33] Zwei Mal in fünf Jahren hatte sich das Wunder vollzogen. Nichts konnte die Herrscher auf dem Weg der Errichtung des Staates aufhalten.

Eine dreifache Diaspora

Die Auswanderung der Moslems

ÜBERGABE VON GRANADA, Vertreibung der Juden, Reise des Kolumbus – jedes der drei Ereignisse hat massive Aufbrüche vom spanischen Territorium nach sich gezogen. Daran gewöhnt, jede der großen Episoden von 1492 getrennt ins Auge zu fassen, haben die Historiker überhaupt nicht an die Bedeutung der kumulativen Wirkung der freiwilligen oder erzwungenen Wanderungen gedacht. In einer Welt des Ancien Regime, in der die Mobilität allerdings viel größer war, als oft versichert worden ist, stellt die dreifache moslemische, jüdische und christliche Diaspora eine außergewöhnliche Bewegung dar durch ihr Ausmaß, durch die Länge der unternommenen Reisen, durch die unzähligen Folgen auf kurze und lange Sicht.

Die moslemische Emigration ist von den dreien die am wenigsten gesicherte, die am meisten vernachlässigte. *A priori* hat sie, wenn man sich an den Wortlaut der Verträge hält, die von den Katholischen Königen und Emir Boabdil 1491 unterzeichnet wurden, etwas Überraschendes. Das Dokument, das den Moslems die Ausübung der grundlegenden Freiheiten garantiert, wollte beruhigend klingen. Aber wir haben Gelegenheit gehabt, auf die Doppelzüngigkeit der Sieger anzuspielen und ihren lebhaften Wunsch, daß die Personen, die im Schoß der minoritären Gemeinde am meisten hervorragten, weggingen. Es ist jetzt Zeit, mehr ins Detail zu gehen.

Der Text vom November 1491 bestimmte schon, daß den Moslems die Möglichkeit offenstand, nach Nordafrika auszuwandern, nachdem sie ihre Güter verkauft hatten. Diese Anordnung war offenbar harmlos. Sie war nur der Gegenstand von zwei der fünfundvierzig Artikel des Textes. Insgesamt eine zusätzliche Großzügigkeit. Sie hinderte Isabella, Ferdinand und ihre Vertreter nicht daran, sie zu benutzen, um sich möglichst schnell all derer zu entledigen, die irgendeine Bedrohung darstellten. Die Möglichkeit des Exils ist eine Konstante, die man in allen zwischen 1485 und 1491 unterzeichneten Vertragstexten findet, ob es die sind, die 1487 Comares, 1487 ein Dorf in der Nähe von Malaga betreffen, Almuñécar 1489 oder Almería 1490[1]... Jedesmal wird den Ausreisekandidaten erklärt, daß sie sich in den Hafen ihrer Wahl einschiffen können, ohne einen Pfennig auszugeben, unter der Bedingung, daß sie es innerhalb eines Jahres tun, das im endgültigen Text von Granada auf drei Jahre verlängert wurde. Die Emigranten hatten das Recht, ihre Güter zu verkaufen oder mitzunehmen, ohne daran gehindert zu werden. Die Wiederholung des Angebots den ganzen Krieg hindurch, die immensen Erleichterungen, die gewährt wurden, die Ausgaben, welche die Schiffsheuerung darstellte, alles bedeutet eine wohl erwogene Ermunterung zur Emigration.

Ein häufig wiederholter Satz dieser Verträge verrät die tieferen Absichten der Christen. Der Kandidat der Reise Richtung Nordafrika wird mit »Frau, Söhnen und Töchtern, Verwandten und Dienstboten« fahren können. Man denkt offensichtlich vor allem an die, die man zuweilen die »Hauptpersonen« nennt, d. h. die Personen, die Einfluß und Autorität über ihre Religionsgenossen haben. Wenn die Mächtigsten, die Angesehensten unter den Moslems beschließen wegzugehen, wird ein doppeltes Ziel erreicht sein: Ihrer Anführer beraubt, wäre die moslemische Gesellschaft weniger gefährlich, weniger beunruhigend, da das Beispiel der Notabeln sich den andern mitteilt.

Zu bleiben oder aufzubrechen, die Wahl war für die Moslems schwierig. Unter fremder Kuratel stehend, konnten sie dem Druck jener unterworfen werden, die wünschten, sie träten zum Christentum über. Was sollten sie unter diesen Umständen tun? In der Mitte des fünfzehnten Jahrhunderts hatte ein Jurist aus Fes, Abd Allah Al Abdusi, sich Sorgen gemacht wegen der Situation der Moslems, die auf einem von Ungläubigen beherrschten Territorium lebten. Er hatte die Schlußfolgerung gezogen, daß, solange zur Unterwerfung nicht die Verfolgung hinzukäme, der Verbleib am Ort möglich sei.[2] Die *Mudejars* – diesen Namen gibt man den Moslems unter christlicher Vormundschaft in Spanien – dachten am Ende des fünfzehnten Jahrhunderts kaum ans Auswandern. Sie waren mit ihrem Boden verbunden, und mehrere Jahre Hungersnot und Epidemie in Nordafrika ließen die Niederlassung an dem anderen Ufer des Mittelmeers nicht gerade verlockend erscheinen.

Dennoch war der christliche Druck stärker geworden. Seit 1492 gab es zwischen spanischen Moslems und dem nächstgelegenen islamischen Gebiet ein Stück Mittelmeer. Ein bedeutsames Element der Sicherheit war verschwunden. Und jeder hatte in den vorhergehenden Jahren den Vormarsch des Christentums feststellen können. Der Sohn von Ibn Kamusa, dem Wesir von Boabdil, 1483 Geisel der Katholischen Könige, war zu Don Juan de Granada geworden und hatte das franziskanische Gewand angezogen. Cidi Yahya Alnayar, *alcalde* von Almería, Unterhändler bei der Übergabe von Baza, war am 25. Dezember 1489 mit großem Pomp getauft worden, wobei die Herrscher als Pate und Patin fungierten. Cidi Yahya wurde zu Pedro de Granada.[3] Die Gebote des algerischen Theologen Al Wancharichi, die er an die Andalusier richtete, die in den Maghreb emigriert waren, aber wünschten, nach Spanien zurückzukehren, lassen an Deutlichkeit nichts zu wünschen übrig. Man könne nicht in einem Land leben, wo das angewendete Gesetz das der Ungläubigen ist. Um dieser Gefahr zuvorzukommen, erschien die Emigration immer mehr als einzig möglicher Ausweg. Der Prozeß war schon seit 1485 im Gange. Die Sippe der Banu Al Hakim, die aus Ronda stammt, wird mit all ihren Klienten – das Dokument zitiert ungefähr dreißig Namen –, nach der von nun an geltenden Formel, »unter den Schutz, die Obhut, die Fürsorge des Königs« gestellt und bevollmächtigt, in Sevilla zu leben. Die Maßnahme ist nicht ohne Zweideutigkeit. Versuchte man nicht, eine einflußreiche Familie vom Schauplatz der Ereignisse zu entfernen? Die ihr zugedachte Behandlung ist in jedem Punkt der ihrer jüdischen Mitbürger ähnlich. Man muß annehmen, daß die Banu Al Hakim kaum die Aufmerksamkeiten gewürdigt haben, deren Gegenstand sie waren, da sie im März 1487 nach Nordafrika emigrierten.[4] Muhammad ben Sad Al Zagal, Onkel und Rivale von Boabdil, gab den Kampf gegen die Christen im Dezember 1489 auf. Er erhielt eine Lehnsherrschaft in dem Alpujarras und eine ansehnliche Geldsumme. Im Herbst 1490 verkaufte er alle seine Güter an die Katholischen Könige und ging mit allen seinen Anhängern nach Oran.

Nach dem Fall von Granada konnte die Bewegung sich nur erweitern und beschleunigen. Die christlichen Autoritäten, Hernando de Zafra, der Sekretär von Isabella, und Ferdinand an ihrer Spitze, scheuten keine Mühe, um die moslemische Elite unter spanischer Herrschaft zum Aufbruch zu drängen. »In dieser Weise würde bis zum letzten Anflug der Verdacht einer Rebellion unter den Gesetzlosen verschwinden, denn selten erheben sich die Völker, wenn ihnen die Oberhäupter fehlen, durch die sie hoffen, regiert zu werden«, schrieb der Humanist

Pietro Martire de Anghiera.[5] Der Satz wurde auf den Emir Boabdil angewendet, dessen Aufbruch die Art und Weise der Politik der Katholischen Könige bezeugt.

Nach dem Verlassen von Granada hatte Boabdil sich im Fürstentum der Alpujarras niedergelassen, das ihm zugewiesen worden war. Dieses war nichts anderes als der zuvor schon Al Zagal gewährte Besitz und erstreckte sich über den gesamten südlichen Abhang der Sierra Nevada. Dort gab sich der ehemalige Emir, von seinen Dienern begleitet, der Jagd hin, während er auf die Ergebnisse der Verhandlungen wartete, die bezüglich seiner Abreise von seinen Vertrauensmännern, Ibn Kumasa und Al Mulih, mit Hernando de Zafra geführt wurden. Die Angelegenheit zog sich endlos hin und war für den königlichen Sekretär mehr als einmal Anlaß zu Wut und Resignation.[6]

Am 22. September 1492 kündigte Zafra seinen Herren die Einschiffung aller Mitglieder der Sippe der Banu Abd Al Baran, die der nasridischen Dynastie mehrere Wezire geschenkt hatte. Aber nicht das geringste Zeichen deutete auf eine nahe Abreise des gefallenen Emirs. Damit begann ein endloser Roman von Unterredungen, Austausch von Briefen und Versprechen. Scheinbar verfolgten beide Parteien dasselbe Ziel. Die Christen wollten endgültig die Gefahr, die Boabdil darstellte, entfernen; dieser empfindet es als unerträglich, auf einem Gebiet zu bleiben, das ihm gehörte und nun vom Feind beherrscht wird. Aber die Hintergedanken machen eine rasche Übereinkunft schwierig. Es bleibt die vage Möglichkeit, mit christlicher Hilfe ein marokkanisches Herrschaftsgebiet zugunsten des ehemaligen Königs von Granada zu errichten. Hat Boabdil wirklich daran geglaubt? Oder haben die Katholischen Könige diese Eventualität durchschimmern lassen, um sich möglichst schnell des Emirs zu entledigen, vielleicht sogar Zwietracht in Nordafrika zu säen, mit dem Ziel, sich selbst dort festzusetzen? Ein weiterer Grund für den Aufschub ist die finanzielle Lage. Zu den riesigen Ausgaben eines Krieges, der zehn Jahre gedauert hat, kommt der hohe Preis der Emigration. Jede gesparte Summe war willkommen. Boabdil hingegen hoffte auf eine reiche Pfründe.

Im Januar 1493 faßte der Emir den Plan, sich nach Barcelona zu Isabella und Ferdinand zu begeben. Seine Gesprächspartner, die die Initiative als Hinhaltemanöver interpretierten, redeten ihm das aus. Vom März an trafen sich moslemische und christliche Repräsentanten mehrere Male, um die Höhe der Entschädigungen, welche die Emigranten erhalten sollten, abzuwägen und die Details des Transportes festzulegen. Die Verhandlungen verliefen bisweilen hinterhältig, vor allem, als die Rede davon war, die Summe der Einkünfte aus den Besitzungen zu schätzen; die Christen setzten schließlich eine Rechnung durch auf der Schätzgrundlage der Ernte von 1493, die sehr viel schlechter war als die der vorhergehenden Jahre. Zafra triumphierte: »Sie verstehen es nicht zu rechnen!«

Der Vertrag wurde am 15. Juni von den Katholischen Königen und am 8. Juli von Boabdil genehmigt. Die Angelegenheit zog sich dennoch hin, da letzte Schwierigkeiten auftauchten. Die Gattin des Emirs starb im August. Auf christlicher Seite ergaben sich sowohl bei Requirierung der zum Transport notwendigen Schiffe als auch beim Zusammenbringen der vorgesehenen Summe Schwierigkeiten. Tatsächlich mußte man mehr als elf Millionen Maravedis zahlen – ungefähr sechs Mal soviel wie die Kosten der Expedition des Kolumbus – und war gezwungen, auf die Hilfe des Herzogs von Medina Sidonia und des Genueser Kaufmanns Francisco Pinelo zurückzugreifen. Da es keinen *Gewinn* erbringt, ist das angebotene Geld minderwertig, was den Zorn der Moslems erregt. Mitte Oktober schließlich ist alles bereit. Im Hafen von Adra, hundert Kilometer südöstlich von Granada, sind zwölf Schiffe versammelt: sieben große Ozeansegler, zwei Karaken, zwei Karavellen und eine Pferdefähre. 6320 Menschen nehmen mit Boabdil den Weg ins Exil. Alle aus der nächsten Umgebung des Emirs begleiteten ihn, darunter der Schriftsteller und Jurist Al Sarif Al Ugayli und schließlich alle Verwandten, vor allem sein Sohn Achmed, den die Christen von 1483 bis 1492 in ihrer Gewalt hatten. Die Königin hat den Weggang des Prinzen, der in den kleinen andalusischen Städten Porcun und Moclin erzogen worden war, sehr bedauert.

Die Banu Al Hakim waren 1487 aufgebrochen, Al Zagal und die Seinen 1490, die Banu Abd Al Barr 1492, die Banu Al Sarray – die berühmten Abenzerah – im Frühjahr 1493, Boabdil im Oktober – die spanischen Monarchen und der fleißige Hernando de Zafra hatten Grund, zufrieden zu sein. In ihren Augen war das ein unschätzbarer Erfolg. Die moslemische Gesellschaft war sprichwörtlich enthauptet, ihr Widerstand gebrochen. Daß sich die Emigration von 1494 an verlangsamte, war seitdem kaum noch von Bedeutung für sie. Das Ausmaß des Engagements in Italien jedenfalls machte die Organisation der Konvois in die moslemischen Mittelmeerländer sehr problematisch.

Eine Bilanz der Emigration von Granada zu diesem Zeitpunkt ist nicht einfach. Einige Zahlen können dennoch genannt werden. 2000 Personen aus Granada und den Alpujarras schifften sich im Herbst 1492 ein, 1370 verließen den Hafen von Almuñécar im Frühling 1493 und 6500 bis 7500 im folgenden Herbst. Also zwischen 9000 und 10 000 Personen der zentralen Zone des Königreichs von Granada. Aber man muß auch die vorangegangene Auswanderung berücksichtigen. Wir wissen, daß in Almería allein 1491 die Emigranten die Summe von 669 040 Maravedis für die Überfahrtrechte bezahlt haben. Der deutsche Reisende Monetarius nannte 1494 die Gesamtsumme von 40 000 Personen. In den Augen aller Spezialisten[7] ist das ein Minimum.
Und dabei handelt es sich nur um die offizielle Emigration. Was die heimliche Emigration betrifft, so entzieht sie sich jeder Zählung. Es gab sie nicht bis 1494, solange die Autoritäten ständig zur Überfahrt drängten und diese in den einen oder anderen Orten sogar kostenlos war. Die *Mudejars* der Region Almería und Malaga hatten 1492 und 1493 ein Interesse daran, sich als Einwohner von Granada auszugeben, um ebenfalls kostenlos zu reisen. Die Verantwortlichen der Expeditionen versuchten das Fehlen von Gewinn zu begrenzen, indem sie aus Almuñécar den einzigen Ort der Einschiffung machten. Ohne großen Erfolg, scheint es. Aber nach 1494 wurde das Abenteuer kostspielig und war nicht in Reichweite aller Geldbeutel. Die einzige Lösung war in diesem Fall das heimliche Exil.
Die Ursachen, die dazu treiben, werden immer zahlreicher. Die Nichterfüllung der Verträge, die 1491 unterzeichnet werden – erinnern wir uns, daß bei der ersten Gelegenheit die Waffen den Besiegten weggenommen wurden –, die Wiederherstellung, nach einigen Jahren, eines schwerfälligen Steuersystems, die zahlreichen Belästigungen, deren Gegenstand die moslemische Gemeinde unter spanischer Herrschaft war, all das war eine Quelle der Unzufriedenheit. Verschiedene Formen des Widerstandes kamen auf, unter anderem die Emigration, für viele ein Beispiel stummer Verweigerung eines Schicksals, das unerträglich geworden war. Andere Glaubensbrüder schlugen einen anderen Weg ein. In Granada existieren Spuren davon, daß 1497 und 1499 massenhafte Proteste auf die Versuche zur Bekehrung von *Mujedars* antworten. Die Bewegung weitete sich 1500 bis 1501 aus und erfaßte einen großen Teil des ehemaligen Emirats. Nur mit Mühe wurde die Revolte niedergeschlagen. Alonso de Aguilar, einer der fähigsten Befehlshaber und,

wie wir gesehen haben, Francisco Ramirez de Madrid, fanden dabei den Tod. Die Bekehrung zum Christentum wurde den Moslems jetzt aufgezwungen, die von da an *Moriskos* genannt wurden.[8]
Eine verworrene Situation. Die Auswanderungswilligen waren sehr zahlreich. Manche unter ihnen wie die Einwohner der Sierra Bermeja im Hinterland von Malaga erhielten die Erlaubnis. Aber es scheint, daß es anderen untersagt war, an die afrikanischen Küsten zu fahren oder in ein anderes von einem moslemischen Fürsten beherrschtes Land. Die Widerspenstigen mußten Spanien durchqueren und über Frankreich reisen, um sich eventuell zu dem Bestimmungsort ihrer Wahl einzuschiffen, oder die Risiken einer verbotenen Flucht auf sich nehmen. Die Veränderung der christlichen Position ist allerdings durchaus konsequent; sie erfolgte aus dem Bewußtwerden der bedrohlichen Gefahr des maghrebinischen Wettlaufs. In der Tat stürzten sich, geleitet von emigrierten andalusischen Moslems, Piraten auf die Dörfer, plünderten sie, verschleppten christliche Bewohner in die Sklaverei und begünstigten die Flucht ihrer Glaubensbrüder. Um dem vorzubeugen, versuchten die Herrscher oder ihre Stellvertreter, die Kontrolle über strategische Punkte an der Küste von Nordafrika zu erlangen: Melilla 1497, Mers el Kebir 1505, der *peñon* (Felsen) von Velez de la Gomera 1508, Oran 1509, Bougie, der *peñon* von Algier, Tripolis 1510.
Gegen die Fluchtwelle konnte damit wenig ausgerichtet werden. Spanien blieb ein ungastliches Land für die, die nicht rückhaltslos dem Christentum angehörten, und die konsultierten maghrebinischen Juristen, besonders Al Wancharichi, der 1505 eine *fatwa* (Richterspruch über einen Punkt des moslemischen Rechts, meist durch den Mufti) erließ, zeigen die große Gefahr für alle, die unter der Herrschaft des Ungläubigen ausharrten.[9] Der Graf von Tendilla, Vizekönig von Granada, teilte seine Erregung mit: »Das Königreich leert sich wie ein Ei auf der Glut.« Eine Liste von mehr als dreißig verlassenen Dörfern aus dem Jahr 1511[10] ist noch nicht einmal vollständig. Der angemessene Ausdruck ist Blutverlust. Wieviele sich zwischen 1485 und 1510 auf die Reise machten, weiß niemand genau. Wir wollen dennoch eine Hypothese wagen. Die Bevölkerung des nasridischen Königreiches am Vorabend der Übergabe von Granada dürfte auf 300 000, sogar 350 000 Einwohner geschätzt werden.[11] Mitten im sechzehnten Jahrhundert bewegte sie sich in erkennbar derselben Größenordnung oder etwas

darunter. Aber unterdessen haben zahlreiche christliche Neuansiedler, die hauptsächlich aus Kastilien kamen, die Leere gefüllt. Allein schon zwischen 1485 und 1498 ließen sich hier 40 000 Personen nieder. Der Verlust, der der moslemischen Emigration zu verdanken ist, dürfte nicht unter 100 000 Personen liegen.

Die gesamte mittelmeerische moslemische Welt hat von den Andalusen profitiert, und vor allem der Maghreb. So gehörte ein Mitglied der einflußreichen Sippe der Banegas, Abdul Quasim, zu Beginn des sechzehnten Jahrhunderts zur Umgebung des Sultan von Tunis. Al Zagal ließ sich in Tlemcen nieder. Die Einwohner von Vera wählten Oran als Anlaufpunkt. Ein Fünftel ungefähr von denen, die gleichzeitig aufbrachen wie Boabdil, 1265 genau, kamen nach Bougie. Die meisten, allen voran der Emir als erster, wählten Marokko. Nachdem sie bei Melilla an Land gegangen waren, begaben sie sich nach Fes, wo sie von Sultan Muhammad Al Burtuqali Al Wattasi freundlich empfangen wurden. Glaubt man dem Chronisten Al Makkari, der im siebzehnten Jahrhundert schrieb, so versuchte Boabdil, seine Residenz in Marrakesch zu errichten, wurde aber durch die Pest daran gehindert. Er soll einen *Alcazar* (königliche Festung) in Fes errichtet haben lassen und im hohen Alter 1532 oder 1533 gestorben sein. Die Version von Al Makkari, anscheinend die glaubhafteste, widerspricht der Versicherung der christlichen Autoren, für die der »kleine König« 1526 in einer Schlacht gegen die Scherifs des Südens fiel.[12]

Fes war nicht die einzige marokkanische Stadt, die Einwanderer aus Granada aufnahm. Mitten im fünfzehnten Jahrhundert hieß ein Viertel von Marrakesch Neu-Orjiva nach dem Namen eines Dorfs in den Alpujarras. Mehrere Städte des Nordens erlebten einen Aufschwung, vor allem Tetuan, das zu Beginn des fünfzehnten Jahrhunderts in Lethargie versunken war. 1492 stellte sich ein Flüchtling, Al Mandari, an die Spitze eines Kontingents von Bewohnern aus Ronda, Motril, Baza und bevölkerte es wieder. Unaufhörlich durch die Einwanderung der ersten Jahre des fünfzehnten Jahrhunderts verstärkt, konnten die Bewohner von Tetuan den Portugiesen, die auf ihrer ganz nah bei Ceuta gelegenen Festung saßen, den Brotkorb höher hängen und von ihren Gefangenen eine Umfassungsmauer erbauen lassen.[13] Die benachbarte Stadt Xaouen kam ebenfalls in den Genuß eines sicheren Wohlstands. An der atlantischen Küste wurde Salé für die Andalusen zum Heimathafen und zur Basis für künftige seeräuberische Unternehmungen.

Andere schlugen möglicherweise den Weg nach Tripolis oder Alexandrien ein. Boabdil selbst soll daran gedacht haben, bevor er Fes wählte. Der Literat Ibn Al Azraq ließ sich in Tlemcen nieder, bevor er sich um 1489 eine Zeitlang in Ägypten aufhielt, dann in Jerusalem, wo er die letzten Jahre seines Lebens verbrachte.[14] Schließlich gingen viele ehemalige Bewohner von Granada nach Konstantinopel. Wir wissen, daß im Herbst 1493 zweihundertsiebzig Personen Almuñécar verließen in Richtung auf die Hauptstadt der Ottomanen. Die Ankömmlinge scheinen willkommen gewesen zu sein. Möglich, daß ihnen Sultan Bajazet II. die große, in Galata gelegene Moschee *Arap Cami* zuwies.

Die Wanderungen von Ibn Al Azraq von Granada nach Jerusalem haben nichts Ungewöhnliches. Viele andere Einwohner von Granada im Exil sind an alle Enden und Ecken der mittelmeerischen Welt und manchmal darüber hinaus gereist. Ein sprechendes Beispiel dafür ist das bewegte Leben von Leo dem Afrikaner, der in Wirklichkeit Al Hassan Ibn Muhammad Al Wazzan el Zayyat hieß. Um 1490 in Granada geboren, wurde er in Fes auf *medersas* (Koranschulen), dann an der Universität von Kairouan ausgebildet. Zwei Jahre lang Sekretär am Hospital für Geisteskranke der marokkanischen Hauptstadt, reiste er dann nach Konstantinopel. Um 1506 begleitete er seinen Onkel auf eine Mission nach Timbuktu. Einige Jahre später kehrte er an die Ufer des Niger zurück, begab sich von da aus nach Ägypten und kehrte nach Marokko zurück, wo der Sultan ihn mit diplomatischen Aufgaben und Handelsmissionen betraut. Von 1515 an unternahm er eine neue große Rundreise, die ihn nach Tlemcen, Algier und Bougie führt – wo er dem Ältesten der Barbarossa-Brüder, Horuk, begegnet, dem zum Islam konvertierten griechischen Korsaren und Herrscher von Algier – Tunis, Gabès, Konstantinopel, Rosette in Ägypten, wo er den ottomanischen Sultan Selim I. traf. Mekka, Tripolis, Djerba schließlich, wo er 1518 durch einen italienischen Piraten gefangen genommen wurde. Papst Leo X. geschenkt, wurde er im Januar 1520 getauft. Er unterrichtete Arabisch in Bologna, schrieb ein vielsprachiges Wörterbuch. Die letzten Jahre seines Lebens sind weniger bekannt. Zweifellos kehrte er 1525 nach Tunis zurück. Zum Islam zurückkonvertiert, verfaßte er um 1528 seine Beschreibung von Afrika.[15] Anschließend verliert sich seine Spur.

Das Schicksal von Leo dem Afrikaner ist außergewöhnlich, voller Kontraste. Aber lassen wir uns nicht durch den Glanz einer außergewöhnlichen Karriere blenden, reich an dramatischen Momenten, angefangen mit der Entwurzelung gleich zu Beginn. Insgesamt haben die exilierten Einwohner von Granada unzählige Übel durchlitten. Bevor sie sich überhaupt einschiffen konnten, hatten sie einen Teil ihrer Güter verloren, unter Wert an christliche oder in Spanien verbleibende moslemische Käufer veräußert, die von dem Glücksfall profitierten. Schiffspatrone und Mannschaften beraubten sie. Die Archive sind voll von Beschuldigungen, die die Opfer an die spanischen Herrscher richteten. Schon im Juli 1485 wurde eine Untersuchung angeordnet. Im Mai wurden 1492 in Targa an der Küste des Rif in Gegenwart der lokalen Autoritäten und Abgesandten aus Spanien drei Seeleute gehängt, die sich während der Überfahrt verschiedener Diebstähle schuldig gemacht hatten.[16] Im August 1494 beklagte sich einer der ehemaligen Notabeln von Baza, Abu Hamet Abdala, daß ihm auf dem Schiff von Sancho de Arrones aus Almeria Schmuck und Geld gestohlen wurden.[17] Schließlich wurden die Einwohner von Granada insgesamt enttäuscht durch die ihnen in Maghreb zugekommene Behandlung. Die ökonomischen Bedingungen waren äußerst schwierig, und die Neuankömmlinge waren oft der Feindseligkeit der autochtonen Bevölkerungsgruppen ausgesetzt. Al Zagal war besonders unglücklich in Tlemcen. Für seine alte Rivalität mit Boabdil bezahlte er teuer. Der marokkanische Sultan, der für letzteren Partei genommen hatte, bemächtigte sich seiner Güter und ließ ihn einsperren. Abraham ibn Zayal, Sekretär von Al Zagal, zog es vor, nach Spanien zurückzukehren. Getauft wurde er *regidor* (Gemeinderatsmitglied) von Guadix. Ein Boabdil Nahestehender, Fernando Abdilhaque, faßte denselben Entschluß, ebenso wie die Einwohner von Vera, einer kleinen Stadt im Nord-Osten des ehemaligen Emirats. 1488 nach Oran aufgebrochen, kehrten sie im darauffolgenden Jahr nach Valencia zurück und versuchten ihren Ursprungsort wieder zu erreichen.[18] Die Verträge hatten für die Möglichkeit eines derartigen Sinneswandels bis 1494 Sorge getragen. Danach wurde die Situation ungewiß, da die christlichen Autoritäten mißtrauisch nur noch tropfenweise die Erlaubnis gewährten. Im Oktober 1499 befahlen die Herrscher, jene Moslems ausfindig zu machen, die ohne Erlaubnis zurückgekehrt waren, um ihre Güter zu beschlagnahmen. Nach 1501 wurde die Zulassung, wie man sich denken kann, an die Bekehrung geknüpft.

Die Unentschlossenheit, die Kehrtwendungen zeigen hinlänglich, daß die Wahl zwischen dem Glauben und dem Land unmöglich war. Die Mehrheit der Gemeinde nahm eine Zwischenposition ein, die zweideutig und voller Gefahren war. Viele blieben am Ort, empfingen die Taufe, aber blieben dem Glauben ihrer Vorfahren verhaftet. Ein Theologe aus Oran, Achmed ben Yunna, lieferte mit einer *fatwa* theoretische Argumente für diese Entscheidung. Nach seiner Ansicht durfte der moslemische Gläubige, unter das Joch eines Andersgläubigen gestellt, die *taqiyya*, die Verstellung, praktizieren. Obwohl diese Meinung nicht von allen Juristen geteilt wurde, war sie in Spanien sehr verbreitet.[19]

So entwickelte sich damals ein Krypto-Islam, der sich 1525 auf die Moslems der Krone von Aragón erstreckte, die ihrerseits zur Bekehrung gezwungen waren. Andere ertrugen diese immer unbequemere Lage nicht. Ali Dordux, *Kadi* von Malaga vor der Einnahme der Stadt 1487, hatte mit den Katholischen Königen paktiert. Mit Ehren überhäuft, war er geblieben. 1502 legte er keinen Wert mehr darauf und erhielt die Erlaubnis wegzugehen mit Hilfe des Rückkaufs von siebenundzwanzig christlichen Gefangenen, die in Nordafrika zurückgehalten wurden. Eine teuer erkaufte Gewissensfreiheit. Aber Dordux starb auf dem Weg ins Exil in Antequera.[20]

Das ist nur ein Beispiel unter vielen anderen. Zielscheibe von Beleidigungen und Provokationen, von den Schlägen der Inquisition bedroht, nährten die Moriskos eine tropfenweise, aber ständige Emigration. Das Problem wurde auf brutale Weise 1609 gelöst, als König Philipp II. die Ausweisung aller Krypto-Moslems aus Spanien dekretierte. Ein Echo hundertsiebzehn Jahre nach der gegenüber den Juden getroffenen Entscheidung. Der Ring der Intoleranz war geschlossen. Fast 300 000 Menschen mußten außer Landes gehen. Man darf getrost davon ausgehen, daß von 1485 bis 1615, zwischen offizieller Emigration und heimlicher Emigration, 500 000 spanische Moslems oder Krypto-Moslems ihr Geburtsland verlassen haben.

Die Exilierten der letzten Epoche, die der Jahre 1609–1615, wie alle ihre Vorläufer, flüchteten sich massenhaft in den Maghreb, mit einer Nuance allerdings: Bis dahin war Marokko das Hauptland der Einwanderung gewesen. Der Strom war nicht versiegt und die Korsarenrepublik von Salé, deren Quasi-Unabhängigkeit die *Moriskos* zwischen 1620 und 1670 aufrecht erhielten, zeugt davon. Aber die größten Kontingente brachen nach Tunesien auf und gründeten wohlhabende Gemeinden in Testour, Zaghouan, El Alia, Soliman… Eine Minderheit zog es vor, sich in den Städten oder Regionen des östlichen Mittelmeers niederzulassen, Konstantinopel vor allem. Noch andere, einige Tausend, setzten sich in Italien, in der Provence, sogar in der Gegend von Bordeaux fest. Mit sich brachten sie ihr Wissen auf den Gebieten der Bewässerung, der Keramik, der Musik, der Textilindustrie. In ihren Werkstätten entstand die Zuavenmütze…

Die Auswanderung der Juden

DIE JÜDISCHE DIASPORA ist im Verhältnis besser bekannt. Wir verdanken das zu einem großen Teil dem christlichen Chronisten Andrés Bernaldez, der sich praktisch ausschweigt über den moslemischen Exodus, dagegen gerne über das jüdische Äquivalent redet[21], und den Zeugnissen der Beteiligten, Abraham Ardutiel, Salomon ibn Verga und Josef ha Cohen, die uns reiche und leidenschaftliche Berichte hinterlassen haben.[22] Die beiden Phänomene sind auf den ersten Blick nicht gleichartig. Die jüdische Deportation ist die Folge eines Zwanges, eines Diktats. Im moslemischen Fall wird der Ausdruck Vertreibung vor 1502 nicht offiziell benutzt. Einer auferlegten Auswanderung steht also eine scheinbar gewollte Emigration gegenüber. In Wirklichkeit verhält es sich anders. Der beste Beweis dafür ist das Gerücht einer bevorstehenden Vertreibung der *Mujedars* in Kastilien, das im Herbst 1493 umlief.[23] Der einzig spürbare Unterschied zwischen den beiden Diasporas beruht auf dem Rhythmus der Vorgänge. Die eine mußte unbedingt in vier Monaten vollendet sein. Die andere war zeitlich unbegrenzt. Bis auf diese Variante, die auf die Anwendung der beiden Strategien zurückzuführen ist, ist alles übrige ähnlich. Das Ziel, die Einflußreichen, die Rebellen, die Bekehrungseifrigen zu eliminieren, die Lauen, die Resignierten zu behalten, ist ein und dasselbe. Und die Modalitäten, der Ablauf der Vorgänge, die wiederholten Zwischenfälle, die eingeschlagenen Wege sind zu einem großen Teil identisch.

Wir wollen eine kleine aragonesische Gemeinde, Ejea de los Caballeros, als Beispiel nehmen. Das Dekret war dort nicht bekannt vor dem

29. April, dem Sonntag von Quasimodo[24], so daß die aragonesischen Juden, und zweifellos viele andere, nicht mehr als drei Monate hatten, um alles zu regeln. Die von Ejea zählten ungefähr hundertzwanzig bis hundertfünfzig – dreißig Familien –, die von zwei Rabbinern geleitet wurden. Die wichtigste und unmittelbarste Aufgabe bestand darin, die Güter, die man nicht mitnehmen konnte (Häuser, Gold, Silber, Schmuck...) zu verkaufen und die Rechnungen mit den Schuldherren und Gläubigern zu begleichen. Die Fristen wirkten sich zum Nachteil der Opfer des Edikts aus, und die Christen, die Schulden bei ihnen hatten, erschienen nicht immer. Am ersten Juli zogen die Inquisitoren ins Dorf ein. Sie bemächtigten sich der Bücher im Besitz der Minorität. Talmud, Bibeln... alle wurden eingezogen. In Ejea wurden hundertfünfundzwanzig Bände, die im wesentlichen zwei Ärzten (sechzig und vierzig) gehörten, ihren Besitzern weggenommen. Am 12. kam ein Abgesandter des Herrn von Argavieso, der Verantwortliche für die Vertreibung aus Aragón, um die Gelder für den Transport einzutreiben, die zu Lasten der Auswanderer gingen. Ein Mitglied der Gemeinde, Moses Alcolumbri, begab sich an die Küste, um den Fortgang der Vorbereitungen zu überprüfen. Am 28. Juli fand die Abreise aus Ejea zum Hafen von Tarragona statt.

Dieses Schema, dieser kalendarische Ablauf, wurde überall respektiert. Bis ins geringste Detail geplant, war die Organisation der Operationen eine vielsagende und zusätzliche Illustration für die Effektivität des Verwaltungsapparates der Katholischen Könige. Schon Ende April und bis Anfang Juni hatte man Personal engagiert, um die jüdischen Viertel zu überwachen. So blieb der Schutz der Menschen gewährleistet, aber auch die Kontrolle des Kommens und Gehens und die Regelmäßigkeit der Transaktionen. In Valladolid standen die Häuser der *juderia* auf einem Gebiet, das dem Dominikanerkloster von Saint-Paul gehörte. Eine Übereinkunft, die den Verkauf der Plätze erlaubte und die Fortsetzung der Kirchenrente garantierte, wurde zwischen den beiden Parteien unterzeichnet.[25] Die königlichen Beamten wachten darüber, daß das Vermögen aus den *aljamas* (Synagogen, Friedhöfen...) nicht verkauft wurde. Die Frachtverträge wurden vorbereitet. Miguel Angel Motis Dolader hat drei ausfindig gemacht, die vom 15. Juni, vom 29. Juni und vom 14. Juli datieren, in denen valencianische oder Genueser Kaufleute figurieren.[26] In Cartagena griffen Luis de Sántangel und Francisco Pinelo ein, die überall gegenwärtig sind.[27]

Die angeforderten Schiffe waren meist große Segelschiffe oder Karaken von verschiedener Größe, die dreihundert bis tausend Personen transportieren konnten, eine Mannschaft von zwanzig bis vierzig Seeleuten.

Ein Klima der Gärung. Keine Region Spaniens entging ihm. Das Ausmaß der angezettelten Angelegenheiten stachelte die Begierde an. Die Juden versuchten verzweifelt, einen Teil ihrer Reichtümer zu retten, indem sie manchmal die Verfügungen des Edikts übertraten. Am 27. Juli wurden einige von ihnen, die aus Huesca stammten, festgenommen, weil sie Gold und Silber transportierten. Ein anderer, der versuchte, mit seinem Schatz nach Portugal zu gelangen, wurde bei Plasencia umgebracht. Man entdeckte an mehreren Stellen von Estremadura ein ganzes Netz, das Edelmetalle über die Grenze schaffte. Aber die Autoritäten entdeckten auch, daß mehrere Leute in hohen Positionen von der Situation profitierten. Unter ihnen der Graf Alfonso, Diego de Vara, der für die Transporte nach Badajoz verantwortlich war, und Francisco de Jerez, ein höherer Beamter in Valencia de Alcantara. Der Vertrauensmißbrauch, die Erpressungen zum Schaden der vertrauensvollen oder verwirrten Minoritäten mehren sich. Was für eine wunderbare Beute war das! In Fuenpudia bei Medina del Campo hinderte man sie daran, ihre Güter zu verkaufen. Der *corregidor* (höherer Gerichtsbeamter) von León, Juan de Portugal, bemächtigte sich der Gelder aus den Schulden. In der Nähe von Zamora wurde ein Wegzoll errichtet, um die Opfer des Edikts vom 31. März noch ein bißchen mehr auszusaugen. Die Schuldner weigerten sich zu zahlen unter dem Vorwand, daß Wucher ihnen gegenüber praktiziert worden sei. Das führte zu Überschreibungen von Liquidationen, offensichtlich zum Schaden derer, die gehen. In Medina del Campo, einem neuralgischen Punkt, weil es Messestadt war, wurden die Rechnungen erst im Oktober abgeschlossen. In Illescas nahe bei Toledo versprachen zwei Bewohner, die Auswanderer bis zum Bestimmungsort zu begleiten. Sie strichen eine schöne Geldsumme ein und rührten sich nicht.

Die Liste der Veruntreuungen im Verlauf des Frühjahrs und Sommers von 1492 ist endlos.[28] Sobald eine Angelegenheit den Herrschern zur Kenntnis gebracht wurde, leiteten diese eine Untersuchung ein, und die Urheber der Mißhelligkeiten wurden bestraft. Bis zum Ende erfüllten die Katholischen Könige, für die jede Übertretung eine Verletzung der Autorität des Staates darstellte, ihre Pflicht zum Schutz der jüdischen Gemeinde. Sie wurden außerdem noch Anfang Oktober vergeblich bei der Republik von Florenz vorstellig, damit die an den Diebstählen Schuldigen verfolgt wurden.[20] Es gelang ihnen gerade noch, einigen angesehenen Personen den Vorteil ihrer Bemühungen zu verschaffen, so Isaac Abravanel. Der Financier schuldete dem königlichen Schatz eine Summe, die höher als eine Million Maravedis war. Es wurde ihm erlaubt, sie durch nicht gedeckte Schuldbriefe zu verringern. Die darüber aufgestellte Liste umfaßt dreiundfünfzig auf eine Gesamtsumme von 928 000 Maravedis.[30] Es wurde ihm erlaubt, Juwelen und Gold im Wert von 1000 Dukaten (375 000 Maravedis) mitzunehmen. Sein Bruder Jakob, der wegen Schulden in Plasencia im Kerker saß, wurde freigelassen. Schließlich wurde ihm eine Herde von hundertvierzig Kühen, die ihm gestohlen worden war, zurückgegeben. Alles in allem waren die Gesten der königlichen Großzügigkeit nur der gerechte Dank für die überragenden Dienste, die ihnen bei allen Gelegenheiten erwiesen worden waren. Aber wieviel Unredlichkeiten, wieviel Diebstähle, die die Not der entwurzelten Juden oder Moslems erschwert hatten, wurden für einen Abravanel, der geschützt wurde, in aller Straffreiheit begangen?

Der Exodus, der schon im Monat Mai begann, ging erst Mitte August zu Ende, einige Tage nach den erbetenen Fristen. Zu diesem Zeitpunkt hatten vielleicht hundertfünfzigtausend Juden das Territorium verlassen. Die größten Kontingente gingen an verschiedene Orte über die spanisch-portugiesische Grenze, besonders im Westen von Zamora, Salamanca, Valencia de Alcántara und Badajoz. Ganz logisch, da die Gemeinden von Alt-Kastilien und Estremadura unter den zahlreichsten waren und die meisten Mitglieder zählten. Nach Aussage von Andrés Bernaldez lag ihre Zahl bei mehr als achtzigtausend.[31] In Cadiz und in Puerto de Santa Maria sollen achttausend Personen, die aus Westandalusien oder dem südlichsten Teil von Estremadura stammten, auf fünfundzwanzig Schiffe verteilt und nach Nordafrika geschickt worden sein. Übrigens waren es die Vorbereitungen auf diese Einschiffungen, die neben anderen Gründen Kolumbus dazu bewogen, von Palos aufzubrechen. Bernaldez berichtete, daß die meisten Andalusier eine mühsame Odyssee durchmachen mußten. Während einige in Arzila an Land gehen konnten, um sich nach Fes zu begeben, durften andere nicht in Oran aussteigen, das Piraten besetzt hielten.

Dazu gezwungen, zurückzukehren, suchten sie in Malaga und Cartagena Zuflucht, bevor sie wieder aufbrachen. Die Juden des Königreichs Granada, einige Hundert, verließen Malaga, um nach Badis zu gehen, einen lebhaften Hafen an der Rifküste, der an den *peñon* von Velez de la Gomera grenzte.[32] Die aus dem Königreich Aragón Vertriebenen verteilten sich auf die wichtigsten Häfen von Katalonien und Ostspanien; die von Huesca, Jaca oder Ejea versammelten sich in Tarragona; die von Saragossa oder Calatayud fuhren den Ebro bis nach Tortosa oder Ampolla hinunter; andere noch von Daroca, Belchite, Albarracín oder Teruel waren in Sagonta konzentriert.[33]
Nach Cartagena gelangten bedeutende Gruppen von Juden aus den Regionen von Cuenca, Murcia und aus der Mancha. Die, die sich an der Ostküste von Cartagena nach Tarragona oder Barcelona einschifften, wendeten sich zum Maghreb (Oran, Tunis), nach Italien (Neapel, Genua) oder Frankreich (Marseille). Einige Kolonnen, etwa zweitausend Personen, die aus dem Baskenland oder dem Norden von Kastilien kamen, wendeten sich zur kantabrischen Küste, um von Laredo aus nach Nordwesteuropa zu segeln. Schließlich zogen zweitausend Aragonesen jeder anderen Route die nach Navarra vor, einem immer unabhängigen Königreich, in dem keine Vertreibung stattfand. Wie wir sehen, sind alle spanischen Grenzen zu Land und auf dem Meer von den Sepharden auf dem Weg ins Exil passiert worden. Die Diaspora hat sich in allen vier Himmelsrichtungen vollzogen.
Die Zeugen sagen uns, daß der Aufbruch in einer Atmosphäre großer religiöser Inbrunst stattfand. Die Rabbiner erinnerten ihre Gefährten an die Leiden des Volks von Israel, das gezwungen war, Ägypten zu verlassen, und sahen in dem Datum des Aufbruchs, der ganz nahe am 9. des Monats Av. (2. August) lag, dem Jahrestag der Zerstörung des Tempels von Jerusalem, ein Zeichen. Der jüdische Messianismus erlebte im Mittelmeerraum ein lebhaftes Wiederaufblühen, zu dem Isaac Abravanel, der Toledaner Abraham ha Levi, für die das messianische Zeitalter 1524 anbrechen sollte, und Salomon Molho beigetragen haben, der es für 1540 ankündigte. Dieser letztere erregte Ärgernis; 1532 in Bologna verhaftet, wurde er zum Scheiterhaufen verurteilt.[34]
Wenn sie Spanien verlassen hatten, waren die Exilierten noch nicht am Ende ihrer Qualen und Mühen. Wir wollen zuerst das Schicksal derer betrachten, die versuchten, auf dem Landweg nach Portugal oder nach Navarra zu flüchten. Für die meisten war das portugiesische König-

reich nur ein kurzer Durchgangsort. Einige Tausend, die hundert *cruzeiros* (das entspricht 37500 Maravedis) pro Kopf bezahlt hatten, konnten bleiben. Tausend wurden nach dem Bericht von Bernaldez in die Sklaverei verschleppt. Tausend oder mehr wurden auf die atlantischen Inseln deportiert. Alle anderen nahmen ihre Wanderung wieder auf. Manche zogen es vor, nach Spanien zurückzugehen. Die Monarchen, ihrem Wunsch nachgebend, erlaubten es ihnen am 10. November 1492 unter der ausdrücklichen Bedingung, daß sie sofort die Taufe empfingen.[35] Die meisten suchten ein gastfreundlicheres Land zu erreichen. Viele kamen nach Arzila, einem portugiesischen Besitz an der marokkanischen Atlantikküste, und verteilten sich auf die wichtigsten Städte des Landes. Ihre Glaubensbrüder, die in Portugal geblieben waren, hatten eine Atempause von kurzer Dauer. 1497 zwang König Manuel I. die Juden zur Bekehrung und löste damit eine neue Welle der Emigration aus. In Navarra war der Vorgang entsprechend. Im Frühjahr 1498 verkündeten die Herrscher von Navarra, dem Druck von Papst Alexander VI. folgend, das Edikt der Vertreibung, das die Rückkehr eines Teils der Sepharden von Aragón um den Preis der Taufe nach sich zog, für andere das Fortdauern des Umherirrens in Richtung Frankreich und Italien.

Der Empfang, der den Emigranten vorbehalten war, die den Seeweg eingeschlagen hatten, war sehr verschieden. Bernaldez zeigt nicht ohne Hintergedanken Mitleid mit dem traurigen Schicksal, das vielen im Maghreb vorbehalten war. Er berichtet von den Diebstählen, den Vergewaltigungen, den Morden, deren Opfer sie zwischen Arzila und Fes wurden, trotz der Empfehlungen des Sultans, der seinen Schutz gewährt hatte.[36] Der Priester-Chronist erklärt, daß er in seinem Dorf ungefähr hundert unter ihnen getauft habe; erschöpft, kraftlos waren sie dem Gemetzel entgangen und hatten es vorgezogen, sich wieder einzuschiffen. Sein Zeugnis wird bekräftigt durch den Bericht von Abraham Ardutiel, der außerdem die heftige Feuersbrunst erlebte, die mitten im Jahr 1493 die unsicheren Einrichtungen der Neuankömmlinge in Fes zerstörte.[37] Ein wenig später lichtete eine schreckliche Epidemie noch mehr die Reihen der Gemeinde. Ibn Verga spielt auf die Verheerungen an, die die Epidemien während der Überfahrten anrichteten. Wie Josef ha Cohen und der Christ Bartolomeus de Senarega betont er die Not und die Mißgeschicke der Reisenden, die in Genua landeten. »Zahlreiche Christen«, sagt Ibn Verga, »gingen über die

Märkte, ein Kreuz in der Hand, ein Stück Brot in der anderen und sprachen die jungen Israeliten an: ›Wenn Du das anbetest, wirst Du Brot erhalten.‹«[38] Die Seeleute griffen die Einwanderer an und machten einen Teil zu Sklaven. In Rom legten – immer noch laut Ibn Verga – die Mitglieder der lokalen jüdischen Gemeinde der Niederlassung ihrer Glaubensbrüder Hindernisse in den Weg und gingen soweit, daß sie, um sie zu verhindern, dem Papst die Zahlung einer außergewöhnlichen Geldsumme versprachen.

In der ersten Zeit waren die gastlichsten Orte sicherlich Ferrara, Neapel und Konstantinopel. Der Herzog von Ferrara, Ercole d'Este, schrieb im November den unglücklichen in Genua Hängengebliebenen, daß er bereit sei, sie aufzunehmen.[39] Ungefähr zwanzig Familien antworteten sofort auf seinen Ruf und genossen alle Freiheiten. In Neapel und in seinem Königreich, wo die jüdische Gemeinde relativ zahlreich war, praktizierte König Ferrante eine Politik, die die Juden anziehen sollte. Vielleicht aus ökonomischen Gründen. Er empfing die aus Sizilien, damals spanischem Gebiet, vertriebenen Juden und versicherte am 8. Oktober 1492 die Sepharden seiner Unterstützung. Die einzige Beschränkung für den freien Eintritt: die Kontrolle, die bei der Ankunft ausgeübt wurde, um die Verbreitung ansteckender Krankheiten zu vermeiden. Aber Ferrante starb bald (1494). Italien wurde in endlose Kriege verwickelt und die Sepharden den Wechselspielen der Diplomatie und der religiösen Politik der Staaten unterworfen.

Einige Beispiele: In Genua fanden beständig Faktions-Kämpfe statt. Die Juden, 1516 vertrieben, wurden 1522 wiedereingelassen. 1550 wurden sie erneut aus der Stadt, dann 1567 aus dem gesamten Territorium der Republik geworfen.[40] In Rom ließ jede neue Papstwahl sie fürchten, daß das wohlwollende Verhalten, das 1492 Papst Alexander VI. gezeigt hatte, in Frage gestellt wurde. Unter solchen Umständen konnten sie sich in den Staaten des Papsttums ebenso niederlassen wie in der Grafschaft Vienne, päpstlichem Gebiet. Die Nachfolger von Alexander VI. stellten diese Haltung nicht in Frage. Aber es gab dennoch Erschütterungen. 1516 waren sie gezwungen, im Getto nahe am Tiber zu verharren. 1527, während der Plünderung der Stadt durch die kaiserliche Armee von Karl V., wurde das Viertel verwüstet. Unter den Fliehenden war auch der Grammtiker Elijah Levita, der nach Venedig ging. 1553 versetzte Papst Paul IV. der blühenden hebräischen Druckerei einen harten Schlag, indem er den Druck des Talmud

untersagte und am 9. September, dem Tag von Rosch Ha Schana, dem Beginn des jüdischen Jahrs, einen Scheiterhaufen errichten ließ, auf dem alle hebräischen Werke verbrannt wurden. Es ist die Stunde der Verfolgungen im gesamten Kirchenstaat, vor allem in Ancona mit seiner blühenden Gemeinde von sieben- bis achttausend Seelen.[41]
Größte Sicherheit und Stabilität fanden die Juden im ottomanischen Reich. »Sie nennen Ferdinand einen weisen König, ihn, der seine Staaten ärmer macht und meine bereichert!« soll Sultan Bajazet II. zum Großrabbiner von Konstantinopel, Moses Capsali, gesagt haben.[42] Vom Maghreb, aus Frankreich, aus Italien, aus Portugal gekommen, strömen die Juden nach Konstantinopel, Saloniki, Kairo und nach Safed in Palästina. Ihre Integration war nicht problematisch, denn in dem Reich wurde die Existenz eines *Millet*, einer jüdischen Nation, den drei anderen, der türkischen, griechischen und armenischen gleichgestellt. Juden wie Christen genossen den Status des *dhimmi* (Angehöriger einer andersgläubigen Minorität unter moslemischem Recht). Sie mußten eine Sondersteuer bezahlen, genossen aber völlige Freiheit der Religionsausübung. Der Großrabbiner war Ratgeber des Sultans, der Arzt des Fürsten war traditionell ein Jude.
Seltsame Beispiele illustrieren besser als alle Worte, bis zu welchem Punkt die Sepharden hin- und hergeworfen worden sind. Isaac Abravanel brach anscheinend von Cartagena auf. Der König von Neapel empfing ihn aufs beste und nahm ihn in seine Dienste. Als der Herrscher starb, begann Abravanel für Alphons II. zu arbeiten, der von den Franzosen verdrängt wurde. Die Besatzer verbrannten die Dokumente von Isaac, der seinen Herrn 1495 nach Sizilien begleitete, sich anschließend nach Korfu begab, nach Italien zurückkam und sich für einige Jahre in Monopoli in Apulien niederließ. Wir finden ihn wieder in Venedig, wo er mit einer diplomatischen Vermittlung zwischen der Republik von Venedig und Portugal beauftragt wird. Parallel verfolgte er seine biblischen Arbeiten, die er auf der iberischen Halbinsel begonnen hatte. Er kommentierte die Bücher von Josua und Samuel in Portugal, von Jesaja in Korfu, von Jeremias und Ezechiel in Venedig. Er starb im Alter von einundsiebzig Jahren und wurde in Padua begraben. »Ich habe an den Höfen der Fürsten und im Tumult der großen Welt gelebt«, soll er gesagt haben, »meine Tage in der Eitelkeit der Ehren und der Reichtümer verbringend, statt sie den Studien zu widmen.«[43]

Seine drei Söhne haben dieselbe unermüdliche Aktivität, dieselbe Fähigkeit, sich den Umständen anzupassen, gezeigt. Der älteste, Judas, ist auch der berühmteste. Um 1460 geboren, hat er Medizin- und Philosophiestudien betrieben. Nach Portugal gegangen, schrieb er eine Elegie über das Exil, in dem die Taufe seines Sohnes erwähnt wird. Er hat den Beruf eines Arztes in Neapel und Genua ausgeübt. Der, dem man den Beinamen Leo der Hebräer gab, hat Beziehungen mit Marcilio Ficino und Picco de la Mirandola unterhalten und auf italienisch *Dialoge über die Liebe* verfaßt. Er ist 1524 oder 1525 gestorben. Sein Bruder Joseph, 1471 geboren, ebenfalls Art, ließ sich mit Sicherheit 1494 in Venedig nieder, dann 1508 in Ferrara. Das letzte Kind von Isaac, Samuel, 1473 geboren, war ein brillanter Geschäftsmann. Sein Exil spielte sich hauptsächlich in Neapel ab. Bankier und Kaufmann, nahm er am Zuckerhandel von Madeira teil, am Getreidehandel, an den Märkten von Lanciano in den Abruzzen.[44] Er hielt sich auch in Saloniki auf und war ein Freund des Vizekönigs von Neapel, Pedro de Toledo, was nicht verhinderte, daß er 1541 wie alle Juden des Königreichs von neuem ins Exil gejagt wurde. Er ging nach Ferrara – für viele die letzte Zufluchtstätte –, wo er 1550 starb. Die Familie Abravanel hat sich anschließend über das ottomanische Reich verstreut. Wir finden 1725 einen Moses Abravanel als Rabbiner in Saloniki. In Wien nahm die Familie den Namen Frankel an. Aus der österreichischen Hauptstadt verjagt, soll sie sich schließlich in Preußen niedergelassen haben.

Josef ha Cohen, Autor des *Emeq ha bakha (Das Tal der Tränen)*, ist 1496 im Exil in Avignon geboren.[45] Seine Familie stammte väterlicherseits aus Cuenca in Kastilien, mütterlicherseits aus Aragonien. Die Cohen mußten sich bald davonmachen, denn die Einwohner von Avignon, beunruhigt über das Anwachsen der jüdischen Gemeinde, erreichten es, daß die Zuletztgekommenen ausgeschlossen wurden. Das war auch, 1501, der Augenblick, in dem die Provence sich ihrer Juden entledigte. Damals ließen sich die Cohen in Novi nieder, auf dem Gebiet der Republik von Genua. Josef wechselte den Wohnsitz nach den Wendungen der lokalen Politik. Er teilte sich zwischen Novi, Genua, Voltaggio und Castello de Montferrato auf. Er hat also trotz allem auf einem ziemlich begrenzten Gebiet gelebt, übte den Arztberuf aus und kümmerte sich um das Schicksal seiner Glaubensbrüder. Aber die Horizonte überschritten für diesen an allem interessierten Geist bei weitem den Rahmen von Norditalien. Er hat ein *Buch über Indien und über Hernán Cortés* geschrieben, das nichts anderes ist als die Übersetzung der Chronik von Francisco Lopez de Gomara, über die wir noch sprechen werden. Der Historiker und Dichter Josef ha Cohen pflegte natürlich Beziehungen mit dem ottomanischen Reich. Sein Onkel Bonafus Alconstantini ließ sich um 1510 in Nikopolis nieder, sein Bruder Meir und sein Cousin Obadias schlugen ihren Wohnsitz in Saloniki auf. Josef starb 1578 oder 1579.

Abraham Zacuto, 1452 in Kastilien geboren, war nach Studien der Astronomie und der Astrologie in Salamanca in den Dienst der »Großen« getreten: des Bischofs von Salamanca, dann von Juan de Zuñiga, dem Meister des Ordens von Alcántara[46], dessen Astronom er war. 1478 zeichnete er astronomische Tafeln, die Christoph Kolumbus benützte. Dieser große Humanist schlug 1492 den Weg nach Portugal ein und wurde Astronom von Johann II. und Manuel I. Aber 1497 nahm er wie so viele wieder den Weg nach Tunis, Italien und in die Türkei. Astronom, Historiker, Philologe, starb er wahrscheinlich 1515 in Damaskus. Yosef ben Efraïm Caro, der sehr viel jünger ist – er wurde 1488 wahrscheinlich in Toledo geboren – ist mehr oder weniger derselben Route gefolgt: Portugal, dann das ottomanische Reich (Konstantinopel, Adrianopel), schließlich Palästina. Lange Zeit war er das geistige Oberhaupt der Gemeinde von Safed und schuf ein großes Sammelwerk der talmudischen Schriften, den *Beth Josef (Das Haus von Josef)*, dessen Resümee, 1568 in Saloniki in jüdisch-spanischer Sprache verfaßt, großen Erfolg hatte. Er starb 1575 in Safed.[47]

Der Vergleich zwischen den geographischen Tableaus der sephardischen Diaspora am Ende des Jahres 1492 und in der Mitte des sechzehnten Jahrhunderts offenbart eine Konstante, eine Vereinfachung und einen zunehmenden Ortswechsel. Eine Konstante: denn 1492 wie 1550 haben sich die Exilierten und ihre Abkömmlinge um das Mittelmeerbecken verstreut; außerhalb dieses Gebietes ließ sich lediglich eine verschwindende Minderheit nieder. Eine Vereinfachung: denn durch den Zwang der Dinge und den Willen der Fürsten sind die Juden in weniger als zehn Jahren (1492–1501) aus Kastilien, Aragón, Portugal, Navarra und der Provence verbannt worden, so daß die ursprüngliche Diaspora der spanischen Juden in alle Richtungen schließlich eine große Strömung gebildet hat, die im wesentlichen von Westen nach Osten verlief. Ein zunehmender Ortswechsel schließlich in der mittel-

meerischen Welt, da das ottomanische Reich immer mehr der Anziehungspol wird.
Die Folgen der Bewegung sind beträchtlich. Das christliche Mittelmeer oder zumindest die christlichen Flächenstaaten in Südwest-Europa (Spanien, Portugal, Frankreich) verschlossen sich den Minderheiten, während das ungeheure moslemische Reich, Beherrscher des östlichen Mittelmeeres, ihnen offen blieb. Wir wollen nicht vergessen, daß ihr Einfluß von Konstantinopel bis zu den Pforten von Oran spürbar war. Das Spanien der drei Kulturen war tot, aber das multikulturelle ottomanische Reich sehr lebendig.[48] Von dieser Tatsache her fallen trotz der ursprünglichen Unähnlichkeiten die moslemische und jüdische Diaspora schließlich praktisch zusammen, bis auf eine bedeutende Nuance. Die erste wußte von Beginn, wohin sie gehen wollte, die zweite nicht: Als einzige Diaspora im strengeren Sinn mußte sie immer mit den jeweiligen Gebietsautoritäten verhandeln. Italien war unter diesen Bedingungen eine Welt für sich. Während die moslemische Präsenz dort bereits abgenommen hatte, was nicht überrascht, blieben die Juden dort allen Turbulenzen und Launen der kirchlichen und weltlichen Fürsten zum Trotz immer geachtet. Die kleinen Herzogtümer, die kleinen Republiken wissen, welchen Vorteil sie aus den fleißigen Gemeinden ziehen können. Umgekehrt schätzten die Juden die ungeheuren Möglichkeiten, die ortsgebundene Ökonomien ihnen boten.
Die sephardische Diaspora ist ein ungeheurer Strang mit niemals abgeschnittenen Fäden. Die Abreise aus Spanien riß die *juderia* – deren Einwohner in alle vier Ecken des Mittelmeeres verstreut wurden – auseinander und zerstreute sogar, wie die gelieferten Beispiele bezeugen, die Mitglieder ein und derselben Familie. Die Bande bleiben dennoch eng. Nach dem Auf und Ab der provisorischen oder endgültigen Ortwechsel fanden sie sich immer wieder. Notfalls tauschten sie miteinander. Fernand Braudel spricht in bezug auf sie von Allgegenwart. Dutzende und Dutzende von städtischen Gemeinden haben sich auf diese Weise gebildet oder verstärkt. Die meisten hatten im sechzehnten Jahrhundert einige Hunderte oder Tausende von Einwohnern. 1588 gab es 400 Juden auf Korfu, 500 auf Rhodos, um 1560 mehr als 500 in Candia, zwischen 500 und 1000 in Oran (das doch unter spanischer Kontrolle stand) oder in Livorno (das seinen Aufstieg am Ende des sechzehnten Jahrhunderts zum größten Teil ihnen verdankt); um die 2000 lebten in Safed oder in Jerusalem, 25000 um 1500 in Venedig, 7000

bis 8000 in Ancona.[49] Die beiden sephardischen Hauptstädte aber, wahrhaftige jüdische Republiken, waren Konstantinopel und Saloniki, das jedes Zehntausende von Einwohnern zählt, ersteres 1550 sicher 50 000, das zweite zur gleichen Zeit 30 000, vielleicht 40 000. Die Gemeinden werden vom Großrabbiner geleitet, dem einzigen der Regierung Verantwortlichen. Sie sind um zahlreiche Synagogen organisiert – einige Dutzend in jeder Stadt –, die in Saloniki heißen Aragón, Katalonien, Kalabrien, Mallorca, Gueronsh Sefarad (Exil Spaniens). Wie in Venedig, Rom oder Ferrara blüht die Druckerei. Unter den Ausgaben von Eliezer Soncino, der zwischen 1520 und 1548 äußerst aktiv ist, ist die hebräische Übersetzung von *Amadis von Gallien*, dem spanischen Ritterroman, zu nennen. In Saloniki veröffentlicht Moses Almosnino 1560–1564 sein *Regimiento de la vida.* Aber die Sepharden beschränken sich nicht auf das kulturelle Gebiet. Sie sind sehr tätig in der Textilindustrie – aus ihren Werkstätten stammen die Tuniken der Janitscharen – und in der Lederverarbeitung, andere arbeiten als Trödler, Töpfer, Hafenarbeiter. Das Gefühl, daß sie spanischen Ursprungs sind, ist bei allen fest verankert: die Viertel oder die Straßen von Saloniki heißen *carniceria, los encantados, cantareros.*[50]

»Viele blieben in Spanien, weil sie nicht den Mut hatten wegzugehen oder weil Jahwe ihre Herzen nicht berührt hatte. Viele schworen damals ihrem Glauben ab. ›Siehe Herr, schenke dem, dem Du das angetan hast, Deine Aufmerksamkeit!‹« Josef ha Cohen beklagte mit diesen Worten, daß zur entscheidenden Stunde eine große Anzahl der Juden Spaniens, als erster Abraham der Ältere, der Großrabbiner, der zu Francisco Coronel geworden war, diese Wahl getroffen hatten. Wie viele waren es? Wir wissen es nicht mit Sicherheit. Auf 150 000 Unerschütterliche kamen 50 000 Wankende, zu denen man die Exilierten, die nach Spanien zurückkamen, zählen müßte, die selten einbezogen werden. Das sind die am häufigsten genannten Zahlen. Es gibt aber auch Autoren, die die Aufbrüche auf 200 000 und die Verbleibenden auf 100 000 schätzen.[51] Das Wichtige ist die Übereinstimmung bezüglich eines sehr hohen Anteils an Standhaften, vor allem in Kastilien, denn in Aragón scheinen die Predigtkampagnen vom Frühjahr 1492 eine gewisse Wirkung gehabt zu haben. Die anderen, die *conversos*, haben einen scheinbar bequemen Weg einschlagen können oder an eine vorübergehende Krise geglaubt. Sie wiegten sich in Illusionen. Auch für sie waren die Zeiten hart. Neu-Christen geworden, fielen sie unter die Bedrohung durch die Inquisition, und die Distrikttribunale milderten keineswegs ihren Druck. Die sogenannten *Marranen* zahlten einen schweren Tribut.[52] Im Verlauf der Periode 1480–1530 waren unter den 2507 Opfern des Tribunals von Toledo 2186 Neu-Christen. Ebenso 2156 der 2354 Opfer des Tribunals von Valencia.[53] Nach einer relativen Pause in den Jahren 1530–1620, während derer andere Verdächtige, die Krypto-Moslems besonders, mehr als Zielscheibe dienten, gerieten die *Marranen* abermals ins Zentrum der Aufmerksamkeit der Inquisition. Noch zwischen 1715 und 1730 mußten sie eine heftige Unterdrückungswelle erdulden. Und wir wollen Portugal nicht vergessen, wo die fürchterliche Institution von 1547 an die Judaisierenden heimsucht. Zwischen 1601 und 1688 verurteilte das Gericht von Evora 4885 Personen.[54]

Der Verfolgungen müde, begierig, ihren Glauben offen zu leben, zogen es zahlreiche Marranen natürlich vor, sich in freundlicheren Gefilden niederzulassen. Nach dem Vorbild der moslemischen Emigration war die jüdische Diaspora im sechzehnten und siebzehnten Jahrhundert noch nicht versiegt. Aber wenn manchmal die Wege noch dieselben waren wie einst (Livorno, Tanger, Algier, Tunis, Saloniki, Istanbul), so wurden jetzt mehr und mehr andere Routen eingeschlagen. Spanische und portugiesische Marranen flohen nach Frankreich – nach Bayonne oder Bordeaux, nach Nantes oder Rouen –, nach England oder in die Niederlande. In Amsterdam verbreitete die äußerst dynamische jüdische Gemeinde im siebzehnten Jahrhundert besonderen Glanz. Fernando Cardoso, in Celorico da Beira in Portugal geboren, war Arzt am Hof von Madrid.[55] 1648 ging er nach Venedig ins Exil, dann nach Verona, wo er 1683 starb. Ein klassischer Weg. Aber der Philosoph Uriel da Costa, 1585 in Coimbra geboren, ließ sich in Amsterdam nieder, wo er sich 1642 umbrachte. Antonio Enrique Gomez, 1600 in Cuenca geboren, lebte fünfzehn Jahre in Frankreich, in Bordeaux, dann in Rouen. 1650 nach Spanien zurückgekehrt, erlebte dieser Dramatiker wie sein Wachsbild anläßlich des Autodafé von Sevilla am 14. April 1660 verbrannt wurde. Er wurde bald darauf verhaftet und starb 1663 in einem Kerker der Inquisition.[56]

Die Auswanderung der Christen

AM 25. SEPTEMBER 1493 VERLIESS Christoph Kolumbus Cadiz, um zum zweiten Mal in die Neue Welt zu fahren. Die Flotte war beachtlich: siebzehn Schiffe, darunter die unverwüstliche *Niña*, mit zusammen zweitausendzweihundert Mann an Bord. Immer noch stand die Erforschung auf dem Programm, aber die Zahl und die Eigenschaft der Teilnehmer, das eingeschiffte Material und das transportierte Saatgut zeugen vom Willen zur Kolonisation. An der Reise nahmen der Kartograph Juan de la Cosa, der aus Santoña stammte, und viele kleine Adlige teil, die nach Ruhm und Bereicherung begierig waren: der Galizier Sebastian de Campo, der beweisen wird, daß Kuba eine Insel ist, der Kastile Alonso de Hojeda, der eine lange Erkundungsreise an den Küsten von Venezuela machen wird, und der Sevillaner Juan Ponce de Leon, der als erster die Küsten von Florida erforschen wird. Es waren auch fünf Geistliche dabei: der benediktinische Seelsorger der Flotte, Bernardo Boyl, drei Franziskaner und ein Hieronymit. Handwerker und Bauern ebenfalls. Wie bei der ersten Reise waren die Mehrheit Andalusier.

Kolumbus fuhr Zwischenfällen und bitteren Überraschungen entgegen. Angefangen mit der Entdeckung des Unglücks von Navidad. Das Fort, das Ende 1492 erbaut worden war, war verbrannt, und es gab keinen Überlebenden. Aber der Genueser beschloß, alsbald an einem anderen Ort auf Hispaniola einen neuen Bau zu errichten, den er Isabela nannte. Diese Kolonie sollte eine bewegte Existenz haben, und sie ist der wirkliche Startschuß zur europäischen Expansion in Amerika.

Von den ungeheuren Möglichkeiten angezogen, ist die Emigration aus der Alten in Richtung Neue Welt seit dem Ende des fünfzehnten Jahrhunderts niemals versiegt. Wir wollen uns damit begnügen, ihre wichtigsten Charakteristika für das sechzehnte Jahrhundert und die erste Hälfte des siebzehnten Jahrhunderts zu analysieren, wobei wir auf die Menge von Informationen, die aus verschiedenen Quellen stammen, besonders aus der *Casa de contratación* (wörtlich »das Haus des Handels«) von Sevilla zurückgreifen. Am 14. Februar 1503 gegründet, war diese Institution das Hauptstück des spanischen Handelsmonopols mit Westindien.[57] Im Schutz der Mauern des Alcázar versuchten seine Angestellten alles zu überwachen. Die *casa de contratación* unterhielt Register von Schiffsmannschaften und Waren, organisierte Flotten,

erhob die Schiffsgebühren, spielte die Rolle einer Schiffahrtsschule, in der die Steuermänner ausgebildet und Karten hergestellt wurden, und sie wachte über die den Handel begleitenden straf- und zivilrechtlichen Prozesse. Die Kontrolle erstreckte sich auch auf die Emigrationswilligen, die sich ausschließlich in Sevilla einschiffen durften.
Die Perfektion, die durch das administrative Räderwerk des modernen Spanien erreicht wurde, verblüfft. Aber diese fast polizeiliche Manie ist aus der Distanz gesehen unsere Chance, denn die Dokumente des sechzehnten und siebzehnten Jahrhunderts liefern zahlreiche Geheimnisse bezüglich Umfang, Art und Schicksal der spanischen Emigration in Richtung Amerika. Paradoxerweise ist die Zahl der Emigranten der unsicherste Aspekt unserer Kenntnisse. Magnus Morner hat eine Annäherung von der Menge und dem Laderaum der Schiffe aus versucht, die die Stadt des Guadalquivir verließen. Von 1506 bis 1650 hätten nach seinen Berechnungen 10 635 auslaufende Schiffe 437 669 Personen mitgenommen.[58] Die Größenordnung ist interessant, aber die Forschung ist der Ansicht, daß Morner die Transportfähigkeit unterschätzt. Die Schätzungen mithilfe der bewilligten Ausfuhrgenehmigungen sind nicht sicherer. Es fehlt an Registern. Und welches ist der Anteil der heimlichen Emigration? Der Anteil der Rückkehrer? 1604 spielt ein offizieller Text auf die Abreise von 600 Frauen an, »während ich nur 50 Genehmigungen erteilt hatte«, sagt der Verwalter. 1607 spricht ein Bericht über eine starke illegale Emigration, trotz der Erschwerung der gegen die Schiffsherrn, die sich Nachlässigkeiten schuldig gemacht hatten, ausgesprochenen Sanktionen. Nachdem er einst den jährlichen Mittelwert der offiziellen und heimlichen Abreisen auf 4000 oder 5000 geschätzt hatte, hat Antonio Dominguez Ortiz seine Schätzungen verringert. 400 000 bis 500 000 Leute sollen im sechzehnten und siebzehnten Jahrhundert von Spanien aus nach Amerika gegangen sein.[59] Das ist mangels eines Besseren die Ziffer, die wir festhalten wollen.[60]

Wir haben dagegen absolute Sicherheit, was die geographische Abstammung der Kandidaten für die amerikanische Reise betrifft. Peter Boyd Bowman hat eine Untersuchung gemacht, die sich auf beinahe 55 000 Siedler, die sich zwischen 1493 und 1600 in der Neuen Welt niederließen, bezieht. Das Bild, das er aufgrund seiner Untersuchungen zeichnet, ist klar.[61] Die Andalusier stellen mehr als ein Drittel der offiziellen Emigranten dar: genau 36,9%. Anschließend kommen

Die Emigration nach Amerika im 16. Jahrhundert

	1493–1519	1520–1539	1540–1559	1560–1579	1580–1600	Total	Prozentual
Andalusien	2 172	4 247	3 269	6 547	3 994	20 229	36,9
Estremadura	769	2 204	1 416	3 295	1 351	9 035	16,4
Neu-Kastilien	483	1 587	1 303	3 343	1 825	8 541	15,6
Alt-Kastilien	987	2 337	1 390	1 984	970	7 668	14
León	406	1 004	559	875	384	3 228	5,9
Baskenland	257	600	396	515	312	2 080	3,8
Nicht-Spanier	141	557	332	263	229	1 522	2,8
Galizien	111	193	73	179	111	667	1,2
Katalonien, Valencia und Balearen	40	131	62	113	55	401	0,7
Aragón	32	101	40	99	83	355	0,6
Murcia	29	122	50	96	47	344	0,6
Navarra	10	71	81	112	52	326	0,6
Asturien	36	77	49	90	71	323	0,6
Kanarische Inseln	8	31	24	75	24	162	0,3
Gesamt	5 481	13 262	9 044	17 586	9 508	54 881	100

Estremadura, nahezu jeder sechste Siedler, und Neu- und Alt-Kastilien, jeweils ungefähr jeder siebte. Die Varianten im Verlauf des Jahrhunderts sind gering außer für die beiden Kastilien. Das nördliche Alt-Kastilien – Burgos, Valladolid und Segovia – steht etwa bis 1540 an zweiter Stelle. Sein Beitrag vermindert sich anschließend ständig, während der von Neu-Kastilien (Madrid, Toledo, die Mancha) sich in umgekehrter Richtung bewegt. In den beiden letzten Dezennien liefert die Gesamtheit Andalusien-Estremadura-Neu-Kastilien, mit anderen Worten, die südliche Hälfte des Königreichs von Kastilien, mehr als drei Viertel der Emigration.

Das Königreich Aragón ist seinerseits auf die genaue Portion von 1,3% reduziert. Selbst wenn sein Beitrag nicht ganz vernachlässigt werden darf, aus der Tatsache heraus, daß es eine Menge Händler, Kapitäne und Seeleute unter den Katalanen oder Valencianern gab, so blieb doch die Teilnahme der östlichen spanischen Länder insgesamt schwach. Man hat viel über die Ursachen dafür debattiert – Konsequenz des Monopols von Sevilla, mangelndes Interesse für ein Unternehmen, das als kastilisch angesehen wurde, mangelnder Elan in der Folge der Krise am Ende des Mittelalters? Zum Mittelmeer fühlten sich die Länder des Königreichs Aragón zweifellos weiter hingezogen; aber es gilt heute als sicher, daß die Schwäche der Wirtschaft und das Fehlen eines demographischen Drucks die Haupterklärung sind.[62]

Das Baskenland (einschließlich Navarra) nimmt eine Sonderstellung ein. Sein Beitrag ist offensichtlich bescheiden (4,4%), aber da man die Winzigkeit des Territoriums und die relativ geringe Zahl seiner Einwohner in Rechnung stellen muß, ist sie im Vergleich sieben bis acht Mal höher als die der Länder des Königreichs Aragón. In der ersten Hälfte des Jahrhunderts lag sie in der Größenordnung von fünf Prozent. Wir wissen, wie groß die Rolle der baskischen Seeleute (so Juan de la Cosa, der Kartograph schlechthin) von der ersten Expedition des Kolumbus an war, aber es ist auch beachtlich, daß ein bedeutender Teil des kirchlichen Rahmens der kolonialen Milieus baskischer Herkunft war, so Zumarraga, der erste Bischof von Mexiko, und Francisco de Urdiñola, der erste Bischof von Oaxaca.[63]

Bleibt die kanarische Unbekannte. Wenn man Peter Boyd Bowman Glauben schenkt, sind die Bewohner der Inseln kaum emigriert. Eine erstaunliche Versicherung, die widerlegt wird durch die Zeugnisse der Zeitgenossen und durch die Angaben der Notariatsquellen von Gran-

Canaria. Mehr noch, es ist möglich, daß all denen, die von der Halbinsel kamen und versuchten, Amerika unter Umgehung der administrativen Plackerein zu erreichen, der Archipel als Zwischenstation diente. Man darf also den Anteil der Inseln weder unterschätzen noch den hervorragenden Platz vergessen, den sie in der heimlichen Emigration behaupten.

Die Krisenzeiten, die beschränkten ökonomischen Hilfsmittel in manchen Regionen, Estremadura zum Beispiel, die Zwänge der Konventionen der Erbfolge manchmal – im Baskenland fällt im Rahmen der Stammfamilie das Erbteil auf den ältesten Sohn – waren ebenso viel Ansporn zur Reise nach Amerika.[64] Die Emigration war ein Mittel, einer Existenz zu entkommen, deren Mittelmäßigkeit unausweichlich schien. Aber für viele war der Aufbruch eine Versuchung, ein Synonym für Abenteuer und Gewinn. Das Beispiel der spektakulären Erfolge, die bei Gelegenheit der Heimkehr bekannt oder vom Hörensagen weitergegeben wurden, war oft überzeugend. Die Ermutigungen der Nahestehenden, die schon aufgebrochen waren, der Wunsch, die Familie, die durch die Entfernung eines ihrer Mitglieder erst einmal zerbrochen war, wiederherzustellen, waren ein weiterer entscheidender Faktor der Emigration. Deshalb ist die Bewegung sozial vielschichtig. Alle Klassen haben daran teilgenommen, vielleicht mit einer besonders starken Beteiligung der Leute von mittlerem Stand: Angehörige des niederen Adels, Kaufleute, Beamte. So findet man bei Gelegenheit einer Untersuchung, die sich auf 10502 Andalusier erstreckt, die im siebzehnten Jahrhundert emigriert sind, 1423 Kaufleute und 526 Geistliche. Außerdem Juristen, Ärzte, Handwerker (Maurer, Zimmerleute, Schuster, Schmiede usf.). Wenige Bauern.[65] Die, die man »Männer vom Meer« nennt, sind, wie sollte es anders sein, besonders zahlreich, kamen sie nun aus dem Baskenland, Katalonien oder aus dem andalusischen Niebla. Wir wollen die Militärs hinzufügen, die noch im siebzehnten Jahrhundert in Chile den Widerstand der Araukaner brechen sollten.[66] Das Gesamtprofil ist in einem weiten Maß durch den Preis der Reise zu erklären. Die mittleren Kosten sind auf ungefähr fünfzig Dukaten berechnet worden; das entspricht zweihundertfünfzig Arbeitstagen eines bäuerlichen Tagelöhners. Unter diesen Umständen eine ganze Familie auf offiziellem Weg aufbrechen zu lassen, stellte eine beträchtliche Ausgabe dar.

Die Auswanderwilligen verkauften ihre Ländereien, baten um Vorstreckung von Erbteilen, forderten Leihgaben – keineswegs immer mit Erfolg. Es bleibt eine Möglichkeit, die Hilfsquelle der Mittellosen: in den Dienst eines Dritten zu treten. Hiermit haben wir die Erklärung für die Teilnahme zahlreicher Dienstboten – zwei Drittel der Gesamtheit – unter den Leuten aus Estremadura, die sich im sechzehnten Jahrhundert in Sevilla einschiffen.[67] Die Notariatsarchive enthüllen die Kontrakte, die die Verbreitung dieser Praxis bestätigen. Zum Beispiel erklären sich Domingo Caravello und Maria Rodriguez 1598 bereit, sechs Jahre lang Juan del Castillo zu dienen.[68] Dafür wird ihr Herr ihnen die Reise bezahlen, ihnen Nahrung und Kleidung geben und nach Ablauf des Vertrags jedem zwanzig Dukaten geben.

In der ersten Zeit war die Emigration beinahe ausschließlich männlich. Wir wollen den Fall von Estremadura noch einmal aufgreifen. In der ersten Hälfte des sechzehnten Jahrhunderts sind nur fünf bis sechs Prozent der Reisenden Frauen. Im Verlauf der zweiten Hälfte des Jahrhunderts bilden sie dreißig Prozent der künftigen *Indianos*.[69] Gegen 1550 kann die Eroberung als beendet angesehen werden. Jetzt ist Platz für die Kolonisierung! Die Krone sucht, dauerhafte Niederlassungen zu begünstigen und gegen die liederlichen Sitten der Siedler zu kämpfen. Hieß Asunción damals nicht »das Paradies des Mohammed«? Deshalb wird es den ledigen Frauen untersagt, sich einzuschiffen, und den verheirateten Männern, ohne Begleitung ihrer Ehefrauen loszufahren. Die, die dieser letzteren Anordnung, die schon 1504 erlassen wurde, zuwiderhandelten, dürften sehr zahlreich gewesen sein, wenn man nach den zahlreichen Verweisen urteilt, vor allem 1530 und 1549. Mit der Zeit jedenfalls wurde ihre Zahl geringer. Da die militärischen Operationen seltener wurden, wünschten die Beteiligten, ihre Familien wiederherzustellen. Manche scheuten nicht ein von zahlreichen Hindernissen begleitetes Hin und Her zwischen Amerika und Spanien, um Frau und Kinder zu holen. Andere sparten, um die Reise ihres Ehegefährten möglichst bald zu bezahlen. Zunehmend verließen ganze Familien Spanien, um in die Neue Welt zu gehen. Im siebzehnten Jahrhundert schifften sich 60% der Andalusier als Familie ein. 1601 brachen Estacio Ruiz und Maria de San Sebastian mit ihren acht Kindern auf; 1603 emigrierten Benito Martin und Juana Hernandez mit zehn Kindern und einem Enkel.[70]

In diesen letzten Fällen fuhren die Reisenden zu Verwandten, die sie offensichtlich gerufen und ihnen finanziell geholfen hatten. Darin liegt nichts Außergewöhnliches, denn gegenseitige Hilfe war allgemein verbreitet. Der Goldschmied Juan de Peralta, der sich in Lima niedergelassen hatte, beruhigte seine Mutter, die in der kleinen Stadt Alcalá de Guadeira nahe bei Sevilla geblieben war. Es war ihm gelungen, seinen Bruder Diego beim Gericht von Charcas unterzubringen. Juan Lopez Bravo in Guatemala rief seinen Bruder, seine Schwägerin, seine Neffen, die in Córdoba wohnen, dazu auf, zu ihm zu kommen. Er war mit Süßwarenhandel ein reicher Mann geworden.[71] So kommen wieder weitläufige Familien auf amerikanischem Boden zusammen. Die familiäre, dörfliche, regionale Solidarität funktionierte ausgezeichnet. Ein Mann aus Estremadura ermahnte 1572 einen Priester, der in seiner Stadt Montijo geblieben war, diesen elenden Landstrich zu verlassen und zu ihm nach Mexiko zu kommen, »wo jeder Geistliche ein Prälat ist«. Mit einem Wort, er zeichnete ein idyllisches Gemälde vom Leben in Neu-Spanien, wo er bereits seit ungefähr zehn Jahren lebte.

Man emigrierte so gut wie nie aus Zufall. Bei der Ankunft nehmen die Empfangs-Organisationen sich der Neuangekommenen an. Man holte sie in Veracruz oder in Nombre de Dios ab. Die Leute aus Estremadura im sechzehnten Jahrhundert (49,4% der Emigranten der Region) wie die Andalusen im siebzehnten Jahrhundert (39,8%) gingen an erster Stelle nach Neu-Spanien (dem heutigen Mexiko). Peru zog ein Viertel der einen und der anderen an, aber hinter der Gleichförmigkeit der Fassade verbergen sich Gruppierungen auf lokaler oder mikroregionaler Ebene. Die Einwohner der estremadurensischen Stadt Trujillo ließen sich in Peru, Lima, Cuzco, Potosi usf. nieder. Ist das nicht logisch für die Menschen, die auf den Spuren ihres Mitbürgers Pizarro wandeln? Eine Untersuchung von 1689 zeigt, daß in Mexiko die andalusische Kolonie sehr bedeutend war und an zweiter Stelle die baskische. Wir finden die Basken in den mexikanischen Minenstädten von Guanajuato und Zacatecas. In Puebla, immer noch in Mexiko, scheinen in der zweiten Hälfte des sechzehnten Jahrhunderts Leute aus Estremadura, Andalusien und aus der kleinen Region von Alcarría in Neu-Kastilien drei ähnlich große Kerne zu bilden.

Bindungen zwischen Menschen, die denselben Ursprung hatten, Bindungen auch zwischen der Kolonie und der Hauptstadt. Die Briefe der nach Amerika Emigrierten sind in dieser Hinsicht von einem unvermuteten Reichtum. Enrique Otte hat vor kurzem beinahe siebenhundert Briefe vom Ende des sechzehnten Jahrhunderts und vom Beginn des siebzehnten Jahrhunderts ausgegraben.[72] Die Emigranten hörten nicht auf, sich um das Schicksal ihrer Verwandten zu kümmern. Der Wäschehändler Martin Fernández Cubero möchte unbedingt erfahren, ob seine Nichte verheiratet ist, und bietet für den Fall, daß dies noch nicht geschehen ist, eine reichliche Aussteuer an. Noch im geringfügigsten Brief ist die Rede von allen Mitgliedern der Verwandtschaft des Unterzeichneten, und häufig beauftragt dieser seine Adressaten mit Bestellungen an Freunde, die ihm teuer sind. Die Familienväter, die allein aufgebrochen sind, geben Ratschläge zur Erziehung ihrer Kinder. Der Transport der Briefe, eine unwahrscheinliche Menschenkette, zeigt die Sorge, um jeden Preis den Kontakt zwischen den beiden Ufern zu erhalten, und die gegenseitige Hilfe zwischen den Emigrierten. Die, die Erfolg haben, vergaßen nicht ihr *patria chica* (kleines Vaterland). Sie kehrten manchmal dorthin zurück, aber sie begnügten sich auch damit, aus der Ferne zu investieren oder ihr Mäzenat auszuüben. Aufsehenerregend waren in Trujillo im sechzehnten Jahrhundert die frommen Schenkungen, die Errichtung von Palästen, der Kauf von Ländereien, die mit dem Geld der Indianos (Spanisch-Amerikanern) realisiert wurden. Es genügt, heute durch die Straßen der Stadt zu gehen, um sich davon zu überzeugen. Balmaseda, ein Ort an der Biskaya, profitierte von der Großzügigkeit mehrerer seiner Kinder, die in die Ferne aufgebrochen waren. 1571 hinterließ Juan de la Puente aus Potosi fünfhundert Dukaten an seine Geburtsstadt, um einen Gemeindespeicher zu errichten. 1644 entlohnte Juan de la Piedra auf testamentarischem Weg einen Hauslehrer und gründete ein Klarissinnenkloster.[73]

Dennoch hätten die meisten unter denen, die schreiben, nie ihr neues Leben gegen das alte vertauscht. Das häufigste Thema ihrer Botschaften war der Aufruf, ihrem Beispiel zu folgen. Sie zeichneten häufig ein idyllisches Bild von den amerikanischen Gebieten. »Ich habe viel verdient«, rief Martin Fernández Cubero aus. Der Schneider Alonso Morales versicherte, er sei vier mal reicher als in Spanien. »Verlasse dieses geizige Land, das nur für den gut ist, der viel Geld hat«, sagt ein dritter. »Man hat mir erzählt, daß Spanien nur Armut bedeutet«, berichtet 1611 Juan Lopez de Figueroa.[74]

Aber lassen wir uns nicht von der Redseligkeit der Verfasser der Briefe täuschen. Das sind Händler, Handwerker – in Puebla werden Leintücher hergestellt –, Verwalter, Geistliche. Bis zu welchem Punkt waren sie repräsentativ für die Emigration? Neben anderen Privilegien können sie schreiben, in einer Welt, in der die Lese- und Schreibkundigen in der Minderzahl sind. Sie stellen den Saum dar, der über die besten Trümpfe verfügte, die größten Chancen für den Erfolg. Aber was wurde aus den Dienstboten, den Mittellosen? Ihr mittelmäßiges Leben hat keine Spur hinterlassen. Was nicht sagen will, daß die Ihren sie vergessen hätten. 1602 vergißt in der Stunde ihres Todes eine Einwohnerin von Huelva in ihrem Testament nicht ihren Sohn Pedro, der neun Jahre zuvor aufgebrochen war. Obwohl ohne Nachrichten geblieben, bittet sie, daß sein Erbteil ihm drei Jahre lang aufbewahrt wird, und daß, wenn diese Frist verstrichen ist, ein anderer Sohn, Jeronimo, dessen Nutznießer sein soll, unter der Bedingung, daß er zwanzig Messen für die Seelenruhe seines Bruders lesen läßt. Im selben Jahr macht Maria Diáz, die über das Schicksal ihres einzigen Sohnes im Ungewissen ist, ihn zu ihrem Erben und bestimmt einen Verwalter seiner Güter. Beispiele, die zeigen, daß die Emigration oft einen Bruch bedeutete.

Noch ein Wort zu den Briefen. Es ist durchaus möglich, daß die veröffentlichten Dokumente, die in den Archiven aufbewahrt werden, niemals ihre Adressaten erreichten. Die Verfasser beklagen sich unaufhörlich, daß sie keine Antwort auf die vorhergehenden Botschaften erhalten haben. Einen Brief glücklich von Peru nach Estremadura kommen zu lassen, kam einer Heldentat nahe. Der Eifer, der Erfindungsgeist der Beteiligten, die versuchen, die Fäden nicht abreißen zu lassen, sind bewundernswert, aber oft vergeblich. Letzten Endes kamen Briefe durch, ohne daß man den Verlust genau abschätzen kann. Sie unterhielten Gerüchte, die die Verfasser der provisorischen oder definitiven Rückantworten aufbliesen. In Andalusien oder in Estremadura bezeugen das die Testamente: Zahlreich sind die, die erwarten, daß ein aus Amerika gekommenes Manna endgültig die Sorgen des täglichen Lebens verscheucht.[75] Wenn es eine zähe Legende gibt, die im sechzehnten Jahrhundert entstand, ist es wohl die vom reichen Onkel in Amerika.

Es ist weiter oben daran erinnert worden, daß den Moslems, Juden, Zigeunern und *conversos* nicht erlaubt war, sich einzuschiffen. Das Verbot, viele Male im Verlauf der ersten Hälfte des sechzehnten Jahrhunderts erneuert, wurde 1559 auf die Protestanten ausgedehnt. Und, um nichts dem Zufall zu überlassen, denkt man an die Gefahr, die eine unterwürfige moslemische Bevölkerung darstellen würde. So ist es von 1530 an untersagt, aus dem Maghreb stammende Sklaven zu besitzen. Trotz dieser Gesetzgebung, die sich in Besessenheit verwandelte, urteilte die Inquisition, die 1569 in Amerika eingeführt wurde, »Mohammedanisierende und Judaisierende« ab. Die ersten waren äußerst selten – einige Fälle von Moriskos, die mit Christen verheiratet waren.[76] Die Judaisierenden waren zahlreicher: Vierundachtzig wurden zwischen 1570 und 1635 durch das Gericht von Lima verurteilt, davon zweiundsechzig protugiesischer Herkunft.[77] In Mexiko gab es zerbrechliche Gemeinden in den wichtigsten Städten, Mexiko, Puebla, Veracruz, Guadalajara. Zerbrechlich, weil isoliert und ohne Anleitung und religiöse Unterweisung. Obwohl sie zu 96% untereinander heirateten, waren die Judaisierenden von Neu-Spanien, wie Solange Alberro gezeigt hat, zum Synkretismus oder zur Aufweichung der religiösen Prinzipien verurteilt.[78] Und indem sie auf Bespitzelung zurückgriff, zerstörte die Inquisition zwischen 1642 und 1649 die *marranische* Gruppe von innen her. Den meisten gelang es, heimlich in Amerika zu bleiben, und sie schlossen sich den vorherrschenden Gemeinden an.

500 000 Moslems und Krypto-Moslems, die zwischen 1485 und 1615 aufbrachen, 150 000 Juden, die 1492 vertrieben wurden, zu denen man die Abreise von *conversos* nach diesem Datum hinzufügen muß, 400 000 bis 500 000 Emigranten, die sich im sechzehnten und siebzehnten Jahrhundert nach Amerika einschifften – der Aderlaß ist beträchtlich. Sogar, wenn diese Ziffern nur annähernde und anfechtbare Schätzungen sein sollten, ist es nicht zu gewagt zu versichern, daß, wenn man alle Konfessionen vermischt, Spanien vom Ende des fünfzehnten Jahrhunderts bis zum Beginn des siebzehnten Jahrhunderts eine Million seiner Untertanen verloren hat. Für ein Land von sechs bis sieben Millionen von Einwohnern – wenn man die demographische Expansion des sechzehnten Jahrhunderts miteinberechnet – ist das ein schwerer Verlust in der Größenordnung von 200 000 Personen pro Generation. Als dynamisches Land hat man das dem Spanien von 1492 nicht sofort angemerkt. Aber das Phänomen hat auf längere Sicht schließlich die Wirtschaft geschwächt. Die dreifache Diaspora gehört zu den Faktoren, die den spanischen Niedergang im siebzehnten Jahrhundert erklären. Mit Nuancen, je nach den Regionen. Insgesamt war der Norden wenig berührt. Es gab keine oder nur wenig *Indianos* unter den

Moslems und Juden in Galizien, in Asturien, in Katalonien. Andalusien und das Königreich Valencia haben unleugbar gelitten, aber das waren zugleich Auswanderungs- und Einwanderungsgebiete. Sevilla, eine riesige Metropole von 120 000 Einwohnern um 1600, nahm die Leute auf, die ein bißchen von überallher kamen, vor allem aus den nördlicheren Gebieten. Der Osten Spaniens wie Kataloniens zog das französische Handwerk an. Am schlimmsten betroffen war das Zentrum des Landes: die beiden Kastilien, das Alte und das Neue, Aragón, Estremadura. In Spanien war die Hauptfolge der dreifachen Diaspora die Infragestellung der kastilischen Hegemonie. Das Viereck León-Burgos-Cuenca-Toledo verlor 1600 seine Dynamik. Das Zentrum brach zusammen, die Peripherien festigten sich.[79]

Die Vereinigung der Welt

EINE WANDERBEWEGUNG VON SOLCHEM UMFANG mußte notwendigerweise bedeutsame Rückwirkungen auf die aufnehmenden Länder haben. Die Folgen der Zerstreuung von Spaniern – Moslems, Juden und Christen – über die Welt seit dem Ende des fünfzehnten Jahrhunderts sind beträchtlich. Sie greifen alle Bereiche an, den biologischen, den religiösen, den ökonomischen, den sozialen, den kulturellen. Sie geben der Verkettung der Ereignisse von 1492 ihre wahrhafte Tragweite.

Wir wollen für einen Augenblick auf die linguistischen Aspekte zurückkommen, um zu unterstreichen, daß die Diasporas ein äußerst wirksamer Faktor zur Verbreitung der kastilischen Sprache waren. Wenn Peter Boyd Bowman die Ursprünge der Siedler in Amerika untersucht, tut er es als Linguist. Aber wir wollen vor allem festhalten, daß er, trotz der lingustischen Nuancen, die von einem zum andern Land – sogar von einer Region zur anderen – spürbar sind, die Einheit, die absolute Dominanz des Kastilischen feststellt. Wir haben gesehen, daß diese Sprache am Ende des fünfzehnten Jahrhunderts unendlich viel dynamischer war als die ihr benachbarten. Ihre Ausbreitung in Amerika hat sich in einer unerbittlichen Weise vollzogen. Galizier, Basken und Katalanen waren zu wenig zahlreich, um ihre eigene Sprache bewahren zu können.

Moslems oder Juden haben gleichermaßen das Kastilische gefördert. Sprachen auch die Bewohner des Königreiches von Granada wie die *Mujedars* vom Königreich von Valencia in natürlicher Weise Arabisch, so galt dies 1492 keineswegs für die ungeheure Mehrzahl ihrer Glaubensbrüder in Aragón oder Kastilien. Und die Hindernisse, die sich im sechzehnten Jahrhundert dem Gebrauch des Arabischen entgegenstellten, haben die Ausbreitung des Kastilischen nur gefördert. Unter diesen Bedingungen praktizierte ein Teil der Exilierten nur diese Sprache. Sie hat sich sogar festgesetzt. Ein spanischer Geistlicher, der Trinitarier-Pater Francisco Ximenez, der sich zwischen 1720 und 1735 in Tunesien aufhielt, beschrieb das Land mehr als ein Jahrhundert nach der großen Emigrationswelle der Moriskos. Im September 1720 war er in Bizerta. Die Region war seiner Meinung nach hervorgehoben »dank der Moriskos, die aus Spanien kamen und bis heute die spanische Sprache bewahrt haben, aber die Alten haben eine bessere Aussprache als die Jungen«.[1] Für Tebourba, das er im Juli 1724 besuchte, oder für Testour im Tal der Medjerda präzisierte Ximenez: »Die Macht ist in den Händen der andalusischen Mauren... Mehrere unter ihnen sind Tagarinos und Aragonesen, aber zahlreiche Araber kamen im Laufe der Jahre, um mit ihnen zu leben, und schon beim gegenwärtigen Stand der Dinge haben die spanischen und arabischen Familien sich untereinander durch Heiraten vermischt. Deshalb verlieren ihre Söhne immer mehr die spanische Sprache. Nur die alten Mauren sprechen gut und fließend.« Der Gebrauch des Spanischen ist also in Tunesien zu Beginn des achtzehnten Jahrhunderts dabei zu verschwinden.[2] Das Gegenteil wäre überraschend gewesen. Die Abkömmlinge der aus Spanien Verbannten waren viel zu wenig zahlreich und zu verstreut über die tunesische Bevölkerung, um lange ihr Idiom erhalten zu können. Außerdem war die spanische Sprache den Autoritäten verdächtig; die Moriskos, die sie praktizierten, wurden als schlechte Moslems eingestuft. So ist das Überleben des Kastilischen im achtzehnten Jahrhundert an sich schon bemerkenswert.

Die sefardische Gemeinde, die um das Mittelmeer verstreut war, nahm eine etwas andere Entwicklung. Wir haben gesehen, daß in Spanien die Juden das Kastilische oder das Katalanische, in großer Mehrheit aufgrund ihrer geographischen Verwurzelung, ebenso wie die Christen sprachen. Im ottomanischen Reich angesiedelt, haben sie zwei linguistische Wege verfolgt. Da, wo sie wenig zahlreich waren, sind sie mehr oder weniger schnell dem Einfluß der Arabophonen erlegen. Nach Haïm Vidal Sephila hat sich ihre Assimilation auf diesem Gebiet in ein oder zwei Generationen vollzogen[3], schneller als die der Moriskos, die in derselben Situation waren. Dagegen hat sich da, wo die Gemeinden ausgedehnt waren und großen Zusammenhalt bewiesen, vor allem in Konstantinopel und Saloniki, die spanische Sprache erhalten. Oder genauer gesagt, das mundartliche Jüdisch-Spanische oder *djudezmo*, eine kastilische Sprache, der Elemente von Aragonesisch, Katalanisch oder hispanischem Arabisch beigemischt wurden. Diese Sprache wird noch in unseren Tagen von ungefähr vierhunderttausend Menschen gesprochen. aber sie ist gefährdet, weil die meisten unter denen, die sie beherrschen, vielsprachig sind; man darf sie nicht mit dem *ladino*

verwechseln, einer pädagogischen und liturgischen Sprache mit hebräischer Syntax, einer erstarrten und sakralisierten Sprache, die nicht gesprochen wird.
Da das Kastilische auf diese Weise im Mittelmeerraum seit dem Beginn des sechzehnten Jahrhunderts an Boden verliert, aber nicht aufhört, ihn jenseits des Atlantik zu gewinnen, ist seine Entwicklung beispielhaft für die linguistische Vereinfachung, die sich im modernen Zeitalter vollzogen hat. Dort, wo es von Minderheiten praktiziert wird, die sich in Bevölkerungen mit »starker« Sprache integrieren – das Arabisch oder Türkisch –, ist es im Rückzug. Dort, wo es sich auf die Macht stützt, auf eine bewußte und berechnete Expansionspolitik, schreitet es voran. Nebrija hatte recht: Das Kastilische folgt auf das Lateinische als Sprache eines Reichs. Andere Sprachen haben nicht aufgehört, es nachzuahmen. Von nun an müssen auf der ganzen Welt Sprachen, die auf die zweite Ebene gerückt wurden, um's Überleben kämpfen, während andere sich unaufhaltsam ausbreiten.

Die mikrobische Vereinigung

AUF DER EINEN UND DER ANDEREN SEITE des Ozeans ein und dieselbe gesprochene Sprache – das ist das unmittelbarste, Element der fortschreitenden globalen Vereinigung die von den Europäern ausging und von den Amerikanern oder, wenn man es vorzieht, von den Indianern erduldet wurde. Das ist jedoch nicht der einzige Faktor dieser Vereinigung. Einer der wichtigsten, einer der ersten, einer der spektakulärsten auch ist mikrobischen Ursprungs. Lesen wir den Chronisten Francisco López de Gómara, der in der Mitte des sechzehnten Jahrhunderts schreibt:

»Die von dieser Insel Hispaniola haben alle geschwollene Lymphknoten, und da die Spanier mit den Indianerinnen schliefen, waren sie von geschwollenen Lymphknoten bedeckt. Das ist eine sehr anstekkende Krankheit, die heftige Schmerzen hervorruft. Da sie sich befallen fühlten und ihr Zustand sich nicht verbesserte, kehrten viele nach Spanien zurück, um sich zu kurieren. Andere kamen wegen ihrer Geschäfte zurück. Sie übertrugen ihre verborgene Krankheit auf zahl-

reiche Kurtisanen, und diese ihrerseits auf Männer, die nach Italien gingen, um zusammen mit dem König Ferrante gegen die Franzosen den Krieg von Neapel zu führen. Dort unten gaben sie ihre Krankheit weiter. Schließlich übertrugen sie sie auf die Franzosen. Und da all das sich zu gleicher Zeit abspielte, dachten sie, daß sie sie sich bei den Italienern zugezogen hätten, deshalb nannten sie sie neapolitanische Krankheit. Andere nannten sie französische Krankheit, da sie glaubten, daß die Franzosen sie ihnen vermittelt hätten. Dennoch bezeichneten sie manche als spanische Krätze.«[4]

Der Bericht ist völlig präzise. Er unterstreicht den amerikanischen Ursprung der Syphilis. Obwohl es Parteigänger einer vereinheitlichenden Theorie gibt, der zufolge die Treponematose seit prähistorischer Zeit in Europa existiert haben soll, wird der Weg der Krankheit, wie ihn Lopez de Gomara ins Gedächtnis zurückruft, am häufigsten angenommen. In der Tat war in Amerika, besonders auf der mexikanischen Hochebene, eine nicht venerische Treponematose, die *pinta*, in der präkolumbianischen Epoche sehr verbreitet. Ihre Auswirkungen waren harmlos, und Moctezuma, der aztekische Kaiser, ließ seine Sänfte von *pintados* tragen. Aber indem sie Völker befiel, die bis dahin verschont geblieben waren, und eine neue Form annahm, erlebte die Krankheit blitzschnelle Verbreitung.

Die spanischen Söldner verbreiten sie 1494–1495 in Italien. Bald waren Waffenträger aller Nationen befallen und verbreiteten die Lustseuche *(verole)* – diesen Namen gab man ihr damals – in ihren jeweiligen Ländern. Wir wissen, daß Schottland schon 1495 befallen war, daß die Krankheit in Frankreich vom Süden aus fortschritt: Von Lyon aus erreichte sie im Herbst 1496 Paris. Im folgenden Jahr wurde das gesamte Deutsch-Römische Reich angesteckt. Afrika und Asien mußten unverzüglich dieselbe Geißel ertragen. Nordafrika wurde 1498 befallen, ohne daß wir die Übertragenden kennen würden, jüdische oder moslemische Emigranten, oder, wahrscheinlicher, spanische und portugiesische Heere, die sich an der Küste festsetzten (Ceuta, Arzila, Melilla). Die Seeleute der Expedition Vasco da Gama verbreiteten, immer noch 1498, die Krankheit in Asien. Zu Beginn des sechzehnten Jahrhunderts wurde China befallen.

Die Heftigkeit der Epidemie, die Schnelligkeit ihrer Verbreitung überraschte die Zeitgenossen. So ist es nicht erstaunlich, daß die Beschreibungen sich sofort stark vermehrten. Das *De morbo gallico* (von der gallischen Krankheit) von Nicolo Leoniceno erscheint 1497 in Venedig und das *De dispositionibus ques vulgares mal franzoso appellant* (von den Verfassungen, welche das Volk französische Krankheit nennt) von Natalis Montesauri 1498. Es folgen die französischen (Jacques de Béthencourt 1527, Thierry de Héry, Jean Fernel) und spanischen Traktate (Torella, Villalobos). Ruy Diáz de Isla verdient besondere Erwähnung. Zwar erschien sein Werk *Tratado contra la buba o fruto de Todos Santos o antidoto eficaz contra el mal frances hallada y dispuesta en el Hospital de Todos Santos de Lisboa* (Traktat gegen das Geschwür oder Frucht Aller Heiligen oder wirksames Gegengift gegen die französische Krankheit, die im Hospital zu allen Heiligen von Lissabon angetroffen und geheilt wurde), dem König Johann III. von Portugal gewidmet, erst 1537. Aber dieser portugiesische Arzt soll die Gefährten von Kolumbus schon 1493 in Barcelona untersucht haben. Er ist mit dem Chronisten Gonzalo Fernandez von Ovieda einer der allerersten, der die These vom amerikanischen Ursprung der Syphilis einführt. Was den Namen der Krankheit betrifft, so ist er von dem italienischen Arzt Girolamo Fracastori durchgesetzt worden, der seinen *Hieronymi Fracastorii syphilis sive morbus gallicus* (die Syphilis oder gallische Krankheit des Hieronymus Fracastori) 1530 in Verona veröffentlichte.[5]

Francisco López de Gómara ist nicht weniger interessant, wenn er auf die Entwicklung der Epidemie und die Art, wie sie bewertet wurde, zu sprechen kommt: »Zu Beginn war das ein schreckliches Übel, stinkend und scheußlich; heute ist es nicht mehr so heftig noch so entehrend.« Das heißt, in wenig Worten viel zu sagen. Dagegen ist der Chronist weniger glaubwürdig, wenn er versichert, daß das Heilmittel, das über dieselben Wege kam, der Krankheit gefolgt sei. Er bezieht sich ausdrücklich auf die Behandlung durch das Guajakholz, das in der Neuen Welt benützt wurde und übrigens durch das Zeugnis eines Kranken, Ulrich von Hutten, bestätigt wird, der 1519 in Mainz ein Werk mit dem Titel *De guiaiaci medicina et morbo gallico* (Von der Guajakmedizin und der gallischen Krankheit) veröffentlichte. López de Gómara erschien die Behandlung als ein sehr wirksames Mittel. Schöner Optimismus!

Wenn schon die Wirkungen der Syphilis zerstörerisch waren, was soll man über die aufeinanderfolgenden Verheerungen sagen, die den von den Eroberern mitgebrachten Epidemien folgten? Die Geschichte im sechzehnten amerikanischen Jahrhundert ist eine endlose Chronik von Mikrobenkatastrophen. Aber bevor wir ihre Ausbreitung und ihren Einfluß betrachten, müssen wir uns einige Fragen über die Bevölkerung des amerikanischen Kontinents von 1492 stellen. Wir betreten hier ein Gebiet, auf dem die Polemiken seit beinahe einem halben Jahrhundert nicht aufgehört haben. Oft von denselben Dokumenten ausgehend, die allerdings schwer zu interpretieren sind, gelangen die Forscher zu weit voneinander abweichenden Ergebnissen. Da sind zunächst die Verfechter niedriger Schätzungen. Von aktuellen Zahlen ausgehend, praktiziert Angel Rosenblat die regressive Methode und kommt zu einer Gesamtzahl von ungefähr zwölf Millionen Einwohnern für ganz Amerika am Vorabend der Ankunft der Europäer.[6] Aber die Ziffer, die er für die Bevölkerung von Haiti-Hispaniola (100 000 Einwohner) vorbringt, ist von Charles Verlinden, der eine Zahl von 55 000 bis 60 000 vorschlägt, als zu hoch beurteilt worden.[7] Auf der andern Seite die Anhänger der hohen Hypothesen. So sollte für Henry Dobyns die Gesamtbevölkerung beinahe 100 Millionen Einwohner betragen.[8] Die Abweichungen, von Region zu Region, zwischen diesen Schätzungen und denen von Rosenblat sind beeindruckend und unvereinbar bis auf eine – die der Karibischen Inseln. Das heißt, wenn die Rechnungen von Dobyns im ganzen übertrieben erscheinen, wären sie dagegen unterhalb der für die Inseln angenommenen Zahlen. Die Zeitgenossen von Kolumbus glaubten alle an eine hohe Bevölkerungszahl: der Chronist Gonzalo Fernández de Oviedo schätzte diese auf eine Million Einwohner, der Linzenziat Zuazo, dessen Zeugnis von 1518 datiert, auf 1,13 Millionen, Bartolomé de Las Casas auf drei Millionen. Sie haben nicht unbedingt recht, aber die Identität der Ansichten betreffs der wesentlichen Punkte ist deshalb nicht weniger verwirrend. Neuerliche Untersuchungen haben, wie wir sehen werden, die Tendenz, alle früheren Versicherungen zu übertreffen.

Bevölkerung von Amerika 1492

	Rosenblat	Dobyns
Mexiko	4 500 000	37 500 000
Zentralamerika	800 000	13 500 000
Karibische Inseln	300 000	550 000
Peru	4 750 000	37 500 000
Südliche Länder	2 035 000	11 250 000
Gesamtsumme	12 385 000	100 300 000

Wir können, von dieser Tafel ausgehend, eine zweifellos nur provisorische Bilanz ziehen. Die zahlreichen und sehr strengen Untersuchungen, die seit einem Vierteljahrhundert, besonders durch Woodrow Borah und Sherburne Cook anhand von Steuerquellen, Nachforschungen, Aufzählungen und Besuchen von spanischen Verwaltern sowie piktographischen Dokumenten, die von den Eingeborenen stammen, ausgeführt werden, sind überzeugend genug.[9] Die indianische Bevölkerung 1492 war beträchtlich, in der Größenordnung von 60 bis 80 Millionen Einwohnern, während Europa ungefähr hundert Millionen zählte.

Entwicklung der Bevölkerung in Mexiko

1519	25,3 Millionen Einwohner
1532	16,8 Millionen Einwohner
1548	6,3 Millionen Einwohner
1568	2,6 Millionen Einwohner
1580	1,9 Millionen Einwohner
1595	1,3 Millionen Einwohner
1605	1 Million Einwohner

Von diesem Ausgangspunkt aus können wir uns die grundlegende Frage nach der Entwicklung der eingeborenen Bevölkerung stellen, nachdem einmal der Kontakt mit den Europäern hergestellt war. Wir werden versuchen, drei Beispiele zu nutzen. Die von Borah und Cook gelieferten Beispiele zeigen in Mexiko einen kontinuierlichen Rückgang von drei bis sechs Prozent pro Jahr, der noch höher ist in den flachen Küstenländern, die Krankheiten besonders ausgesetzt sind, als auf den Hochebenen. Die lächerliche Schwelle von einer Million ist am Ende des Jahrhunderts erreicht. Eine Neubelebung sollte nicht vor der zweiten Hälfte des siebzehnten Jahrhunderts beginnen. Parallel zum Zusammenbruch der indianischen Demographie schritt die Bevölkerung europäischen Ursprungs dank der Einwanderung, aber auch des natürlichen Wachstums voran.

Für Peru kommt Nathan Wachtel, von einer ausgezeichneten Zählung der sechziger Jahre des sechzehnten Jahrhunderts und konkreten Untersuchungen ausgehend, die sich auf die Entwicklung von vier Bevölkerungsgruppen, die im Inneren des Inkareiches verstreut sind, beziehen, zu ähnlichen Schlußfolgerungen.[10] Die Bevölkerungszahl stürzt von zehn Millionen um 1530 auf 2,5 Millionen um 1560. Der Verlust beträgt durchschnittlich 2% pro Jahr. Er wird anschließend kaum verlangsamt, weil es 1590 nur noch 1,3 oder 1,5 Millionen Einwohner gibt. Insgesamt ein Zusammenbrechen, das, obwohl proportional leicht unterhalb des von Mexiko liegend, doch nicht weniger schwindelerregend ist. Der Fall der Insel Hispaniola schließlich ist der beeindruckendste und dramatischste von allen. Während in Mexiko und mehr noch in Peru ein kleiner Teil der Bevölkerung überlebte, verschwanden die Arawaks völlig.[11]

Entwicklung der Bevölkerung auf der Insel Hispaniola

1492	7 000 000 bis 8 000 000 Einwohner
1496	3 770 000
1508	61 600
1514	27 800
1518	15 600
1540	250
1570	125

Wir könnten die Feststellung auf andere geographische Sektoren ausdehnen. Zum Beispiel verlor der Stamm von Quimbaya im gegenwärtigen Kolumbien in dreißig Jahren 80% seiner Mitglieder.[12] Die Beweise für die indianische Entvölkerung also sprechen eine deutliche Sprache und stehen außer Zweifel. Selbst Forscher, die an eine schwache Bevölkerungsdichte vor 1492 glauben, leugnen nicht das gewaltige Opfer. Charles Verlinden konzediert ein Absinken der Bevölkerung von Hispaniola zwischen 1492 und 1514 um fünfzig Prozent. Welches sind also die Ursachen der Entvölkerung?

Man denkt zuerst an die Wirkungen der kolonialen Unterdrückung. Sie sind offensichtlich. Die Indianer wurden ihrer Produktionsmittel beraubt. Die Spanier nahmen sich die besten Ländereien. Die Abgaben wurden immer größer. Der ständige Mißbrauch wurde von Gewalt begleitet. Die Erschwerung der Bedingungen des täglichen Lebens trägt zusammen mit dem Krieg die Verantwortung für die hohe männliche Sterblichkeit. Zweiter kapitaler Faktor des Verschwindens der Indianer: das Trauma der Eroberung. Die eingeborenen Bevölkerungen sahen, wie ihr Universum sich zersetzte; die Indianer wurden durch Verzweiflung zum Selbstmord getrieben: »Viele hängen sich, andere hungern sich zu Tode, andere essen giftige Kräuter, Frauen schließlich töten ihre Kinder bei der Geburt, um sie von den Qualen, unter denen sie leiden, zu befreien.«[13] Das Thema des Kindermords ist in den Schriften der spanischen Geistlichen häufig, bei Bartholomé de las Casas und auch bei einem anderen Dominikaner, Pedro de Córdoba, der zeigt, daß die Einwohnerinnen von Haiti »nach der Geburt mit ihren Händen ihre eigenen Kinder getötet haben, um sie nicht einer so peinvollen Knechtschaft zu überlassen«.[14]

Keine der vorhergehenden Erklärungen darf man vernachlässigen. Das hindert nicht, daß heute alle darin übereinstimmen, als Hauptschuldigen für die indianische Entvölkerung die Epidemien zu nennen, die, aus der Alten Welt gekommen, sich auf dem amerikanischen Kontinent verbreitet haben. Nichts vor der Ankunft der Europäer läßt das unmittelbare Bevorstehen einer Mikroben-Katastrophe vermuten. Die amerikanischen Länder waren gesund und wohlhabend. Man kann durchaus, wenn man eine höhere Schätzung der Bevölkerung festhält, die Hypothese einer demographischen Grenze, die nicht überschritten werden konnte, aufstellen. Es ist möglich, daß nach dem Schema von Malthus das Gleichgewicht zwischen Bevölkerung und Hilfsmitteln bedroht war. Aber die Eingeborenen erlitten keinerlei besonders virulente Epidemie. Zweifellos waren sie von verschiedenen parasitären Leiden befallen, wie der Leishmaniose, die durch eine Mücke übertragen wird und tödliche Fieberanfälle verursacht, aber im allgemeinen waren diese Krankheiten ziemlich beschränkt aufgrund der Seltenheit von Haustieren.

Die Indianer haben eine um vieles fürchterlichere Invasion als die der Armeen von Cortés und Pizarro erlitten. Das begann 1493 in Hispaniola mit einer Grippeepidemie.[15] Unter anderen Anfällen müssen wir die Pocken festhalten, welche die Spanier von 1519 an in Mexiko verbreiten. »Da verbreitete sich die Epidemie: große Hustenanfälle, brennende Blattern, die töteten«, sagt ein zeitgenössischer Text, der in Nahuatlsprache verfaßt ist.[16] Mexiko kapituliert. Aber das Übel zögert nicht, Zentralamerika, dann das Andengebiet sogar schon vor der Ankunft der Europäer zu erreichen. Es ist möglich, daß der Kaiser Huayna Capac davon infiziert wurde, während er in der Region von Quito kämpfte, und ihm erlag. Neuerliche Epidemien in Mexiko: 1523 die Grippe; 1529 die Masern. Von 1545 bis 1548 brach eine wahrhafte Pandemie über ein sehr großes Gebiet von Neu-Spanien bis zum Inkareich herein. Der Chronist Pedro Cieza de León gab eine genaue Beschreibung davon: »Es kam eine allgemeine Pestilenz ins gesamte Königreich von Peru. Sie begann jenseits von Cuzco und verbreitete sich in der ganzen Sierra, in der zahllose Menschen hinweggerafft wurden. Die Krankheit rief zuerst Kopfweh, ein starkes Fieber hervor, dann verlagerte sich der Schmerz zum linken Ohr, und das Opfer starb nach zwei oder drei Tagen.« Diese Krankheit, die die Azteken *matlazahuatl* nannten, war lange Zeit als Typhus identifiziert worden, aber neuere Arbeiten lassen vermuten, daß es sich um die Lungenpest handelte.[17] 1558–1559 wüteten die Pocken noch in Peru, dann kam 1576 bis 1581 die Lungenpest nach Mexiko und Mittelamerika.

Die Epidemien vom Ende des Jahrhunderts sind außerordentlich vielschichtig. In Peru finden zwischen 1585 und 1590 drei Attacken statt. Die erste ist die der Pocken, die sich in Cuzco zeigt. Sie breitet sich Richtung Norden aus, kommt im folgenden Jahr nach Lima, dann 1587 nach Quito, wo viertausend Menschen in vier Monaten sterben, während die Spanier verschont bleiben. Die zweite Attacke folgt einem umgekehrten Weg: von Panama und Cartagena[18] gelangt sie nach Quito, Lima, Cuzco und Potosi. Vielleicht handelt es sich um die Beulenpest oder Typhus. Die dritte – die Grippe? – taucht in Potosi auf, bevor sie den Norden erfaßt. Die Gleichzeitigkeit von zwei dieser drei Attacken, in Quito 1587, in Lima 1589, rief ungeheure Verluste hervor.[19] 1595 schließlich ist das Zentrum von Mexiko die Beute eines anderen Epidemiekomplexes. Röteln, Typhus und Mumps sollen unter den schon sehr gelichteten Bevölkerungsgruppen gewütet haben.

Die Katastrophen, die über Mexiko hereinbrachen, aufzählend, schrieb der Franziskaner Toribio de Motolinia 1523: »Diese Krankheit (die Pocken) war in diesem Land unbekannt und Neu-Spanien war voller Leute, und als die Pocken die Indianer befielen, war das eine derartige Krankheit und Pestilenz in dem ganzen Land, daß in den meisten Provinzen die Hälfte der Bevölkerung starb und etwas weniger in den anderen.[20].

Die Diagnose, die die Seltsamkeit der Epidemie und die starke Bevölkerungsdichte hervorhebt, ist einwandfrei. Und das war außerhalb der Karibischen Inseln nur der Anfang eines Zerstörungsprozesses. Zu Beginn seiner Untersuchung kann Woodrow Borah mit Recht sagen: »Die Korrelation besteht nicht zwischen Primitivismus und Entvölkerung; sondern zwischen dem Grad an Isolation vor dem Kontakt mit Europa und dem Umfang der demographischen Zerstörung, als erst einmal der Kontakt hergestellt war. Das läßt vermuten, daß der bedeutendste Faktor der demographischen Zerstörung die Verbreitung von Krankheiten war. Die Regionen, die durch Verkehrsverbindungen über große Entfernungen von Europa bis zum Hintersten Orient verbunden waren, haben den Einschlag verschiedener Krankheiten auf lange Zeitstrecken absorbiert; und sie haben so die Möglichkeit gehabt, eine immunologische Resistenz zu errichten. Die Völker der Neuen Welt und dann die von Ozeanien, die in vollendeter oder beinahe vollendeter Isolation lebten, haben ihrerseits in einigen Jahrzehnten den Befall aller Krankheiten, die verbreitet werden konnten, erlebt. Sie empfingen in einer sehr kurzen Zeit die Reihe von Schocks, die Europa und der Hintere Orient über mehrere tausend Jahre hinweg aufzufangen fähig gewesen waren.«[21]

Dieser Prozeß bot Gelegenheit zu schönen Schlachtfesten. Die einen sprechen von Völkermord; die anderen denunzieren eine solche schwarze Legende. Weder Völkermord noch schwarze Legende.[22] Der Ausdruck Völkermord ist unpassend. Nathan Wachtel hat kürzlich unterstrichen, »man könnte den Europäern nicht das bewußte und überlegte Projekt einer systematischen Ausrottung durch Eisen und Feuer zurechnen«.[23] Umgekehrt, wer kann die Existenz der Eroberung, ihre radikalen Formen, ihre apokalyptischen Konsequenzen leugnen? Wer will bestreiten, daß die mikrobische Vereinigung sich zum Schaden der Menschen der Neuen Welt vollzogen hat? Oder daß der Austausch zwischen Indianern und Europäern ungleich war? Man darf nicht aufhören, dies immer wieder festzuhalten.

Die Vereinigung über die Nahrung

IM MUSEUM DER SCHÖNEN KÜNSTE in Marseille kann man zwei riesengroße Tapisserienkartons bewundern, die François Desportes 1735 für Gobelins schuf. Die angeschnittenen Themen, »der indianische Jäger« für das eine, »indianischer Fischer und Jäger« für das andere, erstaunen nicht bei einem Künstler, der vor allem der Jagdmaler von Ludwig XV. war. Aber bei Gelegenheit dieses Auftrags interessiert sich Desportes für die amerikanische Flora und Fauna. Er stellt Kürbis oder Truthahn dar, uns rechtzeitig daran erinnernd, daß auf diesen Gebieten der Austausch zwischen Europäern und Amerikanern fruchtbar war. Reis, Getreide, Kaffeestrauch, Zuckerrohr treten die Reise von Osten nach Westen an; Mais, Kartoffeln, Bohne, Tomate, Maniok, Tabak, Pfeffer machen den umgekehrten Weg. Trotz gelegentlicher Übergehungen wurden die wandernden Pflanzen früher oder später überall übernommen. Denken wir an die Kartoffel, welche die Spanier schon 1539 in Peru entdeckt haben, die sich aber erst Ende des achtzehnten Jahrhunderts in Europa durchgesetzt hat.[24] Das hindert nicht, daß sich die Vereinigung der Nahrung dank der Anleihen in beiden Richtungen vollzog, nicht ohne ökonomische oder soziale Umwälzungen hervorzurufen.

Wir werden zwei Beispiele nehmen, die erlauben, alle Modalitäten, alle Implikationen dieser unschätzbaren Übertragungen zu erfassen. Das Zuckerrohr zuerst; ein großes lebenskräftiges Gras, das bis zu fünf Meter hoch wachsen kann, soll aus Asien stammen. Für die einen kam es von der bengalischen Küste, für die andern vom malayischen Archipel, vielleicht von Neu-Guinea. Im fünften Jahrhundert v. u. Z. wanderte das Gebiet des Zuckerrohrs von Indien und Südchina zu den Inseln von Ozeanien. Nach einer langen Pause drang es Richtung Europa vor. Es soll in Syrien im sechsten Jahrhundert u. Z. bekannt gewesen sein, in Ägypten im siebten Jahrhundert.[25] Im zehnten Jahrhundert, vielleicht sogar ein wenig früher, hat es sich dank der Araber in den Ländern um das westliche Mittelmeer akklimatisiert. In Sizilien, wo größere Felder in der Conca d'Oro von Palermo liegen, wird es schon im zwölften Jahrhundert mit dem romanischen Namen *canaimele*, der ihm bleiben wird, bezeichnet. Nach einer Pause im frühen dreizehnten Jahrhundert dank der Eliminierung der arabo-moslemischen Bevölkerung fängt die Kultivierung gegen 1330–1340 wieder an.

Es kommt bald das goldene Zeitalter bis 1460.[26] Der Zyklus des Zuckerrohrs geht weiter und endet erst gegen 1680.[27]

Im moslemischen Spanien erscheint die erste Erwähnung des Zuckerrohrs im Kalender von Córdoba von 961. Aber es ist möglich, daß diese Referenzen aus ägyptischen Kalendern kopiert worden sind.[28] Jedenfalls scheint seine Kultur im elften Jahrhundert in der Zone von Motril und Almuñecar bezeugt. Im Verlauf der Zeiten hat es sich dort bis in unsere Tage erhalten. Noch im elften Jahrhundert wird es im Osten Spaniens eingeführt, vor allem um Gandia, wo es eines der Ausfuhrprodukte von Valencia ist. Nach einer üppigen Periode im fünfzehnten und sechzehnten Jahrhundert wird es durch die Vertreibung der Moriskos 1609 hart getroffen.[29]

In Nordafrika taucht das Zuckerrohr möglicherweise schon im neunten Jahrhundert auf, aber im elften Jahrhundert erlebt es einen wirklichen Aufschwung, vor allem in Marokko. Die südliche Region von Sous wird sein Hauptgebiet, und auf dem Markt von Taroudant wird es in großen Mengen verkauft. Am Ende des Mittelalters in der Krise, erlebt es im sechzehnten Jahrhundert einen Wiederaufschwung dank der Dynastie der Saaditen. Im siebzehnten und achtzehnten Jahrhundert folgt der unwiderrufliche Niedergang.[30] Die Christen betreiben seine spätere Ausbreitung. Sie profitieren von mittelmeerischen Erfahrungen, da die Kreuzritter das Zuckerrohr in dem westlichen Becken entdeckt haben. Aber vor allem sind, mehr im Westen, das sizilische Erbe und das von Al Andalus wertvoll. Die Koppelung der iberischen und italienischen Interessen ist die Grundlage des plötzlichen Aufschwungs der wertvollen Pflanze an der portugiesischen Algarve und mehr noch auf den Atlantikinseln, vor allem auf Madeira und den Kanarischen Inseln.

Sehr wahrscheinlich wurde das Zuckerrohr 1433 auf Madeira eingeführt. Es entwickelt sich rasch in der Gegend um Funchal. Wir haben gesehen, daß Kolumbus 1478 dort Zuckerhandel auf Rechnung der Genueser Händler betreibt. 1498 wird die Produktion aus Angst, daß die Kurse zusammenbrechen, auf tausendfünfhundert Tonnen jährlich begrenzt. Von Madeira erreicht das Zuckerrohr die Kapverdischen Inseln und sogar die Kolonie von São Tomé an der Küste von Guinea.[31]
Immer noch von der Drehscheibe Madeira aus gelangt die Pflanze gegen 1480 zu den Kanarischen Inseln, zumindest zu vier der Inseln, Gran Canaria, Teneriffa, Palma und Gomera. Gegen 1510 hatte die

kanarische Produktion eine Größenordnung von achthundert Tonnen erreicht.[32].

Halten wir einen Augenblick inne. Das Zuckerrohr ist das ganze Mittelalter hindurch und noch im fünfzehnten Jahrhundert ein Luxusprodukt, das in der Medizin verwendet wird. Dank seines Kaloriengehalts wird es alten Menschen empfohlen. Es gilt auch als Abführmittel und wird zu kulinarischen Zwecken gebraucht. Der Zucker ist mehr oder weniger raffiniert, mehr oder weniger weiß, je nachdem, wie oft er gekocht wird. Der gewöhnliche Zucker diente, nachdem er ein einziges Mal gekocht war, zur Herstellung von Konfitüren und Backwaren. Der Zucker, den man, nachdem er dreimal gekocht ist, als »fein« bezeichnet, wird in der Form von Broten exportiert. Trotz der verschiedenen Gebrauchsweisen bleibt der Verzehr des Produkts, mit dem der Honig konkurriert, begrenzt.

Der Anbau des Zuckerrohrs ist übrigens kostspielig und erfordert viel Arbeitsaufwand. Gearbeitet wird das ganze Jahr über. In Sizilien oder Andalusien findet die Pflanzung im Januar statt. Es folgen die Arbeiten mit der Hacke, das Jäten und die Bewässerung im Februar oder März, die Düngung im April oder Mai, die Reinigung der Rohre im September, die Vorbereitung des Bodens im Herbst, die Ernte im Dezember.[33] Die Verarbeitung ist nicht weniger kompliziert: Reinigung der Rohre, Zurechtschneiden, Transport zu den Mahlsteinen, dann zu den Pressen, dann Zerreiben, Veredelung und Kristallisation. Jean Meyer unterstreicht: »Das Zuckerrohr stellt dreifache Anforderungen: an das Wasser, an die menschliche Arbeit, an den Dünger; es laugt sehr schnell die Böden aus.«[34] Es ist auch eine unersättliche Verzehrerin von Holz. Die Zuckermühle oder genauer der Komplex Mühle-Presse-Kessel ist sehr teuer.

Die Etappe der Inseln des Atlantik erweist sich als entscheidend. Portugiesen, Spanier, Genueser haben sofort verstanden, daß eine außergewöhnliche Zahl von dem Zuckerrohr günstigen Bedingungen zusammenkamen. Zuerst das Klima. Abgesehen von den Azoren, die zu nördlich lagen, hatten alle Inseln den Vorteil hoher Temperaturen und der nötigen Feuchtigkeit. Außerdem konnten die Neuankömmlinge, die als Herren auftraten, nach Gefallen über die weiten Räume verfügen und zögerten nicht, in Madeira einen Teil des Waldes zu verbrennen und der lokalen Bevölkerung und der anderen, aus Afrika importierten, harte Arbeit aufzuzwingen. Alles war der Entwicklung einer

kolonialen Kultur günstig.[35] Wir wollen uns daran erinnern, daß man nirgends, weder in Sizilien, noch in Spanien, obwohl dieses Mittel keineswegs unbekannt war, in den Zuckerplantagen auf die Arbeit von Sklaven zurückgegriffen hatte. Mit der Besetzung der atlantischen Inseln sollten die »Zuckerbarone« sich dieser nicht länger versagen.
Es blieb nur noch, das Zuckerrohr den Ozean überqueren zu lassen. Dies war schnell getan, da Kolumbus schon bei seiner zweiten Reise einige Pflanzen mitnahm. Schon 1503 produziert Santo Domingo Zucker. Schon 1509 funktioniert eine erste Mühle. Schon 1515 kommt der amerikanische Zucker in Spanien an.[36] Fünf Jahre später arbeiten drei Mühlen. 1530 sind es vierunddreißig. Wohlgemerkt die Kultur, die Zuckerindustrie erfordert auf den Antillen wie anderswo zahlreiche Arbeiter. Durch Krankheit dezimiert, müssen die Indianer zudem das schreckliche Regiment der Plantagen ertragen. In dem Maß, wie ihre Reihen sich lichten, werden sie durch schwarze Sklaven ersetzt.
Das Zuckerrohr schreitet fort wie eine Sturmflut. Auf Jamaika gibt es schon 1514 zwei Mühlen und in Porto Rico 1523 eine weitere. Die erste in Mexiko installierte ist 1524 die von Tuxtla. In Peru wird die Kultur des Zuckerrohrs im Norden im Tal von Chiocana 1549 eingeführt. Sie schreitet schnell in den Küstentälern des Nordens und im Zentrum des Landes ebenso voran so wie in den Tälern des Ostabhangs der Anden. Die Produktion ist hauptsächlich für die Städte der Region bestimmt, Lima oder Arequipa.[37] Dieselbe Situation am Äquator, wo man zu Beginn des siebzehnten Jahrhunderts mehrere Mühlen in den Niederungen im Inneren der Kordilleren findet. Indianer und Schwarze arbeiten dort.[38]
Das Zuckerland par excellence ist Brasilien. Durch ihre Erwerbungen auf den atlantischen Inseln und vom Ansteigen der Preise profitierend, pflanzen die Portugiesen dort Zuckerrohr und errichten Mühlen *(engenhos)*. Die erste, 1518 installierte, befindet sich in Itamarca im Norden von Recife. In den Jahren zwischen 1530 und 1560 entwickeln sich um São Paulo, Recife, später Salvador (1549 gegründet), drei Zonen. Im letzten Drittel des Jahrhunderts wandelte sich Brasilien zur bedeutendsten Zone der Weltproduktion mit siebzig *engenhos*. 1629 sollten es dreihundertsechsundvierzig sein.
Die Entwicklung der Produktion beruht auf den Konzessionen, die von den Repräsentanten des portugiesischen Herrschers Privatleuten bewilligt werden, mit der Auflage, eine Mühle zu errichten und die

militärische Verteidigung gegen die Indianer zu sichern. Jeder Besitz umfaßt drei Elemente: die Zuckerrohrpflanzungen, die Weiden, die für die Saumtiere bestimmt sind, die Waldreserve, die das Feuerholz liefert. Die Arbeit wird mit der Zeit immer weniger durch die Indianer und zunehmend durch schwarze Sklaven verrichtet. Ein königlicher Erlaß von 1559 bevollmächtigte den Inhaber einer Konzession, hundertzwanzig afrikanische Sklaven zu benutzen. Frédéric Mauro schätzt die zwischen 1500 und 1600 nach Amerika geschafften Sklaven auf fünfzigtausend. Fünfundsiebzigtausend Unglückliche landen von 1600 bis 1630 allein in Pernambuco (Recife). Von der Vermehrung der europäischen Nachfrage angeregt, wächst die Produktion in schwindelerregender Weise und macht die Herren der *engenhos* reich, die oft geadelt wurden und zu Herren der Kolonialgesellschaft aufsteigen. Von 2700 Tonnen 1570 steigt sie auf ungefähr 15 000 Tonnen um 1600 und erreicht 1630 etwa 20 000 Tonnen. Der größte Teil dieser Produktion nimmt den Weg nach Europa. Zu diesem Zeitpunkt verlassen dreihundert Schiffe jedes Jahr Pernambuco mit einer Fracht von 70 000 bis 80 000 Kisten. Diese Lawine hatte die Stagnation oder den Rückgang der Pflanzungen auf den Kanarischen Inseln oder Madeira und noch mehr auf der iberischen Halbinsel zur Folge. Das Zuckerrohr war amerikanisch geworden.

Kolumbus brachte schon von seiner ersten Reise Maiskörner mit. Nach vielen Kontroversen hat man sich heute darauf geeinigt, daß diese Pflanze aus Amerika stammt. Archäologische Ausgrabungen, die bei Mexiko und Tehuacan zweihundert Kilometer im Süden der aztekischen Hauptstadt gemacht wurden, haben das Vorhandensein von Pollenkörnern von wildem Mais und sogar von Maiskolben tief im Boden enthüllt. Die Bewohner Amerikas haben diese kleine Pflanze zum Gedeihen gebracht. Im fünfzehnten Jahrhundert war ihr Anbau vom fünfundvierzigsten Grad nördlicher Breite zum vierzigsten Grad südlicher Breite sehr verbreitet, praktisch von Montreal bis Santiago de Chile, sei es extensiv, in Trockenkultur, sei es intensiv auf den bewässerten Terrassen von Peru und an den Ufern der mexikanischen Seen. Der Mais war eine der Grundlagen zur Entwicklung der aztekischen, Maya- und Inkazivilisationen.[40].

Eine wunderbare Pflanze, versichert der Sevillaner Arzt Juan de Cardenas, der sich in Mexiko niederläßt und 1591 Autor eines Werkes mit dem Titel *Problemas y secretos maravillosos de las Indias* (Wunderbare Probleme und Geheimnisse Indiens) wurde. Die Produktivität ist außergewöhnlich, ein Ertrag von hundertfünfzig Körnern für ein Gesätes gilt auf guten Böden als niedrig. Es sind sogar Rekorde von achthundert pro Samenkorn erreicht worden. Es war außerdem möglich, in der Nähe von Mexiko zwei jährliche Ernten zu erzielen, während man in Europa auf Grund der Praxis der Zwei- oder Dreifelderwirtschaft alle zwei oder höchstens alle drei Jahre eine Getreideernte erhielt.[41] Der Mais, der leicht die Sonne auffängt, reift schnell. Er vollendet seinen Zyklus in hundertzwanzig frostfreien Tagen, ohne viel menschliche Arbeit zu erfordern, fünfzig Tage Arbeit pro Jahr ungefähr. Er läßt dem Bauern wertvolle Zeit, welche die aztekischen, Maya- oder Inkastaaten zu ihrem Profit gewendet haben. Fernand Braudel unterstreicht: ohne den Mais keine Riesenpyramiden, keine zyklopischen Mauern, kein Machu Picchu.[42].

Nach Europa gekommen, wurde der Mais sofort akklimatisiert. Man kennt ihn in Form von Gartenkulturen in Andalusien um 1500 und um 1520 in Portugal. Dennoch scheint es, daß seine wirkliche Verbreitung später stattfand, als man lange Zeit geglaubt hat. Auf der iberischen Halbinsel hat er im sechzehnten Jahrhundert kaum Fortschritte gemacht, vielleicht, weil es in dieser Periode ökonomischen Wachstums nicht an Brot besserer Qualität mangelte. Lediglich einige schüchterne Fortschritte lassen sich registrieren, die seine Einfügung in die Liste der Produkte, die dem Zehnten unterworfen sind, im Erzbistum von Tarragona 1573, in dem von Malaga 1583, rechtfertigen. Es scheint, daß das erste der Ausbreitung des Getreides günstigste Terrain Venetien war: Dort ist es seit 1539 bekannt. Fünfzehn Jahre später entwikkelt es sich in Polesine, ganz nahe bei Venedig. Man gibt ihm den Namen *grano turco* (türkisches Korn).

Der wirkliche Schub kommt erst ganz am Ende des sechzehnten und zu Beginn des siebzehnten Jahrhunderts in Nordwestspanien. José Manuel Pérez Garcia setzt die ebenso kurzen wie heftigen Krisen, die die bäuerliche Welt erschütterten, und den Versuch, den Anbau von Mais auszudehnen, miteinander in Beziehung.[43] Asturien soll sein Laboratorium gewesen sein; in einigen Orten (Villaviciosa oder Gíjon) beanspruchte zwischen 1610 und 1619 der Mais ungefähr 40% der Getreideproduktion. Nach 1620 hätte er demnach mehr als die Hälfte im Küstengebiet der Region geliefert. Das ist umso bemerkenswerter, als

Asturien schon seit 1612 und Santánder schon 1617 Mais exportierten. In einer zweiten Zeitepoche übernehmen Westgalizien, der Nordwesten von Portugal, das Baskenland, der Nordwesten von Navarra den Neuankömmling.

1615 wird auf den Mais im Baskenland der Zehnt erhoben. Der entscheidende Fortschritt hat bei Gelegenheit der schlechten Ernten, die zwischen 1626 und 1644 aufeinanderfolgten, stattgefunden. Es sind die bescheidensten Bauern, die, begierig, aus diesem ungünstigen Zyklus herauszukommen, sich zu seinen Förderern machen. Die Junta des Königreiches von Galizien fordert 1637 das Recht, die Überschüsse zu exportieren. Schließlich schließen sich in einem dritten Zeitabschnitt die noch widerstrebenden Gebiete des Nordwestens der iberischen Halbinsel (das kantabrische Galizien, Baztan in Navarra) zwischen 1630 und 1640 dem Beispiel ihrer Nachbarn an. Im Süden kann der Mais sich nicht durchsetzen wegen der Bodenerhebungen und des Klimas (Frühlingskälte, späte Fröste). An der Algarve, der südlichsten Region von Portugal, gewinnt der Mais, *milho grado* genannt, nach 1630 einige Bedeutung.[44] Die günstige Periode dauert zumindest bis 1680. Der Mais bewahrt die betroffenen Regionen vor der in Kastilien sich stark bemerkbar machenden Rezession. In Galizien liegt die Lebenserwartung nahe bei fünfunddreißig Jahren, und 60% der Bevölkerung werden älter als zwanzig Jahre. Nach 1680 sind die Fortschritte weniger spektakulär, aber die »Maiskultur« verbreitet bis 1730 ihre wohltuenden Wirkungen.

In Frankreich vollzieht sich der Vormarsch des Mais' mit lediglich einer leichten Abweichung. In Bayonne, wo er 1523 auftaucht, bezeichnet man ihn unter dem Namen »Getreide aus Indien«. Er gelangt gegen 1563 ins Bearn, wo er als grünes Futtermittel dient. Um 1600 taucht er in den Gärten von Toulouse auf. Im Languedoc verdrängt er den Waid. Auf dem Markt von Castelnaudaray 1637 und von Toulouse 1639 wird er gut verkauft. Einige Jahre später erreicht er Saintonge und Poitou und rückt gen Osten in Richtung auf das Rhonetal vor, das er hinaufzusteigen beginnt. Auch dort hält ihn die Klimabarriere auf. 1653 und 1654 rettet er Südfrankreich vor der Hungersnot, die auch die nördlichsten Regionen nicht verschont.[45]

Es ist die Zeit des Maiskuchens, der italienischen Polenta oder der *mamaliga* Rumäniens. Die Bauern essen fast überall, ohne Vergnügen, die Breis und Fladen aus Mais. Aber diese Änderung der Nahrung erlaubt es, das Getreide für den Verkauf zurückzubehalten. Abgesehen von dieser Art Kapitaltransfer bringt der Mais, das Brachland erobernd, eine Lösung des Problems der Viehernährung. Seine große Anpassungskraft und seine vielfachen Verwendungsmöglichkeiten machten ihn zum Instrument dessen, was José Manuel Pérez Garcia eine stille bäuerliche Revolution nennt.

Er geht um die Welt; er gelangt nach China, wo er 1555 in der Provinz Hunan im Norden des Landes bezeugt ist, zehn Jahre später in Yünnan; gegen 1577 in Fou Chiang: Er hat möglicherweise den See- und den Landweg gleichzeitig genommen; daher der Name »Getreide der westlichen Barbaren« oder »Getreide aus Jade«, aufgrund seiner Farbe.[46] Auch nach Afrika gelangt er. Im Kongo, wohin er von den Portugiesen gebracht worden ist, wird er *masa ma mputa*, »Ähre von Portugal« genannt. Am Ende des sechzehnten Jahrhunderts wenig geschätzt, hat er schließlich in den Yoruba-Ländern einen prominenten Platz eingenommen. In Nordafrika wird er im algerischen Tal von Mitidja und in Tunesien im Tal von Medjerda angebaut, eingeführt in der ersten Hälfte des siebzehnten Jahrhunderts durch aus Spanien vertriebene Moriskos.[47] Hier finden wir die verstreuten Minoritäten wieder, als großartige kulturelle Mittelsmänner. Abgesehen vom Mais sollen sie Tomaten und grüne Bohnen verbreitet haben. Und auch den *higo chumbo* (Kaktusfeige), einen amerikanischen Baum, dessen Früchte schließlich einen großen Teil der Ernährung der ärmsten Klassen des Maghreb ausmachten.

Gold und Silber

JENSEITS DES KAP BOJADOR »gab es nichts als Sand, man fand dort weder Baum noch Gras. Dieses Sandmeer erstreckt sich am Fuß der Monts Clairs über siebenunddreißig Tage in die Breite und trennt die weißen und schwarzen Menschen voneinander. Karawanen überqueren sie, die manchmal bis zu siebenhundert Kamele umfassen, bis zu dem Ort, der Timbuktu genannt wird, auf der Suche nach dem arabischen Gold, das man in großen Mengen findet. Als er dies erfuhr, war der Herr Infant dazu angeregt, diese Länder auf dem Seeweg zu erforschen, um mit ihnen zu beginnen und seine Adligen zu ernähren«.[48] Dieser Text, der von 1485 ungefähr datiert, ist ein Bericht des portugiesischen Seefahrers Diogo Gomes, gerichtet an den deutschen Kartographen Martin Behaim. Er zeigt, daß die Suche nach dem Gold im Europa des fünfzehnten Jahrhunderts die Köpfe beschäftigte. Kolumbus war insofern ganz ein Mann seiner Zeit.

Der Auszug zeigt ebenfalls, daß den Portugiesen – es ist die Rede von dem Infanten Heinrich dem Seefahrer – das sogenannte Gold »vom Sudan« bekannt war, das in der Tat aus drei unterschiedlichen Zonen stammte: dem oberen Senegal, dem oberen Niger, der Küste von Guinea. Tatsächlich war das afrikanische Gold seit dem zehnten Jahrhundert in der mittelmeerischen Welt bekannt. Es machte lange Zeit den Reichtum von Nordafrika und dem moslemischen Spanien aus. Nach und nach schlichen sich die Christen auf den Märkten der nordafrikanischen Städte ein, wo die Karawanen ankamen und die Portugiesen, die unaufhaltsam die westlichen Küsten entlang vorrückten, einen Teil des Reichtums zu ihrem Profit ableiteten.[49]

Wir haben die ambivalente, aber grundlegende Rolle, die der Entdekker dem Gold zuschreibt, gesehen. Er hat, wie alle seine Gefährten, nicht Ruhe gegeben, bis er welches fand. Auf seine dritte Reise, 1497, nahm Kolumbus zwanzig Goldwäscher mit. Das Edelmetall war in Cibao entdeckt worden, fast im Zentrum der Insel Hispaniola, und es begann die Zeit der Goldwäscher, der systematischen Ausbeutung der Goldminen. Die Indianer, Männer und Frauen mit Holzstücken und Sieben aus pflanzlichen Fasern, wurden gezwungen, unermüdlich in den Flußanschwemmungen zu suchen. Cibao liefert drei Viertel der Produktion der Periode 1493–1530, die Pierre Chaunu den ersten Goldzyklus nennt.[50]

Die Spanier dringen 1519 auf den Kontinent vor. Sie bemächtigen sich aller Azteken-, Maya- und Inkaschätze. »Ich bin nicht gekommen, um den Acker zu bestellen«, schreibt Hernán Cortés, »sondern um Gold zu raffen.« Das Lösegeld des Inkakaisers Atahualpa, das im November 1532 in die Hände von Pizarro fiel, brachte mehr als eine Million Pesos in Gold und 52 000 Mark Silber ein[51], das heißt 12 000 Kilo Silber und 5600 Kilo Gold. Es ist das Zeitalter eines gemischten Zyklus von Gold-Silber, der bis 1560 dauert. Die Produktion der beiden Metalle vervielfacht sich, aber die Mengen an gewonnenem Silber überschreiten vom Jahrzehnt 1531–1540 an die des Goldes. Im Wert bleibt dennoch das Gold das Bedeutendere: Der Ertrag Silber/Gold ist 10,5 zu eins. Im

Verlauf dieser zweiten Periode um 1540 werden die Goldminen von Buritica im Neuen Königreich Granada eröffnet, in der Nähe des westindischen Hafens Cartagena. Sie sind es, die dem Mythos von Eldorado zur Entstehung verholfen haben. Sie haben die Erzadern von Santo-Domingo abgelöst, die praktisch seit 1520 erschöpft waren. Nach Buritica werden zahlreiche schwarze Sklaven gebracht, die von den goldreichen afrikanischen Regionen stammen. Sie dienen zum größten Teil als Ergänzungspersonal für die indianische Bevölkerung. Das Silber kommt damals im wesentlichen aus Mexiko. Es geht zunächst um die Ausbeutung der schon bekannten Minen, aber nach und nach entdeckt man welche an der Grenze zwischen dem feuchten mexikanischen Süden und dem trockenen Norden: Guachinango, Zacatecas (die wichtigste von allen), Guanajuato werden um 1540 geöffnet; Compostela de la Guadalajara, Durango, Sambrerete um 1550... Ihr Ertrag ist beachtlich. Man greift auf indianische Arbeitskräfte zurück, die mit Stoffen, die in Mexiko durch andere Indianer hergestellt werden, bezahlt werden. Auch Frauen müssen unter schrecklichen Bedingungen arbeiten. Das sonstige Personal ist spanisch, aber zum Teil auch deutsch, denn man hat Techniker kommen lassen, die ihre in den Minen von Zentraleuropa gesammelte Erfahrung mitbringen.

Die dritte Etappe ist der Silberzyklus. Nach 1560 geht die Produktion von Gold zurück, so daß sie kaum die Menge vom Beginn des Jahrhunderts überschreitet. Die Ausweitung der Silberproduktion hingegen ist erstaunlich. Es resultiert einesteils aus der intensiven Ausbeutung der Minen von Mexiko, die die Behandlung der Erze durch ein Quecksilberamalgam erlaubt. Diese Methode ersetzte die indianische Praxis des aufeinanderfolgenden Schmelzens in kleinen Öfen. Sie ist sehr viel schneller und besteht darin, das Erz in Mühlen zu zerkleinern, es mit Quecksilber, einem Kupfersulfat sowie mit Salz und Wasser zu vermischen. Das Quecksilber stammte aus der spanischen Mine von Almadén in der Mancha, in der man hauptsächlich Sklaven und Verurteilte arbeiten ließ.

Der Überfluß an Silber ist vor allem der Ausbeutung der Minen von Potosi im heutigen Bolivien zu verdanken, die 1545 entdeckt wurden. Lesen wir den Bericht von Pedro Cieza de León: »Die Minen von Porco und noch andere/.../ waren zum größten Teil seit der Epoche der Inkas geöffnet, und man beutete schon die Adern aus, aber der Reichtum der Adern im Gebirge von Potosi war unbekannt geblieben, und man begann erst 1547, Metall daraus zu gewinnen. In diesem Jahr entdeckte ein Spanier namens Villaroel, der mit einigen Indianern wertvolle Metalle suchte, dieses Wunder, das auf einem hohen Hügel lag, dem schönsten der Region. Da die Indianer die Berge und die hochgelegenen Dinge Potosi nennen, blieb ihm dieser Name/. . ./ Auf dem Berg entdeckte man fünf sehr reiche Adern/. . ./. Ihr Reichtum war so beträchtlich, daß von allen Seiten Indianer kamen, um das Silber daraus zu gewinnen, obwohl der Ort sehr kalt war und es kein Dorf in der Nähe gab /. . ./. Es kamen so viel Leute, um Silber zu gewinnen, daß der Ort das Ansehen einer großen Stadt erhielt.«[52] In wenigen Jahren verwandelte sich Potosi in ein unwahrscheinliches Unternehmen. In einer eisigen Wüste in mehr als viertausend Metern Höhe sind ungeheure Arbeiten verrichtet worden, unter anderem legten sechstausend Indianer in der Nähe einen Stausee an.

Die Entdeckung der reichen Quecksilberminen in Huancavelica tausendvierhundert Kilometer nördlich von Potosi gaben den endgültigen Impuls. Das Quecksilber von Almadén wurde zwar weiterhin zu den Minen von Mexiko geleitet, aber nur wenig gelangte nach 1575 in den Komplex von Peru. Für die amerikanische Gesamtheit hat Pierre Chaunu für die Periode 1559–1660 den jährlichen Beitrag von Almadén und Huancavelica auf hundertzweiundvierzig, beziehungsweise auf zweihundertvierzehn Tonnen geschätzt.[53] Die mexikanischen Minen rückten in den Hintergrund. Ende des sechzehnten Jahrhunderts kamen 80% der amerikanischen Silberproduktion aus Potosi, und das weiße Metall allein machte 95% des Exportes der Neuen Welt nach Europa aus. Pedro Cieza de León wird Zeuge der Überfülle. 1549 schreibt er, »jeden Samstag schmolz man im Haus des Corregidors, wo sich die Truhe mit den drei Schlüsseln befand, Silber, und Seine Majestät bezog aus dem königlichen Fünften zwischen fünfundzwanzigtausend und dreißigtausend Pesos, manchmal etwas weniger, manchmal etwas mehr. Und sogar mit einer Produktion, die dem königlichen Fünften mehr als hundertzwanzigtausend Castillanos jeden Monat einbrachte, sagte man, daß man wenig Geld gewinne, und daß die Minen nicht voll ausgebeutet würden. Außerdem entsprach das geschmolzene Metall nicht allem gewonnenem Metall, denn vielen Spaniern gelang es, der Registrierung zu entgehen, und man glaubt, daß viele Indianer mit großen Schätzen nach Hause zurückkehrten . . .«[54]

Die Beschreibung ist richtig. Aber der Chronist übergeht die entsetzlichen Arbeitsbedingungen in den Minen mit Stillschweigen. Die Ausbeutung wurde privaten Unternehmern anvertraut, die Lohnarbeiter beschäftigten. Jeden Tag arbeitete der indianische Minenarbeiter acht Stunden und mußte unter Strafgeldandrohung dreiundzwanzig Kilogramm Erz gewinnen. Mit seinem Lohn bezahlte er eine Hilfskraft, kaufte die Kerzen, entrichtete eine königliche Steuer. Von Tuberkulose oder Silikose befallen, hielt er nicht länger als einige Monate durch. In Huancavelica war die Situation noch schlimmer. Der *Socavón,* der fürchterliche unterirdische Steinbruch, ist das Grab unzähliger Indianer, die nicht länger als zwei oder drei Wochen überleben. Um die Lücken zu füllen, setzten die spanischen Autoritäten von 1570 an das System der *Mita* ein. Die Indianerdörfer mußten selbst diejenigen bestimmen, die kraft dieser »Fronarbeit im öffentlichen Interesse« zur Arbeit in der Mine gezwungen wurden. Das Menschenopfer war so gewaltig, daß zu Beginn des siebzehnten Jahrhunderts beschlossen wurde, den *socavón* zu schließen.

Der Doppelname Potosi-Huancavelica ist ein Modell kolonialer Ausbeutung. Potosi wurde eine künstliche Metropole, deren Wachstum nachdenklich macht: 25 000 Einwohner 1555, 120 000 im Jahr 1588, möglicherweise 160 000 auf seinem Höhepunkt 1610. Sie war größer als alle iberischen oder italienischen Städte der Epoche. Die Indianer, die Hälfte der Bevölkerung, lebten dort mit 40 000 Spaniern, ebensovielen Kreolen, darunter einem ganz kleinen, am Ort geborenen Teil, und 6000 Schwarzen. Man ahnt, daß dieses explosive Gemisch von Entwurzelten, die sich zwischen der Mine, der Schenke und dem Bordell hin- und herbewegten, immer wieder von heftigen Unruhen geschüttelt wurde, die erste schon 1545: Eine einseitige Schlacht hinterließ fünfzig Tote auf der Seite der Indianer, fünf auf der Seite der Spanier.

Von den königlichen Offizieren registriert, wurden die wertvollen Metalle nach Spanien gebracht. Das Silber aus Peru kam auf dem Seeweg zunächst von Callao zum Isthmus von Panama, anschließend gelangte es auf dem Rücken von Maultieren zum Hafen Portobelo, wo es erneut auf Schiffe verladen wurde. Die mexikanischen Metalle wurden von Veracruz aus transportiert, die von Kolumbien von Cartagena aus. Alle Schiffe versammelten sich in Havanna und überquerten zusammen den Atlantik, um sich besser vor Piraten zu schützen. Die in

Sevilla Angekommenen durchliefen, wie wir wissen, die strenge Kontrolle durch die *Casa de contratación.*

An den Ufern des Guadalquivir war die Ankunft der Flotte aus Westindien ein Ereignis, das ein Augenzeuge für das Jahr 1595 beschrieben hat: »Am 22. März legten an den Quais des Flusses von Sevilla die Schiffe an, die mit dem Silber von Westindien beladen waren; man begann, sie zu entladen, und legte in der *Casa de contratación* dreihundertzweiundzwanzig Wagenladungen Silber, Gold und Perlen von großem Wert nieder. Am 8. April holte man aus dem Hauptschiff hundertdrei Wagenladungen von Silber und Gold, und am 23. Mai kamen auf dem Landweg von Portugal aus fünfhundertdreiundachtzig Ladungen Silber, Gold und Perlen, die aus einem Admiralsschiff stammten, das das Unwetter nach Lissabon getrieben hatte. In diesem Jahr konnte man in der *Contratación* den größten Schatz sehen, den ein lebender Mensch jemals gesehen hat, denn es häufte sich dort das Silber von drei Flotten.«[55] Die Begeisterung des Beobachters ist gerechtfertigt. Niemals haben die amerikanischen Minen soviel Ertrag gebracht wie im letzten Jahrzehnt des sechzehnten Jahrhunderts. Nach den ersten beiden schon oberflächlich betrachteten Zyklen, dem des Goldes bis 1530, dem des Goldes und des Silbers von 1530 bis 1560, überschwemmte das Silber den Markt von Sevilla. Die Periode der vollen Ausschöpfung erstreckt sich von 1580 bis 1630, mit einer Spitzenleistung in den Jahren 1591–1600. Nach 1630 begann unwiderruflich der Niedergang. Aber im ganzen wurden hundertachtzig Tonnen Gold und mehr als sechzehntausend Tonnen Silber offiziell in Sevilla ausgeladen. Vielleicht noch viel mehr, denn ein Teil der von Earl Hamilton vor sechzig Jahren aufgestellten Berechnungen scheint unterhalb der realen Marge zu bleiben, außerdem war der Schmuggel in Sevilla oder anderswo offensichtlich beträchtlich.[56] Aber das ist unwesentlich. Schon der jährliche Mittelwert der Ladungen von Gold, 1222 Kilo, betrug beinahe das Doppelte der Produktion des afrikanischen Goldes in den schönen Jahren zu Beginn des sechzehnten Jahrhunderts. Und die Menge des Silbers, 111 Tonnen, zeigt allein schon, von welchem Manna die Alte Welt profitierte und um den Preis welcher Leiden sie erzielt wurde.

Ankunft von Gold und Silber in Sevilla (1503–1560)

	Gold (kg)	Silber (kg)
1503–1510	4 965	0
1511–1520	9 153	0
1521–1530	4 889	148
1531–1540	14 466	86 193
1541–1550	24 957	177 573
1551–1560	42 620	303 121
1561–1570	11 530	942 858
1571–1580	9 429	1 118 592
1581–1590	12 101	2 103 027
1591–1600	19 451	2 707 626
1601–1610	11 764	2 213 631
1611–1620	8 855	2 192 255
1621–1630	3 889	2 145 339
1631–1640	1 240	1 396 759
1641–1650	1 549	1 056 430

Man hat viel über die Folgen dieses Silberflusses auf die europäische Wirtschaft debattiert und lange Zeit an einen direkten Einfluß auf die Inflation geglaubt. Wir wissen heute, daß die Preiserhöhung im Verlauf der ersten Hälfte des sechzehnten Jahrhunderts, also vor der massiven Ankunft der Edelmetalle, bereits sehr stark war. Dennoch haben das Gold und das Silber den Wohlstand in Spanien und Europa genährt. Ausgerüstet mit einer starken Währung, konnte die spanische Monarchie zunächst eine ehrgeizige und aggressive Politik betreiben. Aber die Armeen von Karl V. und Philipp II., die in Italien, in Deutschland und vor allem in den Niederlanden eingriffen, waren ein gieriger Schlund. Große Mengen von Edelmetallen haben Spanien lediglich durchquert. Ständig verschuldet, griff die Krone auf die Darlehen unerläßlicher Gläubiger zurück. Ihre Vorschüsse auf Gold und Silber wiedereintreibend, haben die Handelsbankiers von Genua ungeheure Profite gemacht. Auf ökonomischer Ebene ist die Periode 1528–1627 nach dem Ausdruck von Felipe Ruiz Martin das Jahrhundert der Genueser.

Erstaunlich, mit welcher Klarsicht die Zeitgenossen in Spanien das

kommende Unheil voraussahen. Es kam die Zeit der *arbitristas*. Das waren Menschen, die ihre Zeit unerbittlicher Kritik unterzogen; sie verurteilten die perversen Wirkungen des Zustroms der Edelmetalle, besonders die vorübergehende Bereicherung, die zum Müßiggang einlud, und machten auch Vorschläge zur Heilung des Übels. Für Diego Saavedra Fajardo, »hat der Ackerbau den Pflug verlassen und sorgt sich, mit Seide bekleidet, um seine bei der Arbeit hartgewordenen Hände. Der Handel, vernarrt in den Stand des Edelmanns, hat das Kontor mit dem Sattel des Ritters vertauscht und will sich in den Straßen tummeln«. Man könnte nicht besser den Niedergang der produktiven Tätigkeit beklagen. Vor ihm hat ein anderer *arbitrista*, Martin Gonzales de Cellorigo, in ähnlichen Tönen geredet: »So verläßt der Händler aus Illusion auf den sicheren Profit, welchen die Wertpapiere bringen, seinen Handel, der Handwerker seinen Beruf, der Bauer sein Feld, der Hirte sein Schaf...« Und er nennt die Schuldigen: »Wenn es kein Gold und Silber in Spanien gibt, dann deshalb, weil es welches besitzt; was seine Armut ausmacht, das ist sein Reichtum...«[57]
Über das Unglück seiner Nation jammernd, vergißt Saavedra Fajardo aber nicht völlig, daß Gold und Silber auf dem amerikanischen Kontinent viele Opfer gefordert haben. Er findet einen Satz für »diese wertvollen Früchte der Erde, die durch die Mühen der Indianer ans Licht gezogen werden«. Die Mühen – schöner Euphemismus! Die ökonomische Vereinigung – man spricht von Weltwirtschaft – hat sich unter der Ägide der Europäer, und allein zu ihrem Vorteil vollzogen. Sie kommt zu der mikrobischen, alimentarischen, linguistischen etc. Vereinigung hinzu, die alle die Vorherrschaft der Alten Welt für lange Zeit gesichert haben. Die Alte Welt, der Ausdruck ist ungenau. Es war im vorhergehenden Kapitel von der dreifachen Diaspora die Rede. Nun ist es die vierfache Emigration, von der man sprechen müßte. Die letzte, die afrikanische, ist nicht die am wenigsten zahlreiche. Der Zug in Richtung Amerika und auch zur iberischen Halbinsel, wo im sechzehnten und siebzehnten Jahrhundert Sklaven nicht unbekannt sind, betraf allein zu dieser Epoche Hunderttausende von Individuen.[58] Der ungleiche Austausch der Zeit nach 1492 hat nicht zwischen der Alten und Neuen Welt stattgefunden, sondern zwischen Europa und den anderen Kontinenten.

Gedächtnisfeiern

1892, von Madrid nach Chicago

AUS DEM UNGEHEUREN SPANISCHEN IMPERIUM IST 1892, das sich im sechzehnten Jahrhundert konstituierte, ein trauriger Rest geworden. Die meisten amerikanischen Territorien haben sich zwischen 1821 und 1824 vom Ursprungsland ihrer Kolonisierung emanzipiert. Es bleiben von der alten Konstellation nur noch einige Elemente: Cuba, Porto Rico, Guam und die Philippinen. Das politische und intellektuelle Spanien am Ende des neunzehnten Jahrhunderts hängt unendlich an diesen Reliquien einer ruhmreichen Vergangenheit. Unter diesen Umständen hat sich die Person von Christoph Kolumbus in eine emblematische Gestalt verwandelt, die von einstiger Größe kündet und Trägerin einer zivilisatorischen Botschaft ist. Sie ist zu einer mit den verschiedensten Konnotationen besetzten Figur zwischen Spanien und seinen ehemaligen Kolonien geworden.

Die Affaire um die sterblichen Überreste des Entdeckers illustriert das aufs beste. Kolumbus starb 1506 in Valladolid. Diego, sein Sohn, ließ seine sterbliche Hülle im April 1509 in das Karthäuserkloster von Sevilla bringen, auf die endgültige Überführung in die dortige Kathedrale wartend. Vergeblich. Auf der Suche nach einer anderen symbolischen Lösung legte Diego den Nachtrag zum Testament seines Vaters auf seine Weise aus und verlangte, daß seine Reste nach Santo Domingo transportiert würden. 1544 wurde die Asche von Kolumbus in der Kathedrale der Insel deponiert.

1795 wurde Santo Domingo, der östliche Teil der Insel von Haiti, auf Grund des Vertrags von Basel französisch. Die Reste von Kolumbus sollten keinesfalls auf nicht spanischem Gebiet bleiben. Im Dezember wurden sie exhumiert und nach Havanna transportiert, um in der Kathedrale begraben zu werden. 1877 aber wurde in Santo Domingo – das seit 1844 unabhängige geworden war – eine Urne mit Asche, auf der die Worte »Entdecker Amerikas« eingraviert waren, entdeckt. Damals begann ein heftiger Streit, weil die Dominikaner überzeugt waren, daß Kolumbus immer noch ihnen gehörte, die Spanier dagegen, daß 1877 ein Betrug stattgefunden hätte.[1]

In diesem Klima wurde also die Gedächtnisfeier des Vierhundertjahrestages von 1492 oder, genauer, der Entdeckung Amerikas, begangen. 1888 wurde in Spanien die Kommission zur Feier des Vierhundertjahrestages gegründet. An ihrer Spitze stand Ministerpräsident Práxedes Mateo Sagasta. Mitglieder des Klerus, der Armee, Präsidenten der königlichen Akademien und der Handelskammern gehörten dazu. Ihre Aktivität war begrenzt. Sie wurde zwar nicht gegängelt, aber in den Schlaf gewiegt. Nachdem die liberale Regierung von einer konservativen Regierung ersetzt worden war, wurde 1891 ein Komitee *(junta)* zum Jahrhunderttag auf die Beine gestellt, dem der neue Ministerpräsident Canovas del Castillo vorstand und das aus Staatsministern für Arbeit und Übersee bestand sowie aus Repräsentanten der verschiedenen Botschaften und von vier Städten. Das Komitee bereitete ein Programm vor, das hauptsächlich eine »historikoamerikanistische« Ausstellung vorbereitete, die in Madrid geplant war, und einen Kongreß der Amerikanisten, der in La Rábida stattfinden sollte. Andere Veranstaltungen, die auf Initiative der Gemeindeverwaltungen hin entstanden waren, gelehrte Gesellschaften oder Berufsverbände, erhielten ebenfalls in einigen Fällen die Unterstützung der offiziellen Stellen.[2] Spanien war allerdings nicht ausschließlich Ort der Gedächtnisfeiern. In Genua, in New York, in Chicago, in Havanna ergab sich 1892 die Gelegenheit zu großen Feiern, an denen auch die Öffentlichkeit teilnehmen sollte.[3]

Christoph Kolumbus, die Verbindung zwischen der Alten und der Neuen Welt, war überall der Star der Festlichkeiten. Die Wahl von vier spanischen Gemeinden, die dazu aufgerufen waren, am Nationalkomitee teilzunehmen, ist deutlich: Alle haben eine enge Beziehung mit dem Abenteuer des Kolumbus (Granada, Ort der Verträge, Huelva, Ort der Abreise, Barcelona, Ort des königlichen Empfangs bei der Rückkehr, Valladolid, Sterbeort des Seefahrers). Zum großen Schaden der Sevillaner, die sich beleidigt fühlten. Die Länder der Neuen Welt teilten diese Ansichten. Wenn 1892 Christoph Kolumbus nicht neu erfunden hat, so haben die Gedächtnisfeiern doch in weitem Maß zu seiner Kanonisierung beigetragen. Eine Sonderausgabe der Tageszeitung *La Andalucia* vom 4. April 1892 gab den Ton an: Kolumbus »lebte in einem Jahrhundert von tiefer Dunkelheit; aber für das Genie bewahrt die Nacht in ihrem Schoß die Blitze des Lichtes«.[4]

Die Tat des Genuesers war Gegenstand zahlreicher Veröffentlichungen. Grundlegende Dokumente kamen endlich ans Licht: Autographen von Kolumbus, die von der Herzogin von Alba zusammengestellt worden waren; die Akten des Prozesses im sechzehnten Jahrhundert zwischen der Krone und den Erben des Seefahrers, herausgegeben von der Real Academia de la Historia; die ehrgeizige *Raccolta colombiana* (kolumbianische Sammlung), die in diesem Gedächtnisjahr in Genua angelegt wurde. Eine Menge von Studien entstanden, die man mit Salvador Bernabeu Albert als »realistisch« bezeichnen kann. Es ist die schöne Epoche der positivistischen Geschichtsschreibung, die bestens dazu dient, das verzwickte Durcheinander der Leiden des Kolumbus zu entwirren. Cesáreo Fernández Duro, Rafael Altamira oder Ministerpräsident Canovas del Castillo selbst griffen die romantische oder mystische Vision – die Adjektive stammen von Bernabeu – derer an, die in Kolumbus einen Held sahen, der Opfer der spanischen Krone war. Sänger dieser letzten Strömung war Graf Antoine Roselly de Lorgues, Inspirator von Léon Bloy und Paul Claudel, unter anderem Autor eines Buchs mit dem Titel *Christoph Kolumbus, Diener Gottes*, das 1876 in Paris veröffentlicht wurde. Wir verstehen, daß Pius IX. den Grafen, der offiziell für die Seligsprechung von Christoph Kolumbus eintrat, an den Vatikan berief.

In dem Maße wie die »Realisten« in den intellektuellen Milieus an Boden gewannen, wurde die öffentliche Meinung von einer Welle kolumbianischer Inbrunst überflutet. Straßen und Plätze wurden auf Kolumbus' Namen umgetauft. Vor allem die Denkmäler, die auf beiden Seiten des Atlantik errichtet wurden, waren ein einziger Ruhmesgesang zu Ehren des Seefahrers, wobei beinahe systematisch alle anderen am Epos von 1492 Beteiligten vergessen wurden. Das älteste war das von Genua, das auf der Piazza Acquaverde aufgestellt wurde und das kein Reisender, der aus dem Bahnhof kommt, übersehen kann. Es stammt von 1862. Ihm folgte der Christoph Kolumbus von Barcelona, der am Anfang der *Ramblas* an der Hafenmole aufgestellt wurde (1882–1888). Es folgte die Welle von 1892: in Salamanca; in Mexiko; in La Rábida, wo das Werk von Rodrigo Velazquez – das vor dem Kloster steht und am 12. Oktober durch die Königin Maria-Cristina eingeweiht wurde – Isabella, Ferdinand und den Entdecker in Beziehung zueinander setzt; in Granada, wo die Schöpfung von Mariano Benlliure die Königin darstellt, wie sie die Vorschläge des Entdeckers annimmt. Zwei andere Denkmäler verdienen besondere Erwähnung, die von

New York und Havanna. Das erste, das Russo zu verdanken ist, wurde, natürlich am 12. Oktober, von Vize-Präsident Morton eingeweiht. Die Zeremonie sanktionierte den Sieg der italienischen über die spanische Gemeinde, die durch Vermittlung des Kolumbus-Cervantes-Kreises dem Bildhauer Fernando Miranda ein Projekt anvertraut hatte und das die Brüder Pinzón neben dem Genueser darstellen sollte. Das zweite ist das Mausoleum des Admirals. Es wurde 1891 in einem Wettbewerb ausgeschrieben. Der Sieger, Antonio Mélida, entwarf ein vom ikonographischen Standpunkt aus sehr interessantes Projekt. Die Basis wurde von aztekischen Tempeln inspiriert. Der Sarg wurde durch Herolde von Kastilien, León, Aragón und Navarra getragen (das, wie man weiß, erst 1512 mit dem spanischen Ganzen verbunden worden war, sechs Jahre nach dem Tod des Entdeckers...). Das Ganze war gekrönt von der Märtyrerpalme und den Ketten der Undankbarkeit.[5] Graf Roselly de Lorgues durfte zufrieden sein!
Um Vergangenheit und Gegenwart besser zu verknüpfen, schob man den Herzog von Veragua vor, einen Abkömmling von Christoph Kolumbus. Zum Vize-Präsidenten der spanischen Kommission und Komitees gewählt, wurde er in New York mit allen Aufmerksamkeiten empfangen. Und wie konnte man Kolumbus, den Seemann, besser ehren als mit einer Schiffsprozession? In Huelva, in Genua, in New York wurden Schiffe aus zahlreichen europäischen und amerikanischen Nationen nacheinander in den Häfen versammelt. Die erste Versammlung fand in Huelva am 3. August statt, dem Jahrestag der Abfahrt der kolumbianischen Expedition. Hauptattraktion war die Reproduktion der *Santa Maria*, die zwischen April und Juni im Arsenal von Cadiz hergestellt wurde. Sie wurde am 26. Juni in Gaditana (Cadiz) vor der Abfahrt nach Huelva vorgestellt. Das Schiff vereinigte sich dort mit den Kopien der *Pinta* und der *Niña*, die in Barcelona mit amerikanischen Fonds gebaut worden waren. Die meisten Schiffe begaben sich anschließend nach Genua, wo am 12. September das zweite Seefest in Gegenwart von König Umberto stattfand. Die *Santa Maria* war in Cadiz geblieben, wo sie einigen Veränderungen unterzogen wurde. Neuerliche Abfahrt des Schiffes von Kolumbus Mitte Februar 1893 in Richtung Kanarische Inseln. Da man dem Schiff nicht recht traute, wurde es bis Teneriffa geschleppt. Die Überquerung des Atlantik wurde mit Segeln vollzogen. Bevor es nach New York gelangte, machte das Schiff triumphale Zwischenstationen in Porto Rico am

30. März, in Havanna Anfang April. Zielpunkt aller Gaffer, in New York besonders, anläßlich einer Vorführung Ende April, wurde es bis Chicago geschleppt.

Genua, Chicago und Madrid veranstalteten jede eine große Ausstellung. Die letztere, archäologisch und ethnographisch, war einzig in ihrer Art. Ein Wikingerschiff stand neben Tausenden von Stücken aus Mexiko (Olmeken, Zapoteken, Mixteken...), Costa Rica, Peru.[6] Die beiden anderen hatten verschiedene Absichten. So die italienisch-amerikanische Ausstellung, die zwischen dem Monat Juli und November 1892 dem Publikum geöffnet wurde, wie auch die universale kolumbianische Ausstellung von Chicago, die am 1. März 1893 eingeweiht wurde und den Akzent auf technische Fortschritte lenkte, auf die Vorposten der Industrialisierung. In Genua zeigte man Stoffe, chemisch-pharmazeutische Produkte, Maschinen und Werkstätten (Metallurgie, Werften...).[7] In Chicago stellte man in Palästen die mechanischen Künste, Manufakturen, geistigen Berufe, Transport, Bergbau, Elektrizität dar. Ein Palast der Damen feierte die Frau, den Geist des Fortschritts und der Zivilisation.

Dieselben Grundlagen, dieselben Themen benützend, zeichnen sich zwei Formen von Gedächtnis ab. Auf der einen Seite mobilisieren Italiener und Amerikaner einen Christoph Kolumbus, der eine strahlende Zukunft ankündigt und Träger von revolutionären Neuerungen ist. 1892 ist die Gelegenheit zu einer Ode auf den Fortschritt. Für die Genueser der Epoche heißt der Fortschritt italienische Einheit. Schon 1862 waren auf den Fuß der Statue des Entdeckers die Worte eingegraben: »Das Vaterland für Christoph Kolumbus.« Das Veranstaltungsprogramm vorstellend, gibt die Zeitung *Il secolo XIX* den Ton an: alle Italiener sollen um einen ihrer berühmtesten Mitbürger versammelt werden. Das feierliche Fest von heute, eine neue Bestätigung der Arbeit, der Übereinstimmung, der Liebe zwischen den Italienern aller Regionen der Halbinsel wird ein Balsam für die Seele von Kolumbus sein, der in den himmlischen Räumen der Unendlichkeit umherirrt.[8]

Die Ideologie, die den Erinnerungsfeiern in den Vereinigten Staaten zugrundeliegt, ist kaum anders. Zwei Städte des Nordens – der aus dem Sezessionskrieg dreißig Jahre früher als Sieger hervorgegangen ist – wollen glanzvoll die amerikanische Einheit bestätigen, die Reichtümer des Schmelztiegels, die Macht der nationalen Ökonomie, die herausragende Rolle des Landes für den Fortschritt der Menschheit. Die große Parade vom 12. Oktober 1892 in New York illustriert dies. Drei Elemente sind inmitten eines Waldes von Radfahrern einander gegenübergestellt: die Erinnerung an die Entdeckung, an die Emigration, die an die Werte. So fuhr ein Wagen der Forscher und der der Eroberer, Kolumbus an ihrer Spitze, nahe dem Wagen des Steinzeitalters und der Sonnenanbeter. Die spanischen Siedler gingen, natürlich um die *Santa Maria* gruppiert, den Holländern und den Quäkern voran. Dazwischen fuhren die Wagen des Kapitols, mit anderen Worten der Vereinigung der vierundvierzig Staaten, der Freiheit, der Wissenschaft, des Ruhms, Elektras – auf dem Edison die Hydra Elektrizität zähmt. Kolumbus, Edison – derselbe Kampf in dieser manichäischen, aber wirksamen Schau einer westlichen wohltätigen Zivilisation. Die Prozession vom 20. Oktober 1892 nach Chicago war grob gesehen eine Kopie der von New York. Außerdem war die Universalausstellung so konzipiert, daß sie an Großartigkeit alle vorhergehenden Veranstaltungen übertreffen sollte; eigentlicher Bezugspunkt war die Ausstellung von Paris, 1889. Die hatte sechseinhalb Millionen Dollar gekostet, Chicago verschlang achtundzwanzig Millionen. Es wurde sogar eine Zeitlang geplant, durch Eiffel einen Turm, der größer sein sollte als der von Paris, errichten zu lassen.[9]

Die spanische Haltung ist ganz anders, grundsätzlich defensiv, der Vergangenheit zugewandt. Die Ausstellungen, die Kongresse – elf bedeutende, angefangen mit dem Kongreß der Amerikanisten in La Rábida vom 7. zum 11. Oktober 1892 –, die Zeitschriften, von denen die offizielle *El centenario* das Nachdenken über die Geschichte Spaniens fördern sollte. Spanische Autoren und Hispanisten setzten den Akzent auf das Kolonialsystem, das als großherzig, humanitär und der englischen Kolonisation weit überlegen dargestellt wurde. Man debattierte über die Folgen des spanischen Engagements in Amerika und die Grenzen des Profits. Vermittelt durch amerikanische Studien (Naturwissenschaften, Anthropologie, Kunst) wurde sogar – am Ende des neunzehnten Jahrhunderts – die Frage nach Zustand und Entwicklung der präkolumbianischen Zivilisationen gestellt.

Die Verspätungen, die Übertragungen, die Annulierungen der Veranstaltungen zeugen von den Schwierigkeiten der Zeit. Die Feier in Spanien stand unter keinem guten Stern. Sevilla profitierte von dem Besuch der Regentin, die von ihren Kindern begleitet war. Aber der für die königliche Ankunft am 8. Oktober vorgesehene Triumphbogen war nicht fertig. Von Sevilla aus begab sich Maria-Cristina nach Cadiz und La Rábida. Anschließend sollte sie sich in Granada aufhalten. Eine plötzliche Krankheit des jungen Alphons XIII. hielt die ganze Familie in Sevilla auf, bevor sie verspätet und direkt Anfang November nach Madrid zurückkehrten. Die verspätete Ankündigung der Änderung des Programms führte am 3. November in Granada zu einem Tumult, in dessen Verlauf die Einwohner sämtliche Festbauten kurz und klein schlugen.[10]

Streit unter den Orientalisten führte auch zum Abbruch des Kongresses, der in Córdoba, Granada und Sevilla stattfinden sollte. Ein Afrikanistenkongreß und eine Moriskenausstellung konnten gerade eben noch durchgeführt werden. Einige interessante Veröffentlichungen sollte man hinzufügen, darunter das Werk von Duran und Lerchundi über die Personen, die am Krieg von Granada teilgenommen hatten. Dieses Buch und andere haben das Wissen über die moslemische Vergangenheit des Landes bereichert und zu lebhaften Polemiken über Rechtfertigung und Nutzen der Vertreibung der Moriskos zwischen Liberalen und Konservativen seit Mitte des neunzehnten Jahrhunderts geführt. Aber im ganzen fand die Wiedereroberung von Granada wenig Echo. Was die Vertreibung der Juden betrifft, so fand sie weder auf der einen noch auf der anderen Seite des Atlantik überhaupt Erwähnung. Ein Mann wie Angel Pulido, 1883 Autor einer Reisebeschreibung in das östliche Mittelmeer, der die Sephardenkultur entdeckte, fand kaum Beachtung. Er sollte sich erst später Gehör verschaffen.[11]

Auf der ganzen Welt war der Vierhundertjahrestag eine Gedächtnisfeier zu Ehren des Kolumbus, nicht mehr. Dahinter verbergen sich das nordamerikanische Selbstbewußtsein und die spanische Bewußtseinskrise. 1898 brach der schwelende Konflikt zwischen den Vereinigten Staaten und Spanien offen aus. Die spanische Kriegsflotte wurde bei den Philippinen und an den kubanischen Küsten zerstört. Der Vertrag von Paris am 10. Dezember 1898 besiegelte das völlige Verschwinden des spanischen Kolonialreichs. Einige Monate früher hatte Antonio Mélida das Mausoleum von Christoph Kolumbus vollendet. Die Einweihung in Havanna konnte nicht stattfinden. Im Dezember wurde das Denkmal nach Europa gebracht. Vier Jahrhunderte später kehrte Kolumbus zum fünften Mal zurück.

1492 und die Ikonographie

IM VORDERGRUND KOLUMBUS, auf den Knien und Gott dankend. Zu seiner Seite vielleicht der junge Rodrigo von Triana, der das Glück hatte, als erster das Land zu sehen. Hinter ihnen zwei der Brüder Pinzón, darunter Martin, den zweifelnden Blick auf den Admiral gerichtet. Im Hintergrund die Santa Maria, alle Segel gerefft – so hat Francesco Solimena die Ankunft vom 12. Oktober 1492 in Amerika auf einem Gemälde Anfang des achtzehnten Jahrhunderts im Kunstmuseum in Rennes festgehalten. War der neapolitanische Maler der erste, den das Ereignis von 1492 inspirierte? Das ist zweifelhaft, denn einerseits existieren anonyme Zeichnungen aus dem siebzehnten Jahrhundert in der Galleria Este von Modena, die Kolumbus darstellen, und andererseits ist es möglich, daß Luca Giordano (Lucas Jordan für Spanien) am Ende desselben Jahrhunderts für den Palast von Buen Retiro vier große Fresken über das Thema des Sieges der Katholischen Könige über die Moslems in Granada gemalt hat. Diese Fresken sind wie der Palast zerstört worden, aber es bleibt eine Spur davon: Ein Kupferstecher der zweiten Hälfte des folgenden Jahrhunderts, Juan Barcelon, fertigte Reproduktionen an. Wenn man ihnen glaubt, so handelte es sich um Kompositionen voller Bewegung, auf denen man den furchtlosen Ferdinand von Aragón erblicken konnte, wie er seine Gegner niederstreckt. Luca Giordano, von dem man weiß, daß er für den Palast eine Reihe der Arbeiten des Herkules und die Allegorie vom Goldenen Vlies gemalt hat – die erhalten ist – hatte natürlich auf Bestellung gearbeitet. Der Sieg von 1492 wurde also durch die Bestellung – den Hof von Karl II. – als besonders ruhmreiche Epoche der spanischen Monarchie angesehen.[12]

Der Vergleich zwischen dem Programm von Luca Giordano und dem Gemälde von Francesco Solimena ist unerläßlich, denn er erlaubt, eine bedeutende Frage wenigstens zu formulieren, wenn schon nicht zu lösen: Wann ist die Hierarchie zwischen den verschiedenen großen Ereignissen von 1492 verändert worden? Wir haben zwei Maler, der eine wie der andere neapolitanisch – und Solimena verdankt dem Unterricht von Giordano, seinem älteren Kollegen, viel –, die sich für zwei verschiedene Episoden des »Wunderbaren Jahres« interessierten. Man muß hinzufügen, daß Solimena ebenfalls ein Gemälde mit dem Titel »Christoph Kolumbus empfängt die Bullen des Papstes«, im Mu-

seum von Rouen, und eine Allegorie von Europa, Amerika, Asien und Afrika malte, die heute in der Galerie Doria Pamphili von Rom hängt.
Wir haben gesehen, daß die Menschen am Ende des fünfzehnten Jahrhunderts der Einnahme von Granada die größte Bedeutung zuschrieben. Und daß ihre Abkömmlinge sie vierhundert Jahre später in den Hintergrund geschoben haben, vornehmlich das amerikanische Abenteuer verherrlichend. Man kann sich fragen, ob es nicht einen entscheidenden Wendepunkt zwischen Giordano (1632–1705) und Solimena (1657–1747), zwischen dem Ende des siebzehnten Jahrhunderts und dem Beginn des achtzehnten Jahrhunderts gegeben hat. 1650, in der Epoche, in der die Zeichnungen von Modena entstanden, veröffentlichte Girolamo Graziani, Sekretär von Francesco d'Este, Herzog von Modena, ein langes heroisches Gedicht von sechsundzwanzig Gesängen, *Il conquisto di Granata,* das schon 1654 in Paris durch den Übersetzer des Fürsten von Conti wiederaufgelegt wurde. Ein Beweis dafür, daß ganz entschieden die Rückgewinnung vom 2. Januar nicht vergessen worden ist. Es liegt darin eine Logik für eine christliche Welt, die bis 1638 im Bewußtsein der türkischen Gefahr lebt. Zu diesem Zeitpunkt belagerten die Ottomanen Wien vergeblich: Der unaufhaltsame Niedergang ihres Reiches war damit eingeläutet. Die Erinnerung an den Sieg der Katholischen Könige in Granada verlor seine Aktualität.
Eine andere Frage, die das Dossier von Modena und das Gemälde von Solimena nahelegen: Auf wann ist die »Wiedererfindung« von Kolumbus zu datieren? Dieser, Opfer der Ungnade, in die er gefallen war, und der Gunst, die 1506, unmittelbar nach seinem Tod seinem Nebenbuhler, dem Florentiner Amerigo Vespucci bezeugt wurde, war in Vergessenheit geraten. Kolumbien ist nicht Amerika. Aber die Erinnerung an das Abenteuer des Kolumbus hatte sich zweifellos weniger verflüchtigt, als es scheint. Solimena – der allerdings als Neapolitaner sehr mit Spanien verbunden ist – hebt Kolumbus ins volle Licht.
Der Entdecker wird nicht mehr den Vordergrund der Bühne verlassen. Das achtzehnte Jahrhundert gehört ihm, selbst wenn Francisco Bayeu, der Schwager von Goya, eine »Rückgabe von Granada« malt. Der Valencianer Vicente López, Maler am Hof von Karl IV., und Zacárias Gonzáles Velázques hängen sich an die Ankunft von Kolumbus in Amerika. Im neunzehnten Jahrhundert gelingt es der romantischen orientalisierenden Mode nicht, ihn von seinem Piedestal zu holen.

Gewiß interessieren sich damals zahlreiche Künstler für Granada. Von José Madrazo, 1837 Autor einer Komposition mit dem Titel »Gonzalo Fernández de Córdoba beim Angriff auf Montefrío«, bis zu Mariano Fortuny, dessen Gemälde »Die Niedermetzelung der Abencerragen« von 1871 datiert, gibt es zahlreiche Anhaltspunkte. Wir wollen festhalten, daß 1870 der Franzose Henri Regnault von einer Reise nach Spanien und Marokko *Die Hinrichtung ohne Urteil unter den maurischen Königen von Granada* mitbringt. Es handelt sich um dieselbe mythische Episode vom tragischen Ende der Abencerragen im Inneren der Alhambra. Wir wissen, daß sie die Schriftsteller vom neunzehnten Jahrhundert inspiriert hat, vor allem Chateaubriand. Weniger bekannt ist, daß auch Maler und Musiker ihr ein lebhaftes Interesse entgegengebracht haben. Cherubini 1813 (»Die Abencerragen«), der Katalane Felipe Pedrell 1874 *(L'ultimo Abenzerragio)* widmen ihm jeder eine Oper. Auf musikalischem Gebiet ist das ungewöhnlichste und bezeichnendste Werk das von Emilio Arrieta und Temistocle Solera, das 1850 im Theater des königlichen Palastes von Madrid aufgeführt wird und den Titel *La conquista de Granada* trägt. Die positive Rolle wird hier Isabella der Katholischen gegeben, während Ferdinand seltsamerweise überhaupt nicht in Erscheinung tritt; seinen Platz hat Gonzalvo de Córdoba, der Generalkapitän, inne. Der schillernde Temistocle Solera – Librettist der ersten Opern von Verdi, besonders von »Nabucco«, Günstling der Königin Isabella II., vielleicht ihr Liebhaber, schließlich Polizeichef von Kairo! – läßt den Chor singen: »Der Anblick der kühnen Taten des iberischen Genies zerschmettert den elenden Sklaven Mohammed.« Und Isabella: »O, irrendes Genie, der Himmel lenkt Dich nicht vergebens zu mir hin! Flieg, Kolumbus, zeig der närrischen Menge all die unbekannten Strände! Tapferer Genueser, Gott, der Dich inspiriert hat, wird Dein Führer auf den Wassern sein, und Dein Name wird stets mit dem von Isabella verbunden bleiben.« Der Graf Roselly de Lorgues hätte das sicher zu schätzen gewußt.

In der Tat haben sich Kolumbus und die Rückgabe von Granada lange die Gunst der Künstler geteilt. Der Empfang des Entdeckers durch die Herrscher in Barcelona ist das Thema eines Gemäldes von Delacroix und (1846 und 1847) eines anderen von Joseph Robert Fleury. Pharamond Blanchard, Künstler aus Lyon, der von 1825 bis 1837 in Spanien wohnte, erhielt 1850 einen Staatsauftrag. Seine *Erste Messe in Amerika* räumt der üppigen Vegetation einen kapitalen Platz ein. Aber Blanchard, der den Augenblick der Erhebung der Hostie gewählt hat, beharrt auf der Andacht der Europäer, die mit der Verwirrung der anwesenden Indianer kontrastiert. Ein anderer Lyonnaiser Maler, Claude Jacquard, wählt den Tod des Seefahrers zum Thema. Nach 1850 werden die romantischen Maler durch die Welle einer üppig erzählenden Malerei abgelöst, deren bevorzugtes Gebiet die Geschichte ist. Das Genre ist von den Kunsthistorikern vernachlässigt, ja sogar verachtet worden, bis Carlos Royero ihm ein sehr schönes Buch widmete.[13] Die drei Gegenstände, die uns beschäftigen – der Krieg von Granada, die Vertreibung der Juden, die Karriere von Kolumbus – waren in Spanien zwischen 1850 und 1900 Gegenstand von achtundneunzig Werken. Drei Beispiele, eines für jedes Thema, erlauben es, die Absichten der Künstler, ihrer Auftraggeber und ihres Publikums genauer zu verstehen. Antonio Muñoz Degrain, 1841 geboren, war einer der besten Maler des neunzehnten Jahrhunderts und Lehrmeister von Picasso. Er schätzte den historischen Realismus und schuf 1878 das Gemälde »Isabella die Katholische gibt ihren Schmuck für das Unternehmen des Kolumbus«. Die Königin zeigt im Zentrum den Schrein zwei Personen, die gekommen sind, sie um Audienz zu bitten: Luis de Santángel und Alonso de Quintanilla. Hinter der Königin steht die Gräfin von Moya, die wie die beiden Höflinge dem Seefahrer günstig gesonnen ist. Im Hintergrund auf einem Tisch sitzend scheint Ferdinand von Aragón in die Lektüre eines Dokuments vertieft. Ein Kardinal, vielleicht Pedro Gonzales de Mendoza, und weitere Adlige sind ebenfalls gegenwärtig. Die Episode ist Legende, aber der Maler, der es verstanden hat, einige der wichtigsten Helden des kolumbianischen Abenteuers zu versammeln, gibt dieser allen Anschein des Wahrscheinlichen. Sein Geschmack am Detail, die Sorgfalt, die er dem Dekor widmet, erlauben ihm, ein Klima zu schaffen. Dennoch hat die Kritik das Gemälde kaum geschätzt und hat ihm seinen Mangel an Emotion, an Begeisterung seiner Personen vorgeworfen.[14] Dies hinderte Muñoz Degrain nicht daran, es auf der Ausstellung von Paris zu präsentieren und auf das Thema mit »Isabella für das Unternehmen des Kolumbus betend« zurückzukommen – natürlich 1892.

Der Aragonese Francisco Pradilla y Ortiz wurde mit Ehre überhäuft. Bei den Ausstellungen von Paris 1878, 1882 in Wien, 1892 in Berlin mit Medaillen geehrt, Direktor des Prado-Museums, erhielt er den Auftrag zu einer Arbeit für den Senat. Das Thema war »Die Übergabe von Granada«. Er entledigte sich seiner Aufgabe 1882 und präsentierte ein gigantisches Gemälde von 5,5 auf 3,3 Meter. Der Maler scheint die Chroniken gelesen zu haben. Er stellt exakt den Augenblick der Übergabe der Schlüssel dar, während sich Boabdil vor Ferdinand, begleitet von Isabella, den Infanten, dem Grafen von Tendilla, dem Generalkapitän, dem Herzog von Medina Sidonia verneigt. Granada ist in winterliche Wolken gehüllt. Das Werk erfüllte alle Wünsche. Mit einem unendlichen Luxus an Vorsichtsmaßnahmen wurde es nach München transportiert, um auf einer Ausstellung gezeigt zu werden.[15]

Emilio Sala zeigt dieselbe Sorge um Realismus mit der »Vertreibung der Juden«, 1889 anläßlich eines Aufenthalts in Paris geschaffen. Unter einem Thronhimmel sitzend, lauschen Ferdinand und Isabella in Gegenwart zahlreicher Mitglieder am Hof den Argumenten eines Stellvertreters der jüdischen Gemeinde (Abraham Senior, Abravanel?). Unter ihnen Torquemada. Die steife Haltung der Herrscher kontrastiert mit der Aufregung dieses letzteren, einer wirklich zentralen Persönlichkeit der Szene. Einige Zeitgenossen haben den hochmütigen Charakter des Redners getadelt. Das Gemälde, 1891 in Berlin ausgestellt, wurde dennoch im folgenden Jahr vom spanischen Staat gekauft.[16]

Die Bewegung, zu der diese Künstler gehören, ist international. Die überall erhaltenen Belohnungen bezeugen besser als alles andere, wie gut ihre Werke aufgenommen wurden. Die Kritiker hielten sich insgesamt zurück und widmeten sich lediglich den freiesten Darstellungen. Auch französische Maler nahmen an der Bewegung teil – Joseph Robert Fleury und Claude Jacquard, die schon zitiert wurden, mit »Der triumphale Einzug von Chlodwig in Tours« und »Der Tod von Gaston de Foix«. Vor allem haben sich die italienischen Maler mit dem Leben von Kolumbus beschäftigt. In dem Rahmen einer Ausstellung in Genua 1892 konnte das Publikum »Abfahrt von Palos von Angelo Achini« oder »Der gefesselte Kolumbus« von Nicolas Baravino – der auch eine »Galilei vor der Inquisition« malte – sehen, während in der Scala von Mailand die Oper »Christoph Kolumbus« von Alberto Franchetti aufgeführt wurde.

Die Bewegung bleibt dennoch im wesentlichen spanisch. Der Ausgangspunkt ist klar. Dreiundsechzig der achtundneunzig Gemälde erzählen eine Episode aus dem Leben des Kolumbus, dreiunddreißig

beschäftigen sich mit dem Krieg von Granada, nur zwei mit der Vertreibung der Juden. Und wenn die Künstler eine Art vollständige Reportage der Konfrontation mit den Moslems bieten, von der Anfangsschlacht an, in deren Verlauf Boabdil gefangen genommen wurde, bis zum Aufbruch des Emirs aus seiner ehemaligen Hauptstadt, ist das Leben von Kolumbus absichtlich verstümmelt. Schenkt man den Malern Glauben, so hat alles 1485 begonnen, als er an die Türe des Klosters La Rábida klopft. Vier Hauptperioden skandieren sein Epos: die Ankunft in La Rábida (neun Gemälde), die Präsentation des Projekts vor den Herrschern (acht), die Ankunft in Amerika (zwölf), der Empfang in Barcelona (sieben Gemälde). Kolumbus ist hier, ohne irgend eine Einschränkung, spanisch. Und triumphiert.
In dieser Chronik in Bildern sind die Abweichungen von der Norm nicht weniger interessant. Wir müssen die beiden Gemälde über die Vertreibung der Juden beiseitestellen, die drei, die Kolumbus gefesselt darstellen, nachdem er in Ungnade gefallen war, die vier, die den Tod des Genuesers zum Thema haben, die neun, die sich mit Boabdil beschäftigen. Wir sind dort auf der Seite der Besiegten, als ob die Maler nach dem Beispiel der Politiker oder Schriftsteller die Vergangenheit in ihrer Totalität in Anspruch nähmen. Die historisierende Malerei fügt sich in die weite Strömung der Reflexion über den Niedergang ein. Bei der Bildung eines Nationalbewußtseins finden sich die umstrittensten Themen der Geschichte vom Ende des fünfzehnten Jahrhunderts im Zentrum des Streits zwischen Traditionalisten und Liberalen.

Die Feste der Mauren und der Christen

»Cortés wendet sich an Moctezuma: Er ist nicht gekommen, um Krieg zu führen, sondern um die christliche Religion zu offenbaren. Moctezuma empfängt ihn mit Worten des Friedens. Cortés lobt die Macht von Karl V.; dieser will Moctezuma weder seiner Schätze noch seines Imperiums berauben; aber er soll den Kult der Idole verlassen und die Taufe empfangen. Moctezuma unterwirft sich und bekehrt sich mit Begeisterung ebenso wie seine Vasallen.
Aber der Fürst Cuauhtémoc begehrt auf: Kaiser Moctezuma, Großer

König: Du verdienst nicht mehr diesen Titel, Du hast nicht mehr das Recht, die Krone zu tragen, denn Du hast den Mut verloren, Du hast Angst. Die Spanier erzählen nur Lügen, sie spotten über Dich. Du hast dich ergeben, aber ich werde Krieg führen. Ich will nicht, daß unsere Götter zugrunde gehen. Ich habe in der Hand Flamme, Geräusch, Asche, Rauch, Sand, Staub, Winde, Unwetter: Ich werde die Spanier verjagen. Sie sollen zu sich zurückkehren oder sterben. Moctezuma antwortet: Sprich nicht so, mein Sohn. Cuauhtémoc zieht sein Schwert, stürzt sich auf Cortés und schlägt ihn ins Gesicht. Cortés antwortet: Bei der Ehre meines Königs verzeihe ich dir.
Cuauhtémoc ruft zu den Waffen, und der Kampf beginnt. Er stellt den Höhepunkt des Dramas dar. Der Chor bittet die Heiligen, den Spaniern den Sieg zu verleihen. Das Wunder findet statt: Cuauhtémoc wird getötet. Seine Verblendung führt ihn in die Hölle.
Der Ausgang des Kampfes hat die Macht des christlichen Gottes bewiesen. Moctezuma drückt von neuem seine Liebe zu dem Christus aus, und das Stück endet mit Lobsprüchen auf Cortés: Daß der Blitz, der uns hier erreicht hat, uns auch im Paradies erreiche. Es lebe Don Fernando!«[17]
Dieses lange Zitat, das ich Nathan Wachtel entnehme, ist das Resumée vom *Der Tanz der Großen Eroberung* wie er in der Villa Jaurez (früher Jicotepec) gespielt wird. Das Stück ist sehr alt: Es wurde bis 1894 in Nahuatl rezitiert.
»In dieser Zeit gab es in einem Dorf nahe bei dieser Stadt (Saragossa) ein Fest zu Ehren eines Märtyrers dieses Königreichs, das die Leute der ganzen Region anzog; und weil diese beiden Kameraden, Soldaten aus Flandern, und ich nichts zu tun hatten, gingen wir in das Dorf, um uns zu zerstreuen (...) Wir kamen im Dorf um ein Uhr nachmittags an, und wir fanden am Ort zwei Kompagnien von Bauern, eine von Moslems, die mit Steinschleudern bewaffnet waren, eine von Christen mit Feuerwaffen. Sie hatten mitten auf dem Platz ein mittelgroßes Schloß aus Holz aufgebaut, in dem sich die Moslems aufhalten sollten; als der Tag gekommen war, an dem die Prozession auf dem Höhepunkt ankam, griffen es die Christen an und bemächtigten sich, nachdem sie den Sieg davongetragen hatten, der Moslems, die sie in Ketten auf den Straßen umherführten. Als Zeichen des Sieges gaben sie mehrere Schüsse mit der Arkebuse ab.«[18]
Dieser zweite Text, von Robert Ricard wiedergegeben, ist eine Pas-

sage aus einer anonymen pikaresken Novelle, *Vida y hechos de Estebanillo Gonzáles, hombre de buen humor* (Leben und Taten des lustigen Estebanillo Gonzáles), 1646 in Antwerpen veröffentlicht.
Beide Dokumente zeigen, daß es auf folkloristischem Gebiet keinen atlantischen Ozean gibt. Der Geist, die Struktur des mexikanischen Festes und die des spanischen Festes sind dieselben. Ihre Argumente aus der Geschichte schöpfend – die Konfrontation zwischen Eingeborenen und Spaniern oder die zwischen Moslems und Christen –, sind die Berichte um einen dreifachen Rhythmus organisiert (Treffen-Revolte-Kampf auf einer Seite, Präsentation des Moslem-Zuges durch die christlichen Kämpfe auf der anderen). Ihre Botschaft ist identisch: Sie realisieren die Vereinigung zwischen Gegnern, wobei deutlich die spanische (oder christliche) Dominanz betont wird. *Der Tanz der Großen Eroberung* und das aragonesische Fest sind keineswegs isoliert. Sie haben unzählige Verwandte auf beiden Kontinenten.
In Amerika, Mexiko, Pueblo, Zacatecas, Aguascalientes, San Juan de Amecac, Guatemala, wo sie in der Region von Quezaltenango oder Totonicapán zahlreich sind nahe dem Ort, wo 1524 die Schlacht zwischen Tecum Uman und Alvarado stattfand. In Peru, in Chayanta, in Toco, in Huamantanca; in den Vereinigten Staaten, in Santa Cruz de la Cañada (Neu-Mexiko). In Panama, in Uruguay, in Paraguay, in Brasilien, wo sie *congadas* heißen, was auf afrikanische Inspiration verweist –, auf den Philippinen. Insgesamt findet man sie im ganzen iberischen Einflußgebiet. Und sie heißen meist *danzas de moros y cristianos* (Tänze von Mauren und Christen).[19]
In Europa ist die Verbreitung nicht geringer. In Spanien, dem Hauptland natürlich, gab es bis vor kurzem zweihundertzwanzig. Man feiert sie im gesamten Land, von Galizien im Nordwesten bis Almería im Südosten. Aber deutlich mehr finden sich im Osten und in Ostandalusien sowie in geringerem Maß in Aragón. Die Geographie schmiegt sich sehr genau an die lange moslemische Präsenz.[20]
Die »Feste der Mauren und Christen« können in drei Kategorien klassifiziert werden. In den aragonesischen Tänzen sind das Gute und das Schlechte Protagonisten, und der Kampf zwischen Mauren und Christen fügt sich in ein sehr archaisches Schema ein. Im Osten Spaniens – wo das berühmteste Fest in Alcoy in der Nähe von Alicante stattfindet –, liegt der Akzent auf einem Festzug, bei dem die Ortsvereine *(filaes ou comparsas)* an Einfällen und verschwenderischer Ausstat-

tung miteinander rivalisieren. Der dritte Typ ist der der »Botschaft«, die in Andalusien verbreitet ist, bei dem Verhandlungen und Kampf die anderen Elemente in den Schatten stellen. Aber andere europäische Länder kennen die Feste der Mauren und Christen ebenfalls. Es gibt sie in Jugoslawien; der Flecken von Martres-Tolosane im Süden von Toulouse praktiziert sie seit 1844.[21] Nicht zu vergessen die Adaptionen bei den sizilianischen Marionettenspielen.[22]

Manche dieser Veranstaltungen finden erst seit kurzem statt. Interessanter sind die Feste alten Ursprungs. Im Gegensatz zu einer verbreiteten Meinung sind die Feste und Tänze der Mauren und Christen keine Erfindung des neunzehnten Jahrhunderts. Arturo Warman zitiert den Chronisten Bernal Diáz del Castillo: Cortés kommt in Coatzacoalcos an, wo er mit »Triumphbögen und Hinterhalten von Christen und Mauren empfangen wird«.[23] Das Ereignis datiert von Ende 1524 oder Anfang 1525. In Spanien können zahlreiche Beispiele gesammelt werden. In Vera, in der gegenwärtigen Provinz von Almería, beschließt die Gemeinde am 25. September 1581, Feste zu organisieren: Man wird am Morgen »von den Mauren und den Christen« zeigen. Im Nachbardorf von Cuevas de Almanzora wird am 13. November 1619 »das Spiel der Mauren und Christen« organisiert; ein Verantwortlicher, dem anderthalb Arrobas (sechzehn Kilo) Pulver übergeben werden, wird ernannt. Das Fest von Alcoy existiert seit 1668.

Das Ritual ist vielschichtig, die Elemente verschiedenartig und manchmal verworren. Mündliche Überlieferungen und gelehrte Texte sind eng vermischt. Es ist nicht klar, ob die Zuschauer oder sogar die Schauspieler immer den Sinn der geschraubten und deklamatorischen Sätze erfassen. Aber einige Anhaltspunkte können gegeben werden. Ein historischer Fundus liefert ein Raster oder einen mehr oder weniger respektierten Veranstaltungsrahmen. Wir wollen noch festhalten, daß in Cuevas de Almanzora 1619 die Rede vom *Spiel* der Mauren und Christen war. Das Stockspiel war eine der beliebtesten Zerstreuungen der Aristokratie: Gruppen von »christlichen und moslemischen« Rittern trafen in Turnieren aufeinander, gehüllt in prachtvolle Kostüme.

Zu dieser Tradition hinzu kommen die Entlehnungen aus Legenden, die durch Novellen weitergegeben wurden, die große Popularität genossen. Eine der am meisten verbreiteten ist die von Karl dem Großen und den zwölf Pairs von Frankreich, Gelegenheit zu einem manichäischen Kampf zwischen dem christlichen Kaiser und dem moslemischen Admiral Balan. Der erste wird von Roland, Olivier oder Ogier dem Dänen begleitet, der zweite von Fierabras (oder Ferrabraz = Eisenarm), der in den meisten Versionen schließlich den christlichen Glauben annimmt. Man findet diesen Inhalt in der mexikanischen Stadt San Juan de Amecac wie in vielen brasilianischen *congadas* oder im palermitanischen Marionettentheater.

Das Datum des Festes ist dasselbe wie das des Heiligen Namenspatrons: am 23. April Tag des Heiligen Georg in Alcoy; am 3. Mai Tag des Heiligen Kreuzes in Santa Cruz de la Cañada; am 24. Juni Tag des heiligen Johannes in Zacatecas; am 8. September Tag der Geburt der heiligen Jungfrau in Villena. Alle diese Feste fallen mit dem Ende eines agrarischen oder industriellen Produktionszyklus zusammen: Oliven-, Orangenernte, Weinlese usf. Das religiöse Fest überlagert häufig andere, frühere. Überall hat der Klerus darüber gewacht, den Zeremonien einen religiösen Inhalt zu geben, so daß man nicht selten Moslems sieht, die sich der Statue der Heiligen Jungfrau oder des Heiligen bemächtigen, die dann die Christen zurückgewinnen. In der Neuen Welt verstanden es Priester und Mönche, um zu ihren Zielen zu gelangen, die Feste aus der Zeit vor Kolumbus zu nützen, bei denen ein Kampfspiel veranstaltet wurde. Arturo Warman meint, daß sich auf diese Weise eine Kultur der Eroberung entwickeln konnte. Da die Messe im Gegensatz zu den prähispanischen Zeremonien keine aktive Teilnahme der Gläubigen verlangte, fanden spektakuläre Veranstaltungen statt. Der Tanz der Mauren und Christen ist eine davon. Den Menschen vertraut, die von der iberischen Halbinsel kamen, konnten sie die Eingeborenenriten assimilieren.

Die Gedächtnisfeiern, welche diese Feste darstellen, sind manchmal ambivalent. In der Tragödie von Atahualpa, wie sie am Tag der Jungfrau des *Socavón* in Peru oder in Bolivien nachgezeichnet wird – besonders in Oruro –, ist der messianische Mythos von der Rückkehr der Inka erhalten. Das Trauma der Eroberung wird immer noch heftig miterlebt. Ebenso haben die Mauren in den spanischen Darstellungen nicht zwangsweise die verhängnisvolle Rolle, die ihnen zugewachsen zu sein scheint. Zwischen dem Wortlaut der Texte und dem, was die Schauspieler daraus machen, liegt ein Abgrund. Im allgemeinen neigt sich das Herz der Einwohner auf die Seite der Moslems.

Schlußbemerkung

DAS FOLKLORISTISCHE VOKABULAR – *Feste und Tänze der Mauren und Christen* – führt uns rechtzeitig zur tiefen Interdependenz der Ereignisse von 1492. Wir haben lange versucht zu zeigen, daß unter den vier großen Leuchtfeuern des *annus mirabilis* eine Einheit von Zeit und Ort existiert, die keineswegs eine Laune der Geschichte ist. Aber im Verlauf der Jahrhunderte haben die Menschen sich bemüht, ihre Kohärenz und Harmonie zu zerstören. Man kann zwei unmittelbare Gründe für diese Wahl finden. Wenn die Rückgabe von Granada und die Vertreibung der Juden einem jahrhundertelangen »Zusammenleben« ein Ende setzten, kündete die Reise des Kolumbus, die die Grammatik von Nebrija begleitete, ein neues an: 1492 schließt einen Zyklus und öffnet einen anderen. Übrigens sind Rückgabe und Ausstoßung seit der Aufklärung in die Zahl der schmerzlichen Episoden zu zählen, über die man besser nicht spricht. Das Abenteuer des Genuesers hingegen wurde im abendländischen Bewußtsein ungemein positiv wahrgenommen. Sogar die spanischen Anarchisten stimmten 1892 in den Chor ein. Für die meisten unter ihnen war Kolumbus ein Held, der nach dem Wort von Carlos Serrano die Wissenschaft im Angesicht des Aberglaubens darstellte.

Die Entdeckung von Amerika durch die Europäer ist für sich allein schon eine beträchtliche Tatsache, die den Lauf der Geschichte verändert hat. Sehr schnell gestand man ihr im sechzehnten Jahrhundert die größte Aufmerksamkeit zu. Der Emigrant Josef ha Cohen lieferte, als er den Chronisten López de Gómara übersetzte, einen schönen Beweis. López de Gómara, dessen Werk von interessanten Anmerkungen wimmelt, war einer der ersten Herolde des amerikanischen Abenteuers. Schrieb er nicht in der Widmung seiner *Allgemeinen Geschichte Westindiens*, die für Karl V. bestimmt war: »Die größte Sache seit der Erschaffung der Welt ist, abgesehen von der Menschwerdung und dem Tod dessen, der sie schuf, die Entdeckung von Westindien (...) Niemals verbreitete eine Nation ihre Sitten, ihre Sprache und

ihre Waffen so weit wie die Spanische, noch ging sie so weit auf dem See- und dem Landweg, die Waffen auf dem Rücken.«
Solcher Hochmut ist weit entfernt von der diskreten Sprache des Bildhauers von Torremarte, der einmeißelte: »Dieses Werk wurde 1492 geschaffen, im Jahr, in dem Granada gewonnen wurde.« Zwischen dem anonymen Künstler, der aus dem Krieg in sein Dorf zurückgekommen ist, und dem Kaplan des Hernán Cortés, der sich an den »König der Römer« wendet, liegt eine Welt. Oder eher ein Reich, das durch Zufall an das spanische Erbteil gefallen war. Durch Zufall? López de Gómara achtet nicht darauf. In seiner Nachrede an künftige Übersetzer heißt es: »Einige werden vielleicht diese Geschichte in eine andere Sprache transponieren wollen, damit die Menschen ihrer Nation die Wunder und Größe von Westindien hören und wissen, daß die Werke den Ruhm, der an ihnen überall auf der Welt anhaftet, wert sind und sogar überschreiten. Diese bitte ich inständig, um der Liebe willen, die sie den Geschichten entgegenbringen, wohl ihren Sinn zu achten, über die Reinheit unserer Sprache zu wachen, die sehr häufig in wenig Worten große Ideen ausdrückt.« Diese starken Sätze haben Josef ha Cohen nicht entmutigt. Aber die Lektion von Nebrija ist wohl gelernt worden! Das Imperium führte zum Größenwahn.
Kein Zweifel, daß die Trunkenheit des Chronisten geteilt worden ist. Die Herren von Spanien konnten, nicht ohne Eitelkeit, die Karten bewundern, die mit schöner Regelmäßigkeit in Lissabon, Sevilla, Genua oder anderswo entstanden. Juan de la Cosa, der auf der *Marie-Galante*, dem Schiff von Kolumbus bei seiner zweiten Expedition, mitfahrende Kartograph, fertigte schon 1500 eine Zeichnung der Ostküsten der Neuen Welt. 1507 nennt sie Waldseemüller auf seiner Weltkarte nicht nur Amerika, sondern ahnt schon den Pazifischen Ozean. Zwischen 1525 und 1529 erschafft der Portugiese Diogo Ribeiro in der *Casa de contratación* von Sevilla mehrere Weltkarten, auf denen die Ostküste von Nordamerika, Florida bis nach Neuschottland dargestellt ist. 1559 liefert Lopo Homen einen schon genauen Umriß der Westküsten des entdeckten Kontinents. Das Imperium der spanischen oder portugiesischen Herrscher schwoll zusehends.
In dem Maße wie der Atlantik, Amerika, der Pazifik die kartographische Fläche bedeckten, schrumpfte die Alte Welt. Die Dokumente vor 1492 waren um das Mittelmeer organisiert. Schon von der Mitte des sechzehnten Jahrhunderts an erscheint das innere Meer sehr eng in

einem plötzlich erweiterten Universum. Das Bild täuscht nicht; die Länder um das Mittelmeer stagnieren, die beiden größten Mächte erleiden schwere Rückschläge, Spanien 1643 bei Rocroi, das ottomanische Reich 1683 vor Wien. Wir können den zweiten Tod des vielschichtigen, aber fruchtbaren Austauschs zwischen den drei Kulturen, der christlichen, jüdischen und moslemischen, auf das Ende des siebzehnten Jahrhunderts datieren. Die Achse der Welt hatte sich definitiv verlagert.

Amerika, völlig von den Europäern beherrscht, nimmt einen immer größer werdenden Platz in der Wirtschaft und den internationalen Beziehungen ein. Die Emanzipation der Länder der Neuen Welt seit Ende des achtzehnten Jahrhunderts krönt den Prozeß. Kein Land leidet psychologisch mehr unter dieser Entwicklung als Spanien. Während 1892 die Vereinigten Staaten ihr ungeheures Leistungspotential feiern und ihr Selbstbewußtsein zeigen, finden die spanischen Gedächtnisfeiern in mißmutigem Klima statt. Spanien klammert sich an Kolumbus. Wer hätte da an den Ruhm von Granada, die Eroberung eines kleinen Territoriums auf Kosten eines von nun an beruhigten Islam erinnern sollen? Wer auch noch an das Schicksal der Juden erinnerte, der war für einen großen Teil der öffentlichen Meinung nur Fremder oder schlechter Spanier, der die *leyenda negra* – die schwarze Legende – nährte.

Und heute? Sicherlich ist Spanien ebenso weit entfernt vom »archäologischen Patriotismus«, den Clarin, der Autor von *Die Regentin*, vor einem Jahrhundert anprangerte, wie die Vereinigten Staaten von dem festen Auftreten von New York und Chicago. In einem Artikel vom 12. Oktober 1989, der von der Tageszeitung *El pais* veröffentlicht wird, beschäftigte sich der Schriftsteller Francisco Ayala mit dem Sinn von Kolumbus' Abenteuer. Eine Reise, die beinahe fünf Jahrhunderte gedauert hat, sagte er. Man habe auf 1969 und die ersten Schritte auf dem Mond warten müssen, um den von dem Genueser geöffneten Horizont erweitert zu sehen. Weder das Ereignis noch seine zahllosen und widersprüchlichen Konsequenzen können in irgendeiner Weise verkleinert werden. Aber Ayala vergißt weder die Rückgabe von Granada noch die Vertreibung der Juden, noch die Grammatik von Nebrija. Wie könnte es auch anders sein, da er selbst in Granada geboren, vierzig Jahre lang die bittere Erfahrung des Exils machen mußte?

Die Zeit ist günstig für eine Rückkehr zu den Quellen, für eine Abrechnung mit den Ereignissen vor fünfhundert Jahren. Das zwanzigste Jahrhundert hat das Wiedererwachen des Islam erlebt. Wenn auch die große sephardische Gemeinde von Saloniki von den nationalsozialistischen Deutschen vernichtet wurde und wenn ihre Schwester in Istanbul zugrunde geht, ist der Staat von Israel geschaffen worden. Die spanische Sprache gewinnt von neuem an Raum. Spanien hat wieder einen bedeutenden Platz unter den Nationen. Auf seinem Boden haben sich in diesen letzten Jahrzehnten kleine jüdische und moslemische Gemeinden neu gebildet. Wird der so lange unterbrochene alte Dialog wieder aufgenommen? 1990 ist die höchste spanische Auszeichnung, der Premio Principe de Asturias, den sephardischen Gemeinden der ganzen Welt zugesprochen worden. Und angeblich will der König von Spanien ein symbolisches Dekret verkünden, das die Vertreibung der Juden aufhebt. Es ist höchste Zeit, alle Stücke des Puzzles von 1492 zu sammeln, keinen Aspekt davon zu verheimlichen. Kehren wir nach Santa Fé zurück.

Anmerkungen

Die Ereignisse

1. Pietro Martire de Anghiera, »*Opus epistolarum*«, in: José Lopez de Toro (Hrsg.), *Documentos ineditos para la Historia de España*, Bd. IX., Madrid 1953, Brief Nr. 89.
2. Rachel Arié, *L'Espagne musulmane au temps des nasrides (1232–1492)*, Paris 1973, S. 133–137.
3. Eladio Lapresa Molina, Santa Fé: *Historia de una ciudad del siglo XV*, Granada 1979, S. 42.
4. Juan de Mata Carriazo, *Los relieves de la guerra de Granada en la silleria del coro de la catedral de Toledo*, Granada 1985.
5. Miguel Garrido Atienza, *Las capitulaciones para la entrega de Granada*, Granada 1910, S. 269–303.
6. Miguel Angel Ladero Quesada, *Los mudéjares de Castilla en tiempo de Isabel I*, Valladolid 1969, S. 51–53 und 165–171.
7. M. Garrido Atienza, *op. cit.*, S. 314–315.
8. Carmen Pescador del Hoyo, »Como fue de verdad la toma de Granada a la luz de un documento inédito«, *Al-Andalus*, 1955, S. 283–344.
9. Zitiert von Joseph Pérez, *Isabelle et Ferdinand, Rois Catholiques d'Espagne*, Paris 1988, S. 258.
10. Joaquin Duran y Lerchundi, *La toma de Granada y caballeros que concurrieron a ella*, Madrid 1893.
11. M. Ladero Quesada, *Castilla y la conquista del reino de Granada*, Valladolid, 1967; 2te Aufl., Granada 1987, S. 293–302.
12. Alonso de la Torre y del Cerro, *Documentos sobre relaciones internacionales de los Reyes Catolicos*, Barcelona 1949–1966.
13. *Ibid.*, Bd. IV *(1492–1497)*, S. 32.
14. Hernando de Baeza, »Las cosas que pasaron entre los reyes de Granada desde el tiempo del rey Juan de Castilla, segundo de este nombre, hasta que los Católicos Reyes ganaron el reyno de Granada«, in *Relaciones de algunos sucesos de los últimos tiempos del reino de Granada*, Madrid 1868. Alonso de Palencia, *Guerra de Granada*, übers. v. A. Paz y Melia, Madrid 1909.
15. Zum Beispiel durch Luis del Marmol Carvajal, *Historia de la rebelión de los moriscos del reino de Granada*, in *Biblioteca de autores españoles*, Bd. XXI, Madrid 1946.
16. A. de la Torre y del Cerro, *op. cit.*, Bd. IV, S. 33.
17. Luis Suarez Fernandez, *Politica internacional de Isabel la Catolica: Estudios y documentos*, Bd. III, Valladolid 1969, S. 438–439.
18. Jane Dieulafoy, *Isabelle la Grande*, Paris 1920, S. 224.
19. Zitiert von R. Arié, *op. cit., S. 340.*
20. Abd al-Basit, *in* José Garcia Mercadal (Hrsg.), *El reino de Granada en 1465–1466: Viajes de extranjeros por España y Portugal*, Bd. I, Madrid 1952, S. 255.
21. Djomaà Cheikha, »L'écho de la chute de Grenade dans la poésie arabo-andalouse«, *Anderer Titel*, »Grenade 1492«, Paris, erscheint demnächst.
22. Mohammed ben Abd er Rahman Sakhawi, *Et-Tibr el Mesbouk: Sur la dynastie saadienne du Maroc*, ed. Edmond-Fagnan, Algier 1924, S. 284.

23. Ibn Iyas, *Histoire des Mamlouks circassiens*, Band II, (872–906), éd. Gaston Wiet, Kairo 1945.
24. Ahnad Al-Makkari, *Analectes sur l'histoire et la littérature des Arabes d'Espagne*, éd. Reinhart Dozy, Buch VIII, Leiden 1855–1861.
25. Machiavelli, *Le Prince*, Kap. XXI.
26. Baldassare Castiglione, *Il Corteggiano*, Buch III.
27. Luis Suarez Fernandez, *Los Reyes Catolicos: El tiempo de la guerra de Granada*, Madrid 1989, S. 247.
28. P. Martire de Anghiera, *op. cit.*, Brief 94.
29. Jeronimo Munzer (Monetarius), *Relación del viaje*, in J. Garcia Mercadal, op. cit., Bd. I, S. 348.
30. Antonio Rumeu de Armas, *Itinerario de los Reyes Católicos* (1475–1516), Madrid 1974.
31. M. A. Ladero Quesada, *Los mudéjares . . .*, *op. cit.*, S. 185–188.
32. Nicolas de Popielovo, *Relación del viaje*, in: J. Garcia Mercadal, *op. cit.*, Bd. 1, S. 319.
33. Maurice Kriegel, »La prise d'une décision: l'expulsion des juifs d'Espagne en 1492«, *Revue historique*, 1978, S. 49. Für die ganze folgende Entwicklung habe ich dieser Arbeit viel entlehnt.
34. Alonso de Santa Cruz, *Crónica de los Reyes Católicos*, ed. Juan de Mata Carriazo, Sevilla 1951, S. 53–59.
35. Luis Suarez Fernandez, *Los Reyes Católicos*, *La expansión de la fe*, Madrid 1990. Siehe das grundlegende Kapitel III.
36. *De Sefarad: los judios de la Corona de Aragón en los siglos XIV–XV*, Valencia 1989. Siehe den Beitrag von Ramon Alberch Figueras, »Los judios de Girona«, *S. 55–60.*
37. Béatrice Leroy, *L'Expulsion des juifs d'Espagne*, Paris 1990, S. 29 ff.
38. Andres Bernaldez, *Memorias del reinado de los Reyes Católicos*, Madrid 1962, S. 253.
39. M. Kriegel, *op. cit.*, S. 63.
40. B. Leroy, *op. cit.*, S. 35.
41. Diese Ereignisse sind häufig analysiert worden. Siehe z. B. B. Leroy, *op. cit.*, S. 77–80.
42. Adeline Rucquoi, *Valladolid en la ead media, el mundo abreviado*, Bd. II *(1367–1474)*, Valladolid 1987, S. 495 ff.
43. B. Leroy, *op. cit.*, S. 82.
44. Dolors Bramon, *Contra moros i jueus*, Valencia 1981, S. 135–144. Manuel F. Ladero Quesada, »Apuntes para la historia de los judios y los conversos de Zamora en la Edad media (siglos XIII–XV)«, *Sefarad*, 1988, S. 29–57.
45. Albert Sicroff, *Les Controverses de statuts de »pureté de sang« en Espagne du XVe au XVIIe siècle*, Paris 1958.
46. M. Kriegel, *op. cit.*, S. 79.
47. Bartolomé Bennassar, *L'Inquisition espagnole*, Paris 1979.
48. Archives historiques nationales de Madrid, section Inquisition, Stoß 2075/1.
49. L. Suarez Fernandez, *op. cit.*, S. 87–90.
50. *Ibid.*, S. 91. Haïm Beinart, *Andalucia y sus judios*, Cordóba 1986.
51. J. de M. Carriazo, »Asiento de las cosas de Ronda«, *Miscelanea de estudios arabes hebraicos*, 1954, Dokument I.
52. M. A. Ladero Quesada, *Granada después de la conquista: Repobladores y mujédares*, Granada 1988, S. 249.
53. Siehe Anmerkung 50.
54. L. Suarez Fernandez, *op. cit.*, S. 96 ff. M. Kriegel, *op. cit.*, S. 83 ff.
55. M. Kriegel, *op. cit.*, S. 105.

56. Siehe Kapitel III, »La diaspora musulmane«.
57. A. de la Torre y del Cerro, *op. cit.*, Band IV, S. 31.
58. Es handelt sich um Bartolomé Seranega, zitiert in Franco Cardini, *1492: L'Europe au temps de la découverte de l'Amérique*, Paris 1990, S. 182.
59. A. Bernaldez, *op. cit.*, S. 258.
60. M. Kriegel, *op. cit.*, S. 89.
61. Bibliothèque nationale de Paris, spanisches Manuskript Nr. 110.
62. Yolanda Moreno Koch, »La conquista de Granada y la expulsión de Sefarad, según las crónicas hispanohebreas«, *Actas del I Congreso de historia de Andalucia, Andalucia medieval*, Bd. II, Córdoba 1978, S. 337.
63. Monique de la Roncière et Michel Mollat de Jourdain, *Les Portulans: Cartes marines du XIIIe au XVIIe, siècle*, Paris, 1984, S. 210 ff.
64. Cristóbal Colon, *Diaro de a bordo*, ed. Luis Arranz, Madrid 1985, S. 71.
65. Miguel Molina Martinez (Hrsg.), *Capitulaciones de Santa Fé*, Granada 1989, S. 3. Der Ausdruck stammt von Antonio Ballesteros Beretta, *Cristóbal Colón y el descubrimiento de América*, 2 Bde., Barcelona 1945.
66. M. M. Martinez, *op. cit.*, S. 6.
67. *Ibid.*, S. 6–7.
68. Juan Manzano, *Colón y su secreto: El predescubrimiento*, Madrid 1976; 3^{e}éd., 1989.
69. Samuel Eliot Morison, *Admiral of the Ocean Sea*, 2 Bde., Boston 1942; Buenos Aires 1945.
70. Antonio Rumeu de Armas, *Nueva luz sobre las Capitulaciones de Santa Fe de 1492*, Madrid 1985.
71. Cristobal Colon, *op. cit.*, S. 9–14.
72. Marianne Mahn-Lot, *Portrait historique de Christophe Colomb*, Paris 1960; 2te Aufl. 1988, S. 7–9.
73. Salvador de Madariaga, *Christophe Colomb*, Paris 1952. Juan Gil, »Colón y la Casa Santa«, *Historiografia y bibliografia Américanistas*, 1977.
74. Alain Milhou, *Colón y su mentalidad mesiánica en el ambiente franciscanista español*, Valladolid 1983, S. 70–90. Siehe auch J. Gil, *Mitos y utopias del Descubrimiento. I: Colón y su tierra*, Madrid 1989.
75. Bartolomé de Las Casas, *Histoira de la Indias*, Madrid, 3 Bde., 1875–1876.
76. M. Mahn-Lot, *op. cit.*,, S. 9.
77. Fernand Braudel, *Civilisation matérielle. Économie e Capitalisme XVIe–XVIII^{e}siècles*, Bd. I, *Les Structures du quotidien: le possible et l'impossible*, Paris 1979, S. 438–439.
78. F. Braudel, *La Méditerranée et le monde méditerranéen à l'époque de Phillipe II*, Paris 2te Aufl. 1966, Bd. I, S. 312.
79. Jean Favier, *Les Grandes Découvertes: D'Alexandre à Magellan*, Paris 1991, S. 408, 424–425.
80. M. Mahn-Lot, *op. cit.*, S. 35.
81. Amiral Teixeira de Mota, *Christophe Colomb et les Portugais: Lisbonne hors les murs, 1415–1580. L'invention du monde par les navigateurs portugais*, Paris 1990, S. 147–165.
82. Zitiert von F. Cardini, *op. cit.*, S. 210.
83. M. Mahn-Lot, *op. cit.*, S. 51.
84. A. Milhou, *op. cit.*, S. 293 ff.
85. Zitiert von Admiral Teixeira de Mota, *op. cit.*, S. 155.

86. Jacques Heers, *Christophe Colomb*, Paris 1981.
87. Pierre Chaunu, *L'Expansion européenne du XIIIe au XVe siècles*, Paris 1969, S. 185.
88. Alicia Gould, »Nueva lista documentada de los tripulantes de Colón en 1492«, *Boletin de la Real Academia de la Historia*, 1924, S. 145 ff.; 1926, S. 72 ff.; 1927, S. 532 ff.; 1928, S. 776 ff.
89. M. Mahn-Lot, *op. cit.*, S. 80.
90. E. L. Garcia Diez, J. L. Labajo Salazar, M. A. Martinez Rubio, J. L. Martin, *Primera traversia colombina: Aspectos meteorológicos*, Salamanca 1990.
91. M. Mahn-Lot, *op. cit.*, S. 94.
92. *Ibid.*, S. 103. Dieses Zitat stammt aus dem Brief an Luis de Santángel.
93. *Ibid.*, S. 89.
94. Antonio de Nebrija, *Gramática castellana*, Salamanca 1492; wiederaufgel. Madrid 1980.
95. *Op. cit.*, Prolog. *Siehe auch* Francisco Rico, *Nebrija frente a los bárbaros*, Salamanca 1978.
96. Marie-France Antunes- Fernandes, »Gil Vicente: un Espagnol portugais du début du XVIe siècle«, *Cahiers du Criar*, »Langues et identités dans la péninsule Ibérique«, Rouen 1989, S. 25–50.
97. *Ibid.*, S. 36.
98. Eugenio Asensio, »La lengua compañera del imperio«, *Revista de filologia española*, 1960, S. 399–413. Rafael Lapesa, *Historia de la lengua española*, Madrid 1980.
99. Zitiert von D. Bramon, *op. cit.*, S. 146.
100. J. Pérez, *op. cit.*, S. 401.
101. A. Milhou, *op. cit.*, S. 13–29.
102. J. Pérez, *op. cit.*, S. 401.

Warum Spanien?

1. Alain Demurger, *Temps de crises, temps d'espoirs (XIVe–XVe siècles)*, Paris 1990, S. 300–302.
2. A. Milhou, *op. cit.*, S. 338.
3. *Ibid.*, S. 293 ff.
4. Zitiert von F. Cardini, *op. cit.*, S. 14.
5. Für diese ganze Entwicklung ist der unerläßliche Führer J. Pérez, *op. cit.*
6. L. Suarez Fernandez, *op. cit.*, S. 41.
7. Julius Klein, *The Mesta. A Study in Spanish Economic History, 1237–1836*, Cambridge, Mass. 1920.
8. Hilario Casado, *Señores, mercaderes y campesinos: La comarca de Burgos a fines de la Edad Media*, Valladolid 1987.
9. »Viaje del noble bohemio León de Rosmithal de Blatna«, *in* J. Garcia Mercadal, *op. cit.*, S. 271.
10. Jacqueline Guiral-Hadziiossif, *Valence, port méditerranéen au XVe siècle*, Paris 1986.
11. J. Favier, *op. cit.*, S. 410–414.
12. M. A. Ladero Quesada, *La Hacienda Real de Castilla en el siglo XV*, La Laguna 1973.
13. *Ibid.*, S. 227 ff.
14. M. A. Ladero Quesada, *Historia de América latina, España en 1492*, Madrid 1978, S. 115–116.

15. B. Bennassar, *op. cit.*16.René Quatrefages, *L'Organisation militaire de l'Espagne (1492–1592)*, daktylographiertes Exemplar, Bd. I, Paris 1989, S. 28–60. Ich danke dem Autor, daß er mich bevollmächtigt hat, sein Manuskript einzusehen.
17. *Ibid.*, S. 61–70.
18. Joaquin Duran y Lerchundi, *La tom de Granada y caballeros que concurrieron a ellos*, Bd. II, Granada 1893, S. 148.
19. *Ibid.*, Bd. II, S. 647–651.
20. J. Pérez, *op. cit.*, S. 126.
21. *Ibid.*, S. 9. Dieser Satz soll 1473 ausgesprochen worden sein.
22. M. A. Ladero Quesada, *Historia de América latina*..., *op. cit.*, S. 110.
23. Hernando del Pulgar, *Crónica de los Reyes Católicos*, ed. J. de M. Carriazo, Madrid, 1943, 2 Bde.
24. Diego de Valera, *Crónica de los Reyes Católicos*, ed. J. de M. Carriazo, Madrid 1927. A de Palencia, *Guerre de Granada*, ed. A. Paz y Melia, Madrid 1909. A. de Nebrija, *Guerre de Granada*, ed. M. L. Arribas, Madrid 1990. Für das humanistische Milieu im allgemeinen, Ottavio di Camillo, *El humanismo castellano del siglo XV*, Valencia 1976.
25. J. de M. Carriazo, *op. cit.*
26. M. Garrido Atienza, *op. cit.*, S. 292–295.
27. Maria Soledad Carrasco Urgoiti, *El moro de Granada en la literatura*, 2te Aufl., Granada 1989.
28. R. Arié, *op. cit.*, S. 152.
29. R. Quatrefages, *op. cit.*, S. 42.
30. A. Rumeu de Armas, *op. cit.*
31. Man kann nützliche Vergleiche mit der von Karl IX. ausgeführten Reise ziehen. Vgl. Jean Boutier, Alain Dewerpe, Daniel Nordman, *Un tour de France royal: Le voyage de Charles IX (1564–1566)*, Paris 1984.
32. A. Bernaldez, *op. cit.*, S. 265–268.
33. J. M. Carriazo, *op. cit.*, S. 70–71. A. Bernaldez, *op. cit.*, S. 184–185.

Eine dreifache Diaspora

1. Die Texte stehen in M. A. Ladero Quesada, *Los mudéjares*..., *op. cit.*, S. 106, 137, 141.
2. José Enrique Lopez de Coca Castañer, »Granada y el Magreb: la emigración andalusí (1485–1516)«, in *Relaciones de la península ibérica con el Magreb (siglos XIII–XVI)*, Madrid 1988, S. 419.
3. Manuel Espinar et Juan Grima, »El infante Cidi Yahya Alnayar (1435?–1506)«, *in Boletin del Instituto de estudios almerienses*, Nr. 7, 1987, S. 57–83.
4. M. A. Ladero Quesada, *Los mudéjares*..., *op. cit.*, S. 104.
5. Pietro Martire de Anghiera, *op. cit.*, S. 248–249.
6. *Colección de documentos ineditos* (CODOIN), Bd. XI, S. 490–491, 508.
7. Monetarius, »Itinerarium Hispanicum, 1494–1495«, *Revue hispanique*, 1920, S. 55.
8. M. A. Ladero Quesada, *Los mudéjares*... *op. cit.*, S. 75.
9. Die Fatwa von Al Wancharichi war Gegenstand zahlreicher Kommentare. Siehe vor allem Leila Sabbagh, »La religion des moriscos entre deux fatwas«, in *Les Morisques et leur temps*, Paris 1983, S. 43–56, und Felipe Maillo Salgado, »Del Islam residual mu-

déjar en España«, in F. Maillo (Hrsg.), *Al Andalus. Sefarad: sintesis y nuevas perspectivas*, Salamanca 1988, S. 129–140.

10. J. E. Lopez de Coca Castañer, *op. cit.*, S. 429–430.
11. M. A. Ladero Quesada, *Granada, historia de un pais islámico (1232–1571)*, 3te Aufl., Madrid 1989, S. 47.
12. Für die Abreise von Boabdil und seine Niederlassung in Marokko bleibt die beste Untersuchung die von Mariano Gaspar y Remiro, »Partida de Boabdil allende con su familia y principales servidores«, *Revista del Centro de estudios históricos de Granada y su reino*, 1912, S. 57–111. Siehe auch A. Al Makkari, *op. cit.*, Buch VIII.
13. John D. Latham, »The Reconstruction and Expansion of Tetuan: The period of Andalusian Immigration«, in *Arabic and Islamic Studies in Honour of Hamilton Gibb*, Leiden 1965, S. 393–404. Rodolfo Gil Benumeya, *Marruecos andaluz*, Madrid 1953, S. 146–151.
14. R. Arié, *op. cit.*, S. 172, 378.
15. Léon l'Africain, *Description de l'Afrique*, ed. A. Epaulard und T. Monod, Paris 1956.
16. M. A. Ladero Quesada, *Los mudéjares... op. cit.*, S. 193–195.
17. *Ibid.*, S. 204.
18. José Hinojosa, »Mudéjares granadinos en el reino de Valencia a fines del siglo XV (1484–1492)«, *Actas del III Coloquio de historia medieval*, Jaen 1984, S. 128–130.
19. Louis Cardaillac, *Morisques et Chrétiens: un affrontement polémique (1492–1640)*, Paris 1977, S. 87–101.
20. J. E. Lopez de Coca Castañer, *op. cit.*, S. 414.
21. A. Bernaldez, *op. cit.*, S. 251–264.
22. Salomon ibn Verga, *Chebet Jehudá (la Vara de Judá)*, ed. Francisco Cantera Burgos, Granada 1927. Josef ha Cohen, *Emeq ha Bakha*, ed. Pilar León Tello, Madrid/Barcelona 1964. Pilar León Tello, *Judios de Toledo*, Bd. II, Madrid 1979, S. 352–357.
23. M. A. Ladero Quesada, *Los mudéjares...*, *op. cit.*, S. 203–204.
24. José Cabezudo Astrain, »La expulsión de los judios en Ejea de los Caballeros«, *Sefarad*, 1970, S. 349–363.
25. A. Rucquoi, *op. cit.*, Bd. II, S. 500–501.
26. Miguel Angel Motis Dolader, *Los judios aragoneses en la época del descubrimiento de América.*, Saragossa 1989, S. 99–100.
27. Luis Suarez Fernandez, *op. cit.*, S. 110.
28. *Ibid.*, S. 110–111.
29. A. de le Torre y del Cerro, *op. cit.*, Bd. IV, S. 71.
30. Luis Suarez Fernandez, *Documentos acerca de la expulsión de los judios*, Valladolid 1964, S. 403–408.
31. A. Bernaldez, *op. cit.*, S. 256.
32. Enrique Gonzalves Cravioto, *Las desventuras de un judio malagueño en Marruecos*, Jabega 1989, S. 25–30.
33. M. A. Motis Dolader, *La expulsión de los judios de Saragossa*, Saragossa 1985.
34. J. ha Cohen, *op. cit.*, S. 200–203.
35. L. Suarez Fernandez, *Documentos...*, *op. cit.*, S. 487–489.
36. A. Bernaldez, *op cit.*, S. 260–261.
37. Abraham Ardutiel, »Sefer ha-qabbalah«, *Medieval Jewish Chronicles*, 1887, S. 111–112.
38. S.ibn Verga, *op. cit.*, Paragraph 57.
39. M. A. Motis Dolader, *op. cit.*, S. 107.

40. J. ha Cohen, *op. cit.*, S. 18–20.
41. F. Braudel, *La Méditerranée...*, *op. cit.*, S. 144.
42. Zitiert von B. Leroy, *Les Menir, une famille sépharade à travers les siècles (XIIe–XXe siècles)*, Paris 1985, S. 93.
43. B. Netanyahu, *Don Isaac Abravanel Statesman and Philosopher* Philadelphia, 1968. Moïse Schwab, *Abravanel et son époque*, Paris 1865.
44. F. Braudel, *La Méditerranée...*, *op. cit.*, S. 146.
45. J. ha Cohen, *op. cit.*, S. 179.
46. Angel Saenz Badillos et Judit Targarona Borras, *Diccionario de autores judios (Sefarad siglos X–XV)*, Córdoba 1988, S. 22–23.
47. *Ibid.*, S. 185. B. Leroy, *op. cit.*, *S. 100.*
48. B. Leroy, *L'Aventure séfarade, de la péninsule Ibérique à la diaspora*, Paris, 1986.
49. Diese Ziffern werden entweder von *F. Braudel, La Méditerranée...*, *op. cit.*, S. 144, oder von B. Leroy, *Les Menhier...*, *op. cit.* geliefert.
50. B. Leroy, *ibid.*, S. 106 f.
51. Ich folge hier A. Bernaldez und L. Suarez Fernandez.
52. Nach dem Wörterbuch der spanischen Akademie kommt das Wort *marrano* vom arabischen *muharram*, das bedeutet *untersagt*. Durch Ausweitung der Bedeutung ist der Ausdruck äquivalent mit *Schwein*.
53. J.-P. Dedieu, *L'Administration de la foi: L'inquisition de Tolède (XVIe–XVIIIe siècles)*, Paris 1989, S. 240. Ricardo Garcia Carcel, *Origines de la inquisisión española: El tribunal de Valencia, 1478–1530*, Barcelona 1976, S. 167.
54. Christian Hermann et Jacques Marcadé, *La Péninsule Ibérique au XVIIe siècle*, Paris 1988, S. 332, nach Antonio Borges Coelho, *Inquisición de Evora; Dos primordios a 1668*, Lissabon 1987.
55. Yosef Hayim Yerushalmi, *From Spanish Court to Italian Ghetto. Isaac Cardoso – A Study in Seventeenth-Century Marranism and Jeswish Apologetics*; Seattle und London 1971.
56. Antonio Enriquez Gómez, *El siglo pitagórico y vida de don Gregorio Guadaña*, éd. Charles Amiel, Paris 1977.
57. Pierre Chaunu, *Séville et l'Amérique, XVIe–XVIIe siècles*, Paris 1977.
58. Magnus Mörner, »La emigración española al Nuevo Mundo antes de 1810. Un informe de la investigación«, *in* Fredi Chiapelli (Hrsg.), *First Images of America, The Impact of the New World on the Old*, Berkeley 1976, S. 737–787.
59. Antonio Dominguez Ortiz, *La sociedad española en el siglo XVII*, S. 87–89, und *El Antiguo Régimen: Los Reyes Católicos y los Austrias*, Madrid 1973; 7e Aufl., 1980, S. 272, 429.
60. Siehe ebenfalls Jordi Nadal, *La población española (siglos XVI a XX)*, Barcelona 1984, S. 54–62.
61. Vor allem Peter Boyd Bowman, *Indice geobiográfico de cuarenta mil pobladores españoles de América en el siglo XVI*, Bd. I, 1493–1519, Bogota 1964, und José Luis Martinez, *Pasajeros de Indias: Viajes trasantlánticos en el siglo XVI*, Madrid 1983, S. 174.
62. Carlos Martinez Shaw, »La emigración catalana a América (1493–1824); Un balance provisional«, *in* actes des *Terceres Jordanes d'estudis catalano-americans*, im Druck.
63. Valentin Vazquez de Prada Vallejo et Juan Bosco Amores Carredano, »La emigración de Navarros y Vascongados al Nuevo Mundo y su repercusión en las comunidades de orígen«, *in* Antonio Eiras Roel (Hrsg.), *La emigración española Ultramar 1492–1914*, Madrid 1991, S. 134.

64. Julia Gomez Prieto, »La emigración vizcaina hacia América. Los Indianos de Balmaseda: siglos XVI–XIX«, *in* A. Eiras Roel, *op. cit.*, S. 159.
65. Lourdes Diaz Trechuelo, »La emigración familiar andaluza a América en el siglo XVII«, *in ibid.*, S. 189–197.
66. Jean-Paul Zuñiga, actes du *Deuxième Congrès d'histoire d'Andalousie,* Córdoba 1991
67. José Luis Pereira Iglesias et Miguel Rodriguez Cancho, »Emigración extremeña a Indias (catálogo de pasajeros)«, *in* A. Eiras Roel, *op. cit.*, S. 268.
68. Rocío Sanchez Rubio, »La emigración extremeña a Indias en las fuentes locales: los protocolos notariales de Trujillo durante el siglo XVI«, *in ibid.*, S. 278.
69. J. L. Pereira Iglesias und M. Rodriguez Cancho, *op. cit.*, S. 265.
70. L. Diaz Trechuelo, *op. cit.*, S. 192–193.
71. *Ibid.*, S. 193–194.
72. Enrique Otte, *Cartas privadas de emigrantes a Indias,* Sevilla 1989.
73. J. Gomez Prieto, *op. cit.*, S. 163.
74. E. Otte, *op. cit.*, S. 14–16.
75. David Gonzales Cruz und Manuel José de Lara Ródenas, »La carrera de Indias en la documentación testamentaria. Huelva y América en los siglos XVII y XVIII«, *in* A. Eiras Roel, *op. cit.*, S. 227–244.
76. Louis Cardaillac, »Le problème morisque en Amérique«, *Mélanges de la Casa de Velazquez,* 1976, S. 282–306.
77. Paulino Castañeda Delagado und Pilar Hernandez Aparicio, *La Inquisición de Lima,* Bd. I (1570–1635), Madrid 1989, S. 431.
78. Solange Alberro, *Inquisition et Société au Mexique (1571–1700),* Mexiko 1988, S. 199–222.
79. J. Nadal, *op. cit.*, S. 35–72.

Die Vereinigung der Welt

1. Zitiert von Mikel de Epalza, »Nouveaux documents sur les Andalous en Tunisie au début du XVIII[3] siècle«, *in* Slimane-Mostafa Zbiss, Abdel-Hakim Gafsi, Mohiedine Boughanmi, Mikel de Epalza (ed.), *Études sur les morisques andalous,* Tunis 1983, S. 79.
2. *Ibid.*, S. 81–82.
3. Haïm Vidal Sephiha, *Le Judéo-Espagnol,* Paris 1986, S. 16–17 und 52–57.
4. Francisco Lopez de Gomara, *Historica general de las Indias,* Bd. I, Madrid 1932, S. 71.
5. Jean-Pierre Bardet, Patrice Bourdelais, Pierre Guillaume, François Lebrun, Claude Quétel (Hrsg.), *Peurs et Terreurs face à la contagion,* Paris 1988. Siehe die Beiträge von Claude Quétel und André Basset, besonders S. 286–287, 422–423, 435–439. Francisco Guerra, »The Problem of Syphilis«, *in* Fredi Chiapelli, *op. cit.*, Bd. II, S. 845–451.
6. Angel Rosenblat, *La población de América en 1492. Viejos y nuevos calculos,* Mexiko 1967.
7. Charles Verlinden, »La population de l'Amérique précolombienne: Une question de méthode«, *Mélanges Fernand Braudel,* Bd. II, Toulouse 1973, S. 453–462.
8. Henry Dobyns, *Estimating Aboriginal Population. Comparative Studies of Cultural Change,* Dept of Anthropology, Ithaka 1964.
9. Unter ihren sehr zahlreichen Arbeiten wird man nur den Klassiker Woodrow Borah und Sherburne Cook zitieren, *The Indian Population of Central Mexico, 1531–1610,*

Berkeley University Press, Los Angeles 1960, und die letzte Richtigstellung (mit aktueller Bibliographie von 1988) von W. Borah, »Epidemics in the Americas: Major Issues and Future Research«, *Latin American Population History*, Nr. 19, Frühjahr 1991, S. 1–13.

10. Nathan Wachtel, *La Vision des vaincus: Les Indiens du Pérou devant la conquête espagnole*, Paris 1971, S. 140.
11. S. Cook und W. Borah, *Essays in Population History: Mexico and the Caribian*, Bd. I, Berkeley 1971.
12. N. Wachtel, *op. cit.*, S. 145.
13. Zitiert von N. Wachtel, *ibid.*, S. 146.
14. Zitiert von Miguel Martinez Molina, *La leyenda negra*, Madrid 1990, S. 79.
15. Francisco Guerra, »Le epidemia de influenza en 1493«, *Revista de Indias*, 1985, S. 325–347.
16. Zitiert von Miguel Leon Portilla, *El reverso de la Conquista. Relaciones aztecas, mayas, e indias*, Mexico 1964; französische Übersetzung, Lyon 1977.
17. Pedro Cieza de Leon, *Primera parte de la crónica del Peru*, Madrid 1941, S. 71. Das Werk ist zum ersten Mal 1550 veröffentlicht worden.
18. W. Borah, »Epidemics in the Americas...«, *op. cit.*, S. 148–149.
19. N. Wachtel, *op. cit.*, S. 78–79.
20. Zitiert von M. Martinez Molina, *op. cit.*
21. Die Übersetzung dieses Zitates stammt von Emmanuel Le Roy Ladurie, »Un concept: L'unification microbienne du monde (XIVe–XVIIe siècles), *Schweizerische Zeitschrift für Geschichte*, 1972, S. 627–694.
22. Der Begriff der »légende noire« ist zum ersten Mal von Julían Juderias 1915 in seinem Werk *La leyenda negra y la verdad historica* formuliert worden. Außer dem Buch von M. Martinez Molina, das wir schon zitiert haben, siehe Ricardo Garcia Carcel und Lourdes Mateo Bretos, *La leyenda negra*, Madrid 1990.
23. N. Wachtel, »La vision des vaincus«, *L'Historie*, Nr. 146, Juli–August 1991, S. 127.
24. F. Braudel, *Civilisation matérielle...*, *op. cit.*, Bd. I, S. 136 f.
25. Jean Meyer, *Histoire du sucre*, Paris 1989.
26. Henri Bresc, »La canne à sucre dans la Sicile médiévale«, Vortrag am *Seminario internacional sobre la caña de azucar*, erscheint demnächst.
27. Maurice Aymard, »L'économie italienne au XVIIe siècle, *Bulletin de la société d'histoire moderne*, 1989, S. 28.
28. Carmen Barcelo et Ana Labarta, »Le sucre en Espagne (711–1610)«, *Journal d'agriculture traditionelle et de botanique appliquée*, 1988, S. 175–193.
29. Jacqueline Guiral Hadziiossif, *Valence, port méditerranéen au XVIe siècle (1410–1525)*, Paris 1986, S. 327–329. Santiago La Parra, *El ducado de Gandia en los siglos XVI y XVII*, Diss., Valencia 1990, erscheint demnächst.
30. Paul Berthier, *Les Anciennes Sucreries du Maroc et leurs réseaux hydrauliques*, 2 Bde., Rabat 1966. Omar ben Mira, »Notes sur l'évolution de l'exploitation de la canne à sucre au Maroc«, Vortrag am *Seminario inrernactional sobre la caña de azucar*, *op. cit.*
31. Sidney M. Greenfield, »Sugar Cane in the Atlantic Islands«, in *La caña da azucar en tiempos de los grandes descubrimientos (1450–1550): Actas del I seminario internacional sobre la caña de azucar*, Motril 1989, S. 59–82.
32. Eduardo Aznar Vallejo et Ana Viña Brito, »El azucar en Canarias«, *in ibid.*, S. 173–188.
33. H. Bresc, *op. cit.*

34. J. Meyer, *op. cit.*, S. 63.
35. Sidney Greenfield verwendet den Ausdruck erstes koloniales Modell im Zusammenhang mit Madeira (siehe *op. cit.*, S. 63).
36. Humberto Lopez Morales, »Origines de la caña de azucar en Iberoamerica«, in *La caña de azucar…*, *op. cit.*, S. 189–190.
37. Alain Huetz de Lemps et Anne Collin-Delavaud, *La Canne à sucre en Espagne, au Pérou et en Équateur*, Bordeaux 1983, S. 44–45.
38. *Ibid.*, S. 99.
39. Frédéric Mauro, *Le Portugal et l'Atlantique au XVIIe siècle, 1570–1670*, Paris 1960, S. 183–257. Alain Huetz de Lemps, *La Canne à sucre au Brésil*, Bordeaux 1977, S. 49–54.
40. F. Braudel, *Civilisation matérielle…*, *op. cit.*, Bd. I, S. 131 f.
41. Arturo Warman, *La historia de un bastardo: maiz y capitalismo*, Mexiko 1988.
42. F. Braudel, *Civilisation matérielle…*, *op. cit.*, Bd. I, S. 133.
43. José Manuel Perez Garcia, *El maiz en el norte y noroeste de la peninsula Iberica durante el antiguo régimen*, Vortrag auf dem Kolloquium von Flaran 1990, erscheint demnächst.
44. Joaquim Romero Magalhaes, *O Algarve economico*, Lissabon 1988, S. 184.
45. Jean Jacquart, »L'Age classique des paysans (1340–1789)«, in E. Le Roy Ladurie (Hrsg.), *Histoire de la France rurale*, Bd. II, Paris 1975, S. 236.
46. A. Warman, *op. cit.*, S. 52–53.
47. John Latham, »Towards a Study of Andalusian Immigration and Its Place in Tunisian History«, *Les Cahiers de Tunisie*, 1957, S. 234. Französische Übersetzung in Mikel de Epalza und Ramon Petit, *Études sur les moriscos andalous en Tunisie*, Madrid/Tunis 1973, S. 56.
48. Siehe Théodore Monod, Raymond Mauny, Henri Lhote, Georges Duval, *De la première découverte de la Guinée-Bissau*, Paris 1959.
49. F. Braudel, *La Méditerranée…*, *op. cit.*, Bd. 1, S. 422–432.
50. P. Chaunu, *Conquéte et Exploitation des nouveaux mondes*, Paris 1969, S. 301.
51. *Ibid.*, S. 166.
52. P. Cieza de Leon, *op. cit.*, Kapitel 109.
53. P. Chaunu, *Conquête et exploitation…*, *op. cit.*, S. 308.
54. P. Cieza de Leon, *loc. cit.*
55. Zitiert von Bartolomé Bennassar, *Un siècle d'or espagnol*, Paris 1982, S. 306.
56. Earl Hamilton, *American Treasure and the Price Revolution*, Cambridge 1934, S. 42. Für den letzten Stand der Frage, siehe Michel Morineau, *Incroyables Gazettes et Fabuleux Métaux: Les Retours des trésors américains d'après les gazettes hollandaises (XVIe–XVIIIe siècles)*, Paris 1985, und Antonio Garcia-Baquero Gonzales, *Andalucia y la carrera de Indias (1492–1824)*, Sevilla 1986.
57. Über den Arbitrismus, siehe Pierre Vilar, *Or et Monnaie dans l'histoire (1450–1920)*, Paris 1974, und Jean Vilar, *Literatura y economia, la figura satirica del arbitrista en el siglo de oro*, Madrid 1973.
58. Catherine Coquery-Vidrovitch schätzt die Zahl der im 16. Jahrhundert von Afrika nach Amerika transportierten Personen auf 367 000. Zu dem müßte man die Transporte Richtung iberische Halbinsel in derselben Periode hinzuzählen (200 000, 300 000, 400 000?). Siehe C. Coquery-Vidrovitch, »Traite négrière et démographie: les effets de la traite atlantique. Un essai de bilan des acquis actuels de la recherche«, *in* Serge Daget (Hrsg.), *De la traite à l'esclavage*, Bd. II, Nantes/Paris 1988, S. 58.